旅游业与交通运输业耦合发展机理及路径研究

Lüyouye yu Jiaotong Yunshuye Ouhe Fazhan Jili ji Lujing Yanjiu

聂云霞 著

人民交通出版社股份有限公司
北京

内 容 提 要

本书基于黄河流域九省(自治区)的视角探讨旅游业与交通运输业耦合发展的机理及路径,主要内容包括绪论、研究综述与理论基础、黄河流域九省(自治区)旅游业与交通运输业发展现状、旅游业与交通运输业耦合发展机理分析、黄河流域九省(自治区)旅游业与交通运输业耦合协调度分析、黄河流域九省(自治区)旅游业与交通运输业耦合协调度影响因素分析和旅游业与交通运输业耦合发展路径。

本书适合旅游业和交通运输业主管部门、相关企事业单位从业人员及高等学校相关专业学生学习使用。

图书在版编目(CIP)数据

旅游业与交通运输业耦合发展机理及路径研究/聂云霞著. —北京:人民交通出版社股份有限公司,2023.6

ISBN 978-7-114-18847-3

Ⅰ.①旅… Ⅱ.①聂… Ⅲ.①旅游业发展—关系—交通运输发展—研究—中国 Ⅳ.①F592.3②F512.3

中国国家版本馆 CIP 数据核字(2023)第 112493 号

书　　名:	旅游业与交通运输业耦合发展机理及路径研究
著 作 者:	聂云霞
责任编辑:	戴慧莉
责任校对:	孙国靖　卢　弦
责任印制:	张　凯
出版发行:	人民交通出版社股份有限公司
地　　址:	(100011)北京市朝阳区安定门外外馆斜街 3 号
网　　址:	http://www.ccpcl.com.cn
销售电话:	(010)59757973
总 经 销:	人民交通出版社股份有限公司发行部
经　　销:	各地新华书店
印　　刷:	北京虎彩文化传播有限公司
开　　本:	787×1092　1/16
印　　张:	11.5
字　　数:	287 千
版　　次:	2023 年 6 月　第 1 版
印　　次:	2023 年 6 月　第 1 次印刷
书　　号:	ISBN 978-7-114-18847-3
定　　价:	69.00 元

(有印刷、装订质量问题的图书,由本公司负责调换)

PREFACE 前 言

2017年3月,交通运输部、国家旅游局等六部门联合出台《关于促进交通运输与旅游融合发展的若干意见》,明确指出旅游业是国民经济重要的战略性支柱产业,交通运输是旅游业发展的基础支撑和先决条件,促进交旅融合发展成为旅游业和交通运输业高质量发展的新动能。

伴随黄河流域生态保护和高质量发展上升为国家重大战略,黄河流域九省(自治区)要树立交旅融合理念,坚持需求导向、系统思维,构建全流域旅游交通体系,串联全域文化旅游资源,为文化旅游产业高质量发展提供关键支撑。通过推动全流域、全方位、全链条融合发展,使基于交旅融合的黄河风景道、主题服务区、自驾车营地等充分释放辐射带动发展的乘数效应;着力打造个性化、多样化的交旅融合新产品、新业态,不断满足游客对高品质、多元化、个性化旅游的需求。由此,促进交旅耦合发展是迎接大众旅游时代、建设人民满意交通的必然选择,是加快建设文化强国、旅游强国、交通强国,推动黄河流域高质量发展的重要举措和抓手。

本书以黄河流域九省(自治区)为研究对象。首先,在分析旅游业与交通运输业耦合机理的基础上构建二者发展指标体系;其次,运用熵权法和耦合协调度模型,实证分析2010—2019年黄河流域九省(自治区)旅游业与交通运输业综合发展水平及耦合协调度,并考察其时空演变特征;再次,构建灰色关联分析模型,识别影响黄河流域九省(自治区)旅游业与交通运输业耦合协调程度的关键因素;最后,探索黄河流域九省(自治区)旅游业与交通运输业耦合发展的实施路径。

本书得到2022年度山东省社科规划项目的资助(黄河流域高质量发展背景下山东省文化产业与旅游产业耦合协调发展研究,项目批准号:22CGLJ29),特此致谢!

本书的出版要感谢书中所引用文献的编、著、译者,他们卓有成效的研究成果是本研究的基础;感谢中国海洋大学好友王娟以及山东交通学院许冰、杨京波、李中平、尹晓慧,是他们给予了建设性的意见和帮助;感谢魏荣杰、张昕颖、韦少芬、赵薇四位同学的助力；感谢家人一如既往的支持和鼓励。

本书意在为深化交旅融合研究，助力黄河流域高质量发展尽绵薄之力，但由于本人学识水平和研究精力有限，难免存在不足和纰漏之处，敬请各位同仁和读者批评指正。

聂云霞
2023 年 3 月

CONTENTS 目 录

第1章 绪论 ·········· 001
  1.1 研究背景 ·········· 001
  1.2 研究目的及意义 ·········· 002
  1.3 研究内容 ·········· 003
  1.4 研究方法 ·········· 003
  1.5 技术路线 ·········· 004

第2章 研究综述与理论基础 ·········· 006
  2.1 旅游业与交通运输业耦合发展研究综述 ·········· 006
  2.2 概念阐述 ·········· 017
  2.3 理论基础 ·········· 019

第3章 黄河流域九省（自治区）旅游业与交通运输业发展现状 ·········· 030
  3.1 山东省旅游业与交通运输业发展现状 ·········· 030
  3.2 河南省旅游业与交通运输业发展现状 ·········· 042
  3.3 山西省旅游业与交通运输业发展现状 ·········· 051
  3.4 陕西省旅游业与交通运输业发展现状 ·········· 059
  3.5 内蒙古自治区旅游业与交通运输业发展现状 ·········· 067
  3.6 宁夏回族自治区旅游业与交通运输业发展现状 ·········· 075
  3.7 甘肃省旅游业与交通运输业发展现状 ·········· 083
  3.8 四川省旅游业与交通运输业发展现状 ·········· 091
  3.9 青海省旅游业与交通运输业发展现状 ·········· 101

第4章 旅游业与交通运输业耦合发展机理分析 ·········· 109
  4.1 旅游业与交通运输业的互动关系 ·········· 109
  4.2 旅游交通耦合协调的内涵、特点、基础和路径 ·········· 113
  4.3 耦合机理分析 ·········· 118

第5章 黄河流域九省(自治区)旅游业与交通运输业耦合协调度分析 120
5.1 耦合协调度指标体系构建 120
5.2 耦合协调度模型构建 124
5.3 耦合协调度时间态势分析 127
5.4 耦合协调度空间态势分析 137

第6章 黄河流域九省(自治区)旅游业与交通运输业耦合协调度影响因素分析 145
6.1 灰色关联分析模型构建 145
6.2 旅游业各指标的灰色关联分析 146
6.3 交通运输业各指标的灰色关联分析 151

第7章 旅游业与交通运输业耦合发展路径 156
7.1 研究结论 156
7.2 研究建议 159
7.3 研究展望 166

参考文献 167

第1章 绪论

1.1 研究背景

随着经济发展和人民生活水平的提高,旅游业实现跨越式发展,综合效益显著提升,成为带动消费增长的支柱产业。从2010年至2019年,我国旅游总收入由1.57万亿增加至6.63万亿,增长了422.30%,翻了两番多;国内旅游人数由21.03亿人次增加至60.06亿人次,增长了285.60%,是2010年的近3倍。尽管新型冠状病毒感染疫情的暴发对旅游业造成了严重冲击,使文旅产业出现较大波动,但其在国民经济中的重要地位并没有发生改变,仍然是助力经济高质量发展的重要驱动力。

国家统计局发布的《2019年全国旅游及相关产业增加值》中的数据显示,2019年全国旅游及相关产业增加值为44989亿元,其中旅游交通增加值为12055亿元,占全国旅游及相关产业增加值的26.8%。旅游业的快速发展推动了交通运输基础设施空间布局的优化与完善,而旅游业的提质升级也需要交通运输现代化的支撑。基于此,旅游业与交通运输业融合发展逐渐提上日程,并成为新发展阶段旅游业与交通运输业转型升级的重要途径。《关于促进交通运输与旅游融合发展的若干意见》《交通强国建设纲要》和《国家综合立体交通网规划纲要》均明确提出了"推进交通与旅游融合发展"的重点任务,为推动交旅融合发展、建设完备的"快进慢游"交旅融合网络提供了政策支撑。

黄河流域自然和人文旅游资源丰富,拥有20处世界遗产和84个国家5A级旅游景区。但黄河流域全域经济发展水平明显落后于其他地区,且不同区域间存在明显发展差异。2019年,在我国31个省(自治区、直辖市)人均国内生产总值(Gross Domestic Product,GDP)排名中,只有山东省排名第10位,超过全国平均水平,其他八省(自治区)人均GDP均未达到全国平均水平。经济发展的落后在一定程度上抑制了区域内的旅游需求,同样也阻碍区域内交通基础设施的发展。另外,黄河流域九省(自治区)旅游资源分散,中心城市辐射带动性不强,旅游业发展对交通依赖性较强。因此,如何在黄河流域生态环境承载范围内提高旅游业发展水平和交通基础设施建设水平,实现旅游业和交通运输业的良性互动和耦合协调发展,对于深化黄河流域九省(自治区)的战略合作,推进黄河流域旅游业和交通运输业健康协调发展,助推文化强国、旅游强国、交通强国建设和黄河流域高质量发展具有重要意义。

本研究主要基于黄河流域九省(自治区)的视角探讨旅游业与交通运输业耦合发展的机理及路径。在厘清二者耦合机理的基础上构建指标体系,探讨黄河流域九省(自治区)的旅游业和交通运输业之间是否存在长期耦合协调关系？旅游业和交通运输业耦合协调状况及时空演变特征如何？黄河流域九省（自治区）之间两系统耦合协调差异有多大？影响两系统耦合协调发展的关键因素有哪些？如何促进黄河流域九省（自治区）旅游业与交通运输业耦合发展？本书旨在围绕以上问题具体展开研究。

1.2 研究目的及意义

1.2.1 研究目的

交通是旅游业发展的基础保障，顺畅快捷的交通网络为游客出行提供了极大便利；交通也是旅游的重要组成部分，交通设施创造了新的旅游景观。随着全域旅游时代的到来，创新旅游交通产品、提升旅游交通服务品质、加快形成交旅融合发展新格局，已经成为旅游业和交通运输业提质转型的必然趋势。

为探讨旅游业与交通运输业耦合协调程度，构建了反映旅游业与交通运输业发展水平的指标体系，利用耦合协调度模型对2010—2019年黄河流域九省（自治区）的面板数据进行测算，并从时空维度进行二者耦合过程与演变趋势的分析，利用灰色关联分析模型识别影响二者耦合协调程度的关键因素，基于研究结论提出有针对性的对策建议，助推黄河流域旅游业与交通运输业高质量发展。

1.2.2 研究意义

2019年，黄河流域生态保护和高质量发展确定为国家重大战略。2021年，中共中央、国务院印发《黄河流域生态保护和高质量发展规划纲要》，要求把文化旅游产业打造成为支柱产业，强化区域间资源整合和协作，推进全域旅游发展，打造具有国际影响力的黄河文化旅游带。但黄河流域各省（自治区）在文旅融合、区域合作、生态保护和遗产活化等方面仍然存在诸多不足和发展障碍，制约着黄河流域文旅产业高质量发展。本研究以黄河流域九省（自治区）为研究对象，不仅拓展了旅游业与交通运输业转型升级的相关研究，还为黄河流域九省（自治区）优化区域协调发展提供决策参考。

1.2.2.1 理论意义

（1）旅游业与交通运输业的耦合协调有利于发展新兴业态、集约使用产业资源、优化供应链管理、提高产业效率，从而产生叠加效应，形成双赢甚至多赢的格局。本研究厘清了旅游业与交通运输业耦合协调发展的内在逻辑和机制，有助于丰富产业耦合协调领域的相关研究。

（2）本研究以黄河流域九省（自治区）为研究对象，采用耦合协调度模型实证分析了2010—2019年黄河流域九省（自治区）旅游业与交通运输业的耦合协调发展水平，利用灰色关联度分析检验二者耦合协调度的影响因素，在一定程度上拓展了产业耦合协调研究的理论深度，并开拓了新的研究视角。

1.2.2.2 现实意义

（1）本研究基于"交旅耦合"视角探究黄河流域九省（自治区）旅游业与交通运输业耦

合协调的整体发展水平以及演变规律和空间差异,结合不同区域实际,制订了提升交旅耦合协调的发展路径,不仅推动了旅游业与交通运输业发展的效率变革、质量变革与动力变革,也为文化强国、旅游强国、交通强国建设奠定坚实基础。

(2)黄河流域九省(自治区)旅游业与交通运输业耦合协调发展仍有较大的进步空间,不同区域可以因地制宜地采取相关对策来提高旅游和交通两个系统的融合度。交旅融合是推动黄河流域生态保护和高质量发展的先导路径,有助于黄河流域生态保护、文化弘扬和高质量发展。

(3)山东省作为黄河流域九省(自治区)唯一的东部沿海大省,应着眼国家所需、山东所能,主动服务和融入新发展格局,积极探索有操作性和针对性的文旅耦合协调发展路径与对策,为黄河流域旅游业与交通运输业协调发展提供借鉴,也为山东省创建全域旅游示范省、交通强国省域示范区提供强有力的支撑和助力。

1.3 研究内容

在黄河流域生态保护和高质量发展以及文化强国、旅游强国和交通强国建设背景下,以黄河流域九省(自治区)为研究对象,采用耦合协调模型实证分析了2010—2019年黄河流域九省(自治区)旅游业与交通运输业耦合协调发展水平[2],运用灰色关联分析模型识别出影响黄河流域九省(自治区)旅游业与交通运输业耦合协调程度的关键因素,探究交旅耦合协调助推黄河流域高质量发展的路径与对策。

本书梳理了旅游业与交通运输业耦合协调发展的文献资料并进行述评;同时,对相关概念进行界定,包括旅游业、交通运输业、耦合度和耦合协调度;阐述了旅游系统理论及模型、交通经济带理论、世界城市网络理论、耦合协调发展理论等;分别对九省(自治区)的概况、旅游业发展现状和交通运输业发展现状进行了分析,为后续研究做好基础工作;分析了旅游业与交通运输业的互动关系,探讨旅游业与交通运输业耦合协调的内涵、特点、基础、路径以及二者的耦合机理;依据指标构建原则分别构建旅游经济系统和交通运输系统评价指标体系;运用熵值法、综合指标法分别对黄河流域九省(自治区)旅游业与交通运输业的综合发展水平进行测度并进行对比分析;运用耦合协调模型测度九省(自治区)耦合协调度,使用ArcGIS等探究耦合协调度的演变特征对比情况和差异程度;运用灰色关联度分析法找到影响黄河流域九省(自治区)旅游业与交通运输业综合发展水平及影响耦合协调程度的关键因素;对黄河流域九省(自治区)从旅游业发展路径、交通运输业发展路径、旅游业与交通运输业融合发展路径三个方面提出发展建议,并阐述研究不足和后续展望。

1.4 研究方法

1.4.1 理论与逻辑分析相结合的方法

运用理论与逻辑分析相结合的方法,研究旅游业与交通运输业耦合协调发展的内在机理。通过对国内外相关文献的总结与述评,揭示旅游业与交通运输业耦合协调发展的基本内涵、历史逻辑、客观规律,厘清旅游业与交通运输业耦合协调发展的内涵、特点、基础和路径。

1.4.2 比较与演化分析相结合的方法

黄河流域高质量发展战略为旅游业与交通运输业深度耦合协调提供了发展机遇。在分析旅游业与交通运输业耦合协调发展的演进规律和路径时,运用比较分析和演化分析的方法,为准确把握黄河流域高质量发展背景下旅游业与交通运输业耦合协调发展的一般规律以及发展趋势,着重使用比较分析法。一方面,梳理和分析发达国家旅游业与交通运输业耦合协调创新的探索实践与政策调整,以期在批判性借鉴的基础上研究我国交旅耦合协调创新的内在机理与路径。另一方面,对我国黄河流域九省(自治区)旅游业与交通运输业耦合协调发展进行时空对比,并对各省(自治区)当前产业耦合协调发展的趋势进行分析,从而在一定程度上获得当前旅游业与交通运输业耦合协调发展的感性认识。

1.4.3 实证分析法

在实证分析中结合统计分析与计量分析的方法,对旅游业与交通运输业耦合协调发展的水平进行分析,从而为旅游业与交通运输业耦合协调发展的内在机理及其影响因素建立一个量化的标准。运用统计分析方法,对黄河流域九省(自治区)的旅游业及交通运输业的发展现状进行分析,对旅游业与交通运输业耦合协调发展水平进行测度;运用计量分析方法,对产业耦合协调发展内在机理、影响因素及其经济效应进行实证检验。

1.5 技术路线

以黄河流域九省(自治区)旅游业与交通运输业为研究对象,采用熵值法、耦合协调度模型、灰色关联分析模型,对比分析旅游业与交通运输业两系统发展水平、耦合协调发展演变特征,识别影响黄河流域九省(自治区)耦合协调发展的关键因素,提出黄河流域九省(自治区)旅游业与交通运输业两系统耦合协调发展的路径,助力黄河流域生态保护和高质量发展,满足人民群众对美好生活的新期待。技术路线图如图1-1所示。

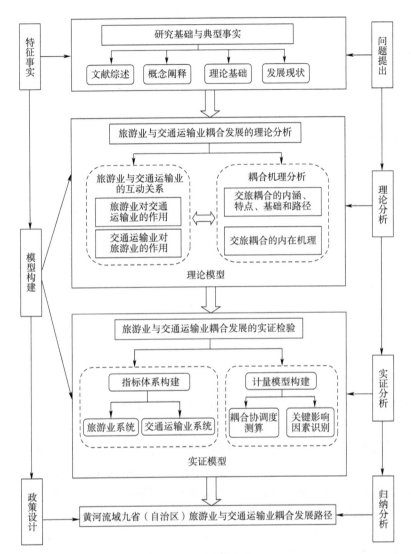

图1-1 技术路线图

第2章 研究综述与理论基础

2.1 旅游业与交通运输业耦合发展研究综述

旅游业与交通运输业的关系一直都是国内外研究的重点。近几年,国内外旅游研究不仅关注交通运输业对旅游业的影响,还关注二者的交互影响及效果,并探讨两个产业在交互融合的作用过程中存在的问题,以及从管理机制上探讨如何解决交通网络与旅游产业融合发展存在的问题。

2.1.1 交通运输业对旅游业的影响

近几年,国内外学者在研究交通运输业对旅游业的影响时,主要集中于交通方式对旅游的影响及影响机制,尤其是高铁、高速公路、航空这些高速交通方式对目的地经济、旅游空间结构变化、旅游者的行为模式、旅游者满意度、旅游环境等的影响。

新经济地理理论认为,区域经济在外部性和规模报酬递增这两个重要路径的助力下才能实现高质量增长。物流、资金流、信息流、人流等各种要素流借助高速交通这一载体能够实现其规模的增大并对其空间流动、组织与配置产生深刻影响,实现各种要素流的空间优化和整合,带来产业集聚效应,表现出外部性特征。在早期的旅游空间系统模型中,旅游通道的建设和发展是促进旅游业各种要素流实现空间组织、传导、转移、合理配置的重要依托,影响旅游目的地的发展质量。由于高速交通在旅游业发展中的重要作用,国内外学者对高速交通的旅游影响效应从多个角度进行了深入研究。

2.1.1.1 高速交通对旅游目的地和旅游区、景点可达性的影响

Raguraman通过对印度航空业的研究,分析了印度旅游业发展与交通可达性的关系,证实了良好的交通结构和可达性以及交通服务对区域旅游发展尤其是国际旅游业发展具有重大影响,导致印度国际游客数量少和旅游收入较低的重要原因就是印度交通运输体系结构不合理,国内外通达性和旅游目的地及旅游景区的可进入性较差[3]。Gutierrez研究了欧洲的高速铁路建设发现,一地高铁系统的建设不仅具有显著的时空压缩效应,而且还改善了与周边邻近城市之间的可达性水平[4]。Ravazzoli等选择了6条贯穿阿尔卑斯山地区的高速铁路为研究对象,建立了一个多维度尺度并运用地理信息系统对这六条高速铁路线的当前和预计旅行时间进行分析,在以交通基础设施的进步和流动性增加为特征的全球化经济中,旅行者在选择交通工具时更感兴趣的是时间而不是空间。以此验证了

高速交通方式的时空压缩效应[5]。Fernández & Millán 等运用 SFA 方法,对西班牙境内 35 个机场 2009—2016 年接待的游客的距离函数进行估算认为,西班牙旅游业的发展和该国航空运输业的发展水平高度相关,与以其他类型乘客为主的机场相比,以旅游业和旅游者为导向的机场可以实现更高的运营效率水平[6]。

蒋海兵等选取 2316 个县级以上城市与 1222 个 4A 级及以上旅游景点作为研究对象,运用网络分析法计算出我国县级以上城市与 4A 级及以上旅游景点间的最短时间距离,然后再通过反距离加权插值法进行计算得到高铁通车前后的全国旅游可达性空间格局与变化,研究认为,从时间可达性角度看,高铁的开通大幅缩减了沿线主要客源地与旅游目的地间的旅行时间,提升了沿线区域旅游景点的可达性,旅游地吸引力明显增强,对全国旅游可达性空间格局产生明显影响[7]。邓涛涛等利用长三角地区 25 个地级及以上城市 2006—2013 年的统计数据以及高铁系统的实际运营数据,定量分析了长三角地区高速铁路网的建设和逐步推进以及由此带来的长三角内部各城市间交通可达性的提高对区域内城市旅游业发展产生的影响。研究发现,高速铁路开通初期,并未对长三角地区的城市旅游业产生显著的促进作用,高速铁路通车若干年后才开始显现出其对沿线城市旅游业的促进作用。而随着高速铁路网在长三角地区的逐步建成和进一步发展,沿线城市旅游业的发展在高速铁路的影响下逐渐增强,而且,由高铁开通带来的城市可达性的提升对于高铁沿线城市旅游业的影响程度显著高于高铁网络提速对区域旅游的整体影响并明显高于非高铁城市旅游业所受的影响[8]。李宝超等以皖南国际文化旅游示范区为研究对象探讨了高铁建设、开通对研究区域内部的旅游可达性及内部旅游联系带来的影响,研究认为,高铁显著推动了旅游圈的空间扩张态势和等时圈的空间分布;随着高铁网络体系的建设完善产生了明显的时空压缩效应,突出表现是 2 小时旅游圈辐射范围的扩大;高铁网络带来了区域内既有空间结构和旅游竞合模式的改变,促进高铁沿线旅游地系统的进一步优化升级,有助于区域旅游一体化建设[9]。李一曼等探讨了 1996—2016 年间浙江省内贯穿环杭州湾、沿瓯江流域以及贯通东南沿海的三大陆路高速交通路网对区域旅游可达性的影响,研究结果表明,高速交通路网建设带来了城市旅游可达性的提升,新增景区密集分布于接近中心城市的主要对外交通干道的两侧,且有显著的地域"板块"旅游结构特征[10]。罗金阁等选取了粤港澳大湾区 2007 年和 2018 年的时间截面数据,运用引力模型研究了粤港澳大湾区高铁开通前后可达性与旅游经济联系强度之间的关系,研究认为,粤港澳大湾区内的旅游经济联系强度由核心区的点轴空间形态向外围推进为扇形网络化特征;珠江同岸城市间的旅游经济联系强度远高于与对岸城市的旅游联系强度;高铁可达性和旅游经济的整体耦合协调发展水平一般,虽然大湾区高铁开通带来了交通状况的改善,但这种改善对区域旅游经济的推动作用尚未得到完全释放[11]。杨柳和胡志毅选取 2015 年和 2018 年两个时间截面,探究了成渝高铁开通前后成渝地区双城经济圈内各高铁站点城市的交通可达性与旅游经济的关系。研究认为,成渝高铁开通后沿线站点城市间在旅游经济上的联系呈现网络化发展趋势,内江成为成渝地区旅游经济联系中除成都和重庆外的第三个核心,双城经济圈在旅游经济联系总量上呈现两端强中间弱的空间形态。交通可达性与旅游经济的耦合协调度水平一般,高铁建设带来的交通可达性改善并未对旅游经济产生明显的拉动作用[12]。贾文通等以沪宁高铁城际旅行为例,从游客完整行程链的视角出发,在"门到门"时间框架下对上海、南京两个城市内部景区在不同接驳方式下可达性上的时空差异进行了探讨。研究结果表明,两个城市的景区可达性空间格局在公交接驳下均呈"核心-边缘"分布模式,在驾车接驳下南京市景区可达性空间格局在不同时段有明显的变化,而上海则整体变化较小[13]。

2.1.1.2 高速交通对旅游流、旅游需求及游客行为方式的影响

Bruce 通过运输成本模型的构建,揭示了旅游度假者的旅游支出与其目的地选择之间的动态关系,距离的远近在旅游者目的地选择过程中起到非常显著的影响作用,因为旅行距离直接影响交通工具的选择和交通成本,交通成本在旅游者旅游消费结构中占据较大比例,从而最终影响旅游者对目的地的选择[14]。Khadaroo & Seetanah 研究了交通基础设施对旅游目的地总体吸引力的影响。该研究证实了交通基础设施能够对旅游目的地的整体吸引力产生持久性的影响效果,并能够提升游客对同一旅游目的地的"重游率"水平[15]。Ureña 等研究了西班牙和法国多个地区的高铁建设对旅游产生的影响,研究发现,高铁发展对当地的旅游接待规模、游客旅游需求和旅游形式均产生了显著影响,增大了目的地的旅游流量和接待规模的同时,还刺激了新的旅游需求的产生[16]。Masson S & Petiot R 研究认为,高速铁路的建设运营推动了旅游目的地与旅游客源地之间的要素流动,而且高铁提高了旅游消费者对高端化、休闲化、多元化等旅游产品体系的需求[17]。Smallwood 和 Beckley 以某海洋公园内游客为调研对象,对其在游玩地的运动轨迹和运动模式采用定量和定性方法进行研究发现,游客在游玩地景区景点内的活动呈现出对现有道路网络的较高依赖性,认为交通设施的合理布局有助于提高游客在目的地的集散效率[18]。Zhang 等运用问卷调查法探讨了高速铁路对南京市旅游业的影响。对回收的 350 份有效问卷进行了分析后认为高铁为游客提供了更多的路线选择、扩大了游客的出行范围并提高了游客的出游频率,对旅游流的流动速度、路径和集散具有明显的导向作用[19]。Liu & Shi 利用多个社交媒体平台生成的新型数据来研究杭州城际高铁(HSR)的开通对游客入境情况的影响,发现南京至杭州城际高铁的开通大大增加了城际间游客流量和数量,周末两天表现最为明显,增长率分别为 29.44% 和 41.72%[20]。Gutirrez 等基于生存模型分析了在目的地选择上受高铁可用性影响更大的游客在目的地的停留时间是否与其他游客有明显不同。研究表明,高铁的存在对游客决定是否访问达乌拉达海岸中起着次要的作用,高铁车站的存在只会对那些在目的地有第二居所的过夜游客的停留时间产生影响[21]。

林岚等对台胞航空口岸选择变化与其大陆旅游流空间场效应之间的关系进行模拟分析发现,大陆航空运输联系,即航空网络连接的强度和紧密度对台胞来大陆旅游的空间行为产生直接影响[22]。陈艳芳分析了高速公路对山东省旅游空间结构和旅游流的影响,认为高速公路导致了区域空间结构的非均衡化发展,这种非均衡化发展会对旅游客流量产生明显影响[23]。吴晋峰等运用社会网络分析法研究了中国航空国际网络结构对中国入境旅游的影响,认为中国航空国际网络既决定了中国入境旅游的空间组织形式又决定了

入境游客[①]的客源国结构,还对城市入境旅游接待规模产生影响[24]。许春晓等研究发现高铁开通产生的时空压缩效应导致了旅游者旅游行为和旅游模式的明显改变[25]。汪德根等的研究表明京沪高铁的开通对区域旅游流空间结构高铁效应具有差异性,这种差异性受到区位条件、旅游资源禀赋和接待能力、高铁网络密度及时空压缩程度等因素的共同影响,成为扩散源的旅游节点对旅游流的集聚作用在高铁开通后得到进一步强化,旅游流沿扩散源—边缘旅游地呈集聚—扩散结构模式[26]。李磊等运用复杂网络分析法对合福高铁开通后沿线城市和旅游景区的旅游流网络结构、密度进行研究发现,沿线地区旅游流网络在规模和覆盖面积两个方面均为扩大态势,但是整体旅游网络的密度很低,呈现明显的"中心-外围"结构[27]。邵海雁等以沪昆高铁为例探讨高铁引起的可达性提升与旅游网络关注度之间的互动强度与耦合协调水平,研究表明旅游网络关注度的空间邻近效应因沪昆高铁的开通而被弱化,沪昆高铁引起的交通可达性改善与景区的旅游网络关注度之间的耦合协调性处于较高水平[28]。石晓腾等从客源地视角对北京、武汉和西安三个城市的旅游者在2017年以自驾、高铁、飞机三种不同的交通方式下的旅游流分布特征进行研究发现,旅游流空间分布在三种不同的交通方式下存在明显差异,自驾式旅游流随着游客出行交通时间的增加以指数式衰减,高铁和飞机两种高速公共交通方式下旅游流为正偏态分布;自驾游的高游客到访率区域主要围绕客源地城市周围分布;高铁与飞机方式下的高游客到访率区域则远离客源地城市[29]。

2.1.1.3 高速交通对旅游空间结构及旅游格局的影响

Kaul 对交通建设与旅游关系的研究发现,在衰退的或消亡的旅游核心区域周边进行的交通建设有助于其实现复兴,同时进一步促进所在旅游目的地的出行便利性以及旅游目的地的空间演化、发展和扩张[30]。Papatheodorou 对地中海的岛屿旅游进行研究认为,交通基础设施建设尤其是海上运输与航空运输建设提高了地中海核心岛屿的外部联系度和可进入性,游客进出岛屿的便程度大大提高,从而对地中海岛屿的旅游空间格局产生了显著影响[31]。Pavlovich K 引入网络理论的概念构建网络模型,对新西兰境内一个以萤火虫洞穴为主要吸引物的旅游景区进行研究发现,在景区周边旅游交通呈现网络化、高速化的发展过程中,萤火虫洞穴从单一的旅游景点逐步发展成为一个以洞穴为中心、以洞穴活动为主的旅游网络空间,整个旅游景区的空间结构受到交通运输的影响产生了一定的变化[32]。Zhou & Li 利用面板数据和差分模型,分析了高铁列车的可达性对中国区域旅游经济的影响,一般而言,高铁的通达性对区域旅游经济产生了正向影响,表现为地区旅游收入的净增长率达到12%。研究还发现,在高铁网络连接的区域中,地区间旅游发展水平的差异导致了旅游经济增幅的差异性,即同一高铁网络影响下旅游发展水平相对较低的区域,其旅游经济增长的幅度要大于旅游发展水平较高的区域,说明高铁网络具有分散效应,此外,研究还发现高铁网络可达性产生的滞后效应远远大于其即时效应[33]。Yin 等基于中国首都圈13个城市的数据建立空间互动模型,探讨了高铁网络对中国首都圈旅

---

① 入境游客:本书中的入境游客均指报告期内来中国观光、度假、探亲访友、就医疗养、购物、参加会议或从事经济、文化、体育、宗教活动的外国人、港澳台同胞等游客。统计时,入境游客按每入境一次统计1人次。入境游客包括入境过夜游客和入境一日游客。

游空间结构的影响。研究表明,随着高铁网络的延伸,整个区域的旅游空间互动(TSI)值逐渐增加。但是,高铁对城市旅游的影响可能因目的地城市的规模不同而有所不同,直接连接核心城市的小城市比连接非核心城市的小城市从高铁网络中受益更多。此外,未来随着高铁网络的持续扩展,区域旅游空间互动将显著增加,并进一步降低城市间的旅游空间差异[34]。

沈惊宏等构建了场扩散效应模型对由安徽省17城市构成的区域旅游系统的旅游经济影响力进行研究,认为区域旅游空间结构演变随着安徽省交通路网优化及旅游服务能级的提高而呈现动态变化,会经历疏点式、散块式、条带式、团块式和板块式的5阶段演化模式[35]。叶茂等探讨了高速公路发展对大湘西地区旅游空间格局演变的影响,认为高速公路对大湘西地区区域旅游可达性产生明显影响,对旅游地空间布局产生了聚集和扩散两种作用[36]。王绍博等运用空间分析方法对东北城市的旅游交通可达性及影响进行研究发现,高铁网络建设使得东北地区旅游交通可达性的整体水平得到了极大提升,旅游空间格局呈现"高铁廊道效应",即在高铁网络化进程中,旅游空间格局出现由"极化"向"均衡"特征的转变;高铁推动了东北地区旅游的"同城化"进程,会有更多的游客选择省际游、跨地区游模式[37]。李磊等以典型旅游城市黄山为例,选择了该市高铁从规划到最终高铁网络建成过程中的四个具有代表性的时间节点,通过调查问卷和在线旅游网站的线路数据,运用计量经济学、空间经济学等手段和方法研究了高铁对城市旅游流空间结构的影响,结果表明,不同时间点高铁对黄山市旅游空间结构及演化产生的影响不同,由高铁刚开通时的影响不明显到其运行两年后逐渐演变为核心—边缘结构,随着高铁网络的优化继续演变为不均衡的网状结构和网状+链状结构,随着高铁网络于2020年最终形成而再演化为"核心—边缘—飞地"圈层结构,黄山市的旅游地系统进入成熟阶段[38]。贾文通等研究认为,高铁建设影响了客源地等时圈的空间收敛格局和旅游者旅行时间压缩的演化特征与空间格局。高铁对区域旅游的时空压缩效应从旅途时间的"压缩"和游览时间的"扩张"两个方面导致了旅游者旅游效用的变化[39]。

此外,部分研究者基于不同的研究尺度研究了高速交通对旅游空间结构的影响,研究结果发现在不同的研究尺度/层级下旅游空间结构本质与内涵、旅游空间结构形态有着显著差别。不同区域尺度环境下,高铁对旅游市场的空间影响不同。在国家尺度上,Lohmann等研究认为,由于航空运输的快速发展使得新加坡等国家逐渐成为区域交通网络枢纽和区域旅游极核[40];Wang等运用时空置换的概念对引力模型进行了扩展,利用等观光线解释了中国高铁大规模建设所产生的旅游效应。研究认为,结合中国网格线状的旅游交通模式,高铁对中国旅游的影响表现为三个方面,即旅游市场的再分配和转型、市场竞争规模的扩大和城市旅游中心的重新分配[41]。黄震方等认为,构成旅游空间的各要素在不同尺度空间上有着相异的表征形式[42]。在中尺度区域如城市群、都市圈尺度上,穆成林等研究认为,高速公路网络、高速铁路网络和航空网络构成的高速交通网络促使长三角地区城市间的旅游经济联系出现不断加强的趋势[43]。随着相关研究的深入进行,由高速交通网络的形成、演化而引起的旅游场强效应开始受到关注。胡美娟等对长三角地区城市群旅游场强空间结构进行研究发现,旅游场强空间结构由低级向高级演变,由简单的"Z"字型结构演变为复杂的"树枝状"结构[44]。在城市微观尺度方面,靳诚等研究发现,南京市旅游景点可达性的地域空间呈现出以主城区为核心的圈层状结构[45]。李磊等发现,直至高铁持续运行两年后黄山市的旅游流网络规模才开始出现显著扩大[46]。

2.1.1.4 高速交通对旅游经济、旅游要素空间布局的影响

Rudra 搜集整理了 1970—2010 年共计 40 年的数据,采用计量经济学模型对印度交通业发展与旅游经济增长的关系进行分析发现,随着资本在交通运输行业的集聚,交通运输基础设施得以不断改善和加强,导致了印度旅游经济的快速及大幅增长,同时,随着旅游目的地对交通运输业需求的增长,又进一步吸引了资本向交通运输业的加速流动,从而证实了交通运输业与旅游经济的增长之间存在着双向因果关系,因此,政府要以适当的运输政策来促进交通运输基础设施的建设,同时推动印度旅游经济以及整个国民经济的可持续增长[47]。Agbelie 建立随机效应计量经济学模型,运用最小二乘法对全球 40 个国家 1992—2010 年的交通运输投资与国民经济发展之间的关系进行了研究发现,交通运输基础设施的支出受到各国现有交通运输网络的影响并受到特定部门对交通运输业的依赖程度的影响,各国表现出明显的差异性,交通运输网络越发达完善、旅游业发展越好的国家在交通运输基础设施方面的支出越多[48]。Gao 等利用 2004—2015 年中国城市面板数据评估了高铁对旅游业增长的影响。基于双重差分方法的实证结果表明,高铁连接对旅游收入没有促进作用,但对旅游人次有促进作用,高铁连接对人均旅游收入产生了负向影响,通过工具变量法进行稳健性检验后结果仍成立。进一步的研究表明,这种效应是不均匀的。通过连接高铁,欠发达的中西部地区比东部发达地区吸引了更多的游客,而拥有独特旅游资源的城市虽然吸引了较少的游客,但比没有这些资源的城市获得了更多的收入[49]。Tsiotas 等研究了小型机场和大城市周边机场在希腊旅游业和旅游区发展中的动态作用,研究认为不同地区的机场在区域旅游中呈现出不同的发展动态。机场到达人次与酒店过夜时间的相关性分析表明,机场的存在对旅游最发达的地区至关重要,而对其他交通方式占主导地位的地区则不那么重要。此外,机场的规模也很重要,因为在大多数情况下,大型机场的交通通常与邻近的酒店之间有更便利的连通性。此外,旅游枢纽指数(Tourism Hub Index, THI)的计算表明,较大的机场在国际旅游流量的运输中发挥了更大的战略作用。由于更好的连通性,这些机场优于交通关键节点,这使它们对乘客更具吸引力,从而成为邻近地区的枢纽[50]。Yang & Li 基于中国 286 个城市 2005—2015 年的面板数据,采用倾向评分匹配法和双重差分法研究了高铁对城市旅游经济的影响。结果表明,高铁对入境游客的吸引力比对国内游客①更高,二者相差 12 个百分点。此外,高铁只对入境旅游收入有显著影响(11.2%)[51]。Wang & Lu 基于旅游情境构建了高铁网络混合可达性指标,运用"双重差分"方法,研究高铁网络对中国地级市旅游经济的影响。研究表明,平均而言,高铁网络混合可达性分别促进了地级市的国内旅游收入和国内游客数量[52]。

---

① 国内游客:本书中的国内游客均指报告期内在中国观光游览、度假、探亲访友、就医疗养、购物、参加会议或从事经济、文化、体育、宗教活动的中国居民人数(未含港澳台游客),其出游的目的不是通过所从事的活动谋取报酬。统计时,国内游客按每出游一次统计 1 人次。

王欣和邹统钎研究认为,中国高速铁路网的形成带来了中国旅游产业在市场空间上的不断扩大[53]。王缉宪和林辰辉研究认为高铁建设既促进了高铁沿线区域内城市旅游休闲产业的快速发展又提升了站点城市投资环境的吸引力[54]。殷平研究了郑西高铁的旅游效应,认为郑西高铁的开通将进一步促进郑州、洛阳和西安三个城市商务旅游中心地位的提升[55]。王兆峰等研究了武陵山地区高速公路开通对区域旅游的影响,研究表明高速公路开通有助于增强整个区域的旅游吸引力,引致各种旅游要素流的空间集聚从而产生规模经济效应,是武陵山区域旅游实现提质增效的重要推力[56]。李学伟对高铁开通的研究认为,高铁开通在提升目的地站点城市旅游吸引力的同时还增强了该城市的区位优势,并加快了区域旅游基本要素的流动速度和全面发展,成为区域旅游经济发展的"酵母"和"引擎"[57]。戈艺澄等采用旅游交通响应系数分析了云南省2002—2017年间旅游交通响应强度的时空分异及其影响因素,认为2002—2017年间云南省交通运输业对本省旅游业发展的响应强度属于低水平响应($0 < R < 1$);旅游交通响应强度整体呈增长趋势但存在显著的区域差异,出现明显的"两端极化"现象;旅游资源空间结构演变是对旅游交通响应强度产生显著影响的四个主要因素之一,旅游资源空间结构的演变促使多种旅游交通方式之间实现高效衔接,提高旅游交通响应度[58]。冯烽和崔琳昊收集中国286个城市2003—2016年间的面板数据,使用渐进型双重差分法对高铁开通与站点城市的旅游业发展的关系进行了评估。研究认为,在对年份和城市进行控制并剔除其他干扰因素的影响后,对大多数站点城市而言,高铁仅为城市间的"过道",并没有成为拉动城市旅游业发展的"引擎",而对不同层级城市进行的异质性分析进一步表明,高铁产生的旅游效应——国内游客人数增加仅在五线城市表现显著[59]。孔令章和李金叶在以往研究的基础上探究了高铁网络对城市旅游经济的影响,认为高铁开通对城市旅游经济发展正向效应是动态变化的,随着高铁开通年限的增加由显著变为不显著[60]。杨懿等基于沪昆高铁沿线城市2000—2019年的面板数据,评估了高铁对旅游经济的影响,研究表明高铁的开通带动了沿线旅游经济的发展,表现为人均旅游消费水平的显著提高;高铁开通对我国东西部旅游经济的促进程度有明显差异,总体趋势是西强东弱,旅游发展水平较低和旅游市场规模相对较小的区域往往得到更快的发展;高铁开通有利于区域旅游经济的协调发展,缓解马太效应[61]。田坤等认为高铁和机场同时开通会带来共振效应的叠加,进一步促进了地区旅游经济的发展。进一步的城市异质性分析发现,高铁开通对旅游城市所在地区的旅游经济影响效果尤其显著,但对于没有旅游城市的地区的旅游经济发展外溢效应稍弱。而地区异质性分析表明对东部地区而言,高铁开通显著提高了国内旅游的产值,对中西部地区而言,显著提高了旅游流量[62]。

2.1.1.5 高速交通对旅游环境变化的影响

Peeters等通过将欧洲客运需求数据与国际旅游数据对比分析,深入了解欧盟区公民居住地与其旅游目的地之间的旅游运输对环境的影响。分析表明,旅游运输一半以上的外部性成本是由气候变化产生的,与铁路、公路和轮渡等运输方式相比,航空运输因为排放的温室气体的数量最多(约占80%),因而对气候变化和环境污染影响最大[63]。Statens研究了采用不同交通方式旅游对环境的影响,发现飞机对能源需求最大,对环境的污染最严重,导致的环境成本最高,公共汽车释放的氮氢化合物数量最高,对环境造成的污染比较严重,铁路运输在所有分类中对环境影响最小[64]。此外,蒋忙舟采用遥感技术与地理信息系统研究大同—西安高速客运专线与黄河湿地自然保护区的关系,认为大同—西安高速客运专线的修建对线路途经区域黄河湿地生态环境的影响主要表现为对生态敏感区造成的生态破坏和对生态环境产生的局部扰动[65]。余中元对高铁运营前后的海南省生态环境效益进行对比发现,高铁运营过程中海南省污染物呈相对集中特征,废弃物排放量增加,给景区的旅游承载力带来巨大挑战[66]。麻学锋和谭佳欣研究了湘西地区2000—2020年间交通可达性对旅游环境系统韧性的影响,结果表明交通可达性的提升会对旅游经济和旅游环境系统韧性产生直接的正向溢出,进而提升湘西地区旅游环境系统的整体韧性[67]。

2.1.2 旅游业与交通运输业的耦合协调发展研究

随着研究的深化,对旅游业与交通运输业关系的研究逐渐由交通运输业对旅游业的单向影响关系向二者双向互动影响关系过渡,由单一交通方式与旅游孤立维度(旅游流、旅游效率、旅游经济)的耦合关系验证向综合交通优势度与旅游综合发展水平耦合协调研究转向;研究方法日臻成熟和多样化;研究尺度既有国家宏观尺度又有区域中观尺度,还有城市微观层面,相关研究总体呈现由宏观向微观的转变。

2.1.2.1 国外文献关于旅游业与交通运输业的耦合协调发展的研究

Israeli &Mansfeld 对耶路撒冷旧城的城市旅游与交通系统之间的相互关系进行研究发现,由耶路撒冷旧城独特的城市交通构成的交通系统对来访游客的流动性具有重要影响[68]。Grounau 等对影响公共交通和休闲、旅游之间耦合关系的关键性影响因素进行分析,认为公共交通可以增加休闲和旅游的吸引力,从而为双方创造额外的利益[69]。Seetanah & Khadaroo 在动态研究框架下对毛里求斯交通运输资本投入与旅游业发展的关系进行分析,结果表明,运输资本存量对游客人数从短期和长期两个时间维度均产生了积极影响[70]。Albalate 等对欧洲城市公共交通与旅游之间的供需耦合情况进行了研究,研究结果证实旅游强度是城市公共交通需求增强的主要因素,然而,欧洲的城市公共交通部门并没有通过增加服务来解决这一压力。旅游业的发展以及由此产生的旅游需求的增加对城市公共交通产生了正面的外部性,但由于受到城市公共交通供应的限制,旅游强度的增加很容易造成拥堵,从而给城市居民带来了外部成本[71]。Musa 等考察了尼日利亚交通运输业发展与旅游业发展之间的关系,定量测算了尼日利亚交通(通过道路连通性,道路状况进行衡量)和旅游发展(以8个国家公园的空间分布进行衡量)之间的关系。总体而言,道路连通性指数与尼日利亚境内的旅游发展水平有关,交通是尼日利亚旅游业发展的一个重要决定因素[72]。Imikan & Ekpo 采用目的性抽样方法,选取尼日利亚河流州的十个旅游目的地为研究对象,对该州的基础设施(水、电、交通、通信和住宿)和旅游发展之间的关系进行研究。结果表明,组成该州基础设施的各个部分与旅游业发展之间的关系都存在高度显著性。尤其是交通基础设施在旅游发展的总方差中占很大比例,交通运输是带来当地旅游业发展的最重要的因素,交通基础设施的发展为尼日利亚旅游业的蓬勃发展提供有利的环境[73]。Ergas 等探讨了以色列机场基础设施在促进旅游业发展方面的作用，重点探讨了机场对旅游业的"门户"功能，以及机场建设带来的需求增加对酒店投资的刺激作用和游客支出的方式的改变。从时间角度看，新机场的建设可能会极大地提高对旅游行业预期的波动性。在供应方面，旅游行业对机场建设的反应是"黏性"的，即由于机场容量的增加和服务水平的升级，以色列国内游客和入境游客的整体增长带来的衍生需求将会滞后一段时间，旅游业对机场建设具有明显的时间滞后特征[74]。Bai 等研究认为交通运输业与旅游业之间是相互促进的关系，为了更好地解决旅游规划与交通运输网络设计之间存在的问题，构建了一个新的集成式建模框架[75]。Kanwal 等研究了对中巴经济走廊道路和交通基础设施发展影响的感知与当地旅游业的关系。结果显示，对中巴经济走廊道路及交通基础设施影响的感知与当地对旅游业的支持呈正相关，感知到的旅游效益和满意度对二者关系起中介作用[76]。

此外，国外学者对某种交通方式与旅游需求以及旅游目的地发展之间的关系较为关注，关注的重点集中于航空运输和高铁交通两种高速交通运输方式对旅游业发展的影响。

在航空与旅游业的关系研究方面，Bieger & Wittmer 探讨了航空运输与旅游之间的相互联系，研究认为旅游业的发展是新型航空运输商业模式，如包机航空运输方式与公司得以发展的驱动因素，同时，航空运输开辟了新的目的地和长途旅行等旅游形式[77]。Wanock-Smith & Morrell 对美国—加勒比地区三个国家（牙买加、巴哈马、多米尼加共和国）航空政策变化及其与旅游业发展之间关系进行研究指出，双边航空政策改革与入境客流量/运力增长之间存在正相关关系，表明航空政策的制订与该区域旅游业发展之间存在直接的关联联系[78]。对机场与旅游业关系的研究认为，机场对地区旅游的发展产生了重要意义。Turon & Mutambirwa 对津巴布韦国内机场航线与该国重要景区分布之间的关系进行分析，验证了机场建设对本国旅游业发展具有促进作用[79]。Costa 研究了巴西航空运输危机期间和之后航空运输对旅游目的地产生的影响[80]。Halpern 以芬兰拉普兰地区5 个服务于国际游客的机场为例，探讨了机场在周边地区国际旅游业发展的促进作用以及促进的方式。该案例研究认为，机场对拉普兰当地旅游业发展的空间范围产生影响，既是整个拉普兰地区区域旅游活动的起始点也是旅游服务的支持中心，并对机场所在区域竞争优势的形成起到支持作用[81]。Rey 等收集了西班牙六个主要旅游区 2000—2009 年共计 10 年的数据，运用动态面板数据模型对来自欧盟 15 个主要成员国的旅游客流量进行观察，同时评估了低成本航空公司的发展对西班牙整体旅游业发展带来的影响。研究认为低成本航空公司在旅游市场的扩张对西班牙旅游经济产生了显著的、正向的直接影响和间接影响，乘坐低成本航空公司的游客数量每增加 10%，欧盟 15 国的人均游客数量就会增加 0.2%，2006—2007 年间因航空燃油价格上涨对旅游业产生的负面影响因低成本航空公司的进入而抵消，原因在于低成本航空公司的进入导致了旅游航空运输市场日益激烈的竞争[82]。

Wang 等研究了京沪高铁开通前后沿线地区的交通总量、游客流量及旅游资源空间格局变化。研究表明京沪高铁沿线地区等时线的形状发生了重大的时空变化，大大缩短了旅游客源地与旅游目的地之间的时空距离。此外，京沪高铁途经区域旅游流网络的多种接触式联系特征更加明显，整体结构较高铁开通前更加紧密。高铁对区域旅游交通可达性产生显著影响,进而对区域旅游资源的时空分布产生显著影响[83]。Alkheder & Sharaf 以约旦北部的主要旅游区阿吉伦市为例,对约旦交通系统现状进行分析并通过空间分析评估其对旅游业可持续发展做出的贡献,结果表明,为了实现约旦旅游业的可持续发展,需要对其现有的交通系统进行重大改造。在进行旅游规划时,约旦政府应充分考虑交通运输系统在旅游发展过程中的重要作用[84]。Rehman Khan 等考察了 1990—2014 年间 19 个以游客为导向的国家的航空运输、铁路运输、旅游服务和运输服务对国际入境游和出境游产生的影响。结果表明,航空运输、铁路运输等不同运输方式的集中有助于促进全球国际旅游业的发展[85]。Albalate 等建立了 2005—2012 年期间 124 个城市的面板数据,实证分析了西班牙高铁与旅游业发展之间的关系,特别关注了新线路和新站对当地旅游业的影响。研究结果表明,高铁对游客数量、在目的地停留的夜晚数和/或酒店入住率的积极影响最多仅限于较大的城市,但在大多数情况下,这种影响很小,甚至是负面的[86]。Papatheodorou, A. 等研究了希腊航空运输与旅游经济的关系,研究发现,最新的欧洲航空结构变化对希腊旅游业有重大影响,尽管该国的国际旅游收入有所上升,但旅游收入增长与入境人数的增长不一致,即人均旅游收入下降[87]。Jou & Chen 探讨了高铁交通系统的整体化发展与旅游经济增长之间的关系,对高铁不同站点的交通量与旅游量的分析表明,高铁的运营可能促进旅游量的增长。为避免不同站点运营时间不同导致的分析误差,进一步进行验证,结果表明,大部分站点运营前后的游客人数存在显著的统计学差异[88]。Shi Kehan 等利用 2005-2013 年中国 286 个城市的面板数据,采用差分法从交通优势转移的角度探讨高铁对沿线城市旅游发展的影响,结果表明,高铁开通显著提高了旅游收入和游客出游人次,高铁对城市旅游发展具有催化作用[89]。

2.1.2.2　国内文献关于旅游业与交通运输业的耦合协调发展的研究

(1)交通体系与旅游经济体系的耦合协调研究。叶茂等构建了交通网络体系与旅游经济体系两个子系统的耦合协调评价模型,对湘西地区两个系统的耦合协调度进行定量测度。结果表明,2005—2019 年间湘西地区交通网络与旅游经济之间的耦合协调度呈现先高后降的趋势,从湘西地区的耦合协调主体类型看,以轻度失调和濒临失调的低等耦合协调为主,空间分布格局上呈现出由散点状向连片状变化的特征。通过交通与旅游经济矩阵的四象限模型发现,湘西地区的旅游经济与交通两个系统的耦合协调在研究期内正在向良性耦合类型转变[90]。李一曼等分析了浙江省 1996—2016 年间交通道路网演化与旅游空间结构与组织之间的耦合协调关系,结果表明,复杂路网效应下,旅游地域空间结构形态的演变耦合于城市可达性的时空轨迹,城市交通与旅游耦合协调性随着交通路网的建设完善而出现明显的整体改善[91]。刘安乐等选取丽江市为研究个案,对典型山区旅游城市交通运输业与旅游业发展之间的耦合关系进行研究发现,二者存在较强的耦合互动关系,研究期内丽江市交通运输业与旅游业耦合协调度逐年提高,但二者耦合协调度的增长速度较慢[92]。李彤研究丝绸之路经济带沿线九省市 2007—2018 年间交通运输—旅游经济的耦合协调度,发现二者的耦合协调度总体呈现出递增的上升态势,但九省市的整体协调度较低,未达到理想的耦合协调状态,耦合协调区域空间分布出现比较明显的空间分层现象和"自东向西,自南向北"递减的演变特征[93]。李芳对京津冀地区旅游系统与交通系统的耦合协调水平从纵横两个方面进行比较发现,旅游与交通的协调发展稳步增长且在发展态势上与交通保持相对一致性,京津冀地区13市旅游系统与交通系统的耦合协调水平有较明显差异[94]。廉梦柯对成渝城市群内各城市高铁与旅游系统的耦合协调水平进行分析,发现成渝城市群高铁与旅游的耦合协调度在高铁开通后有显著的提升,但如果出现高铁系统和旅游业系统双方发展水平不匹配,即存在一方的发展水平远低于另一方时,二者之间的耦合协调性一定处于比较差的水平[95]。冯英杰等选取2000年、2009年和2018年为时间截面,对江苏省高速交通与旅游系统的耦合协调发展及时空分布特征进行分析认为,江苏省高速交通系统与旅游系统的耦合协调水平从重度失调逐渐提升为初步协调,耦合协调的空间分布特征表现为耦合协调水平自南向北递减[96]。朱向梅和张静以黄河流域9省(自治区)为研究对象,分别构建了旅游和交通的引力网络,从动态角度分析2010—2019年间流域内各省(自治区)之间交通和旅游的关联性,研究发现,旅游引力和交通引力高值的区域分布不一致,旅游业对交通业的发展有着正向推动作用,但这种推动作用存在一定的滞后性[97]。张广海等分析了山东省交通网络与旅游产业发展的耦合协调度,认为二者的耦合协调度维持在相对较高的水平,呈现波动上升趋势,旅游产业快速发展与交通网络完善之间存在双向互动关系[98]。

(2)交通可达性与旅游的耦合关系及协调关系研究。王兆峰和孙姚对环长株潭城市群的交通可达性与旅游流集散关系进行分析发现,陆路交通可达性与旅游流集散的总体耦合协调度水平较高,但不同的陆路交通方式的可达性与旅游流集散耦合协调度水平存在差异,城市群内公路与旅游流集散耦合协调度的整体差异趋于变小,大多数城市普铁与旅游流集散耦合协调处于较高水平的耦合协调状态且变化较小,高铁与旅游流集散耦合协调度水平最低且耦合协调度空间分布表现为较大的地区差异性[99]。罗金阁等对粤港澳大湾区的研究发现,高铁可达性和旅游经济的整体耦合协调发展水平一般,虽然大湾区高铁开通带来了交通状况的改善,但这种改善对区域旅游经济的推动作用尚未得到完全释放[11]。张治意以重庆市为研究对象对其交通可达性与旅游经济的耦合协调度进行分析,认为重庆市公路旅游交通与旅游经济总体耦合水平较高且耦合度水平高于耦合协调度水平[100]。王兆峰和张青松对大湘西地区的公路交通网络与乡村旅游发展的耦合度和耦合协调状况进行研究认为两个系统之间的耦合态势较优,相互作用力强,但二者的耦合协调性总体上处于中等水平,且耦合协调水平具有显著的区域差异,公路交通网络是乡村旅游发展重要条件,也是产业发展和促进乡村振兴的重要基础[101]。蒋小荣等分析了汉江生态经济带交通网络可达性与旅游经济耦合协调度,发现汉江生态经济带的14个城市中只有武汉市的交通可达性与旅游经济的耦合协调度水平较高,其余城市均处于失调状态[102]。杨柳和胡志毅认为成渝高铁开通后沿线站点城市间的交通可达性与旅游经济的耦合协调度水平一般,高铁建设带来的交通可达性改善并未对旅游经济产生明显的拉动作用[103]。何芙蓉和胡北明对黔桂云3个省(自治区)的研究发现,高铁开通产生的极点扩散效应已显现,区域旅游绩效耦合度的提高和耦合协调度的提高皆受到高铁开通的影响,且耦合度在空间上的演化模式受到高铁班次的显著影响[104]。付帼从宏观和微观两个层面上分析了川滇地区旅游机场系统与旅游业系统之间的相互关联度、耦合度和耦合协调度,两个系统处于良好的耦合协调发展状态且彼此间具有显著的互相推动作用,旅游业发展对旅游机场的推动作用更为明显,旅游景区的数量和分布情况显著影响机场的空间布局[105]。余欣蕾对海南省航空业与旅游业之间的关系进行研究发现,二者处于高耦合度的耦合关联度水平,随着航空体系的发展,海南省航空业与旅游业之间的耦合协调度等级呈现不断提高的态势,两个产业互动协调共同发展[106]。

(3)交通优势度与旅游经济耦合协调关系研究。关伟和薛刘艳研究了辽宁省14个地级市高速交通优势度与旅游经济之间的耦合协调关系。研究结果表明,辽宁省交通优势度与旅游经济发展水平之间的耦合协调度在整体上处于一般水平,且耦合协调水平在空间上表现为以沈阳为主中心向辽宁省西部、北部边缘城市逐渐降低的态势[107]。孙婉颖研究发现,成渝城市群交通优势度和旅游地空间格局耦合协调程度表现为复杂的耦合态势,二者的总体耦合协调水平偏低且不同区域存在较大差异性,交通优势度和旅游空间格局耦合协调程度及特征受多种因素共同作用的影响。快速交通系统的形成是"交旅"空间耦合的重要推动力[108]。

2.1.3 研究述评

总体而言,对交通运输与旅游关系的研究在国内外已取得非常丰富的成果,国外学者对交通与旅游之间关系的研究开展得比较早,国内大部分研究是在国外研究的理论基础和方法上进行的补充和拓展,并已逐渐形成符合中国国情和特色的研究体系,尤其是随着中国多种高速交通运输方式和综合交通运输网络的发展,对高速交通尤其是高铁、航空与旅游发展之间关系的研究更加深入。学者们不仅重视交通发展对旅游的单向影响,如交通对旅游目的地的可达性、旅游流的空间集散、旅游目的地空间结构演变、旅游行为、旅游经济强度变化、旅游地间竞合关系的影响,还重视交通设施和旅游发展之间的耦合互动关系,多角度、多方法对交通与旅游的协调发展予以探讨,目前仍存在一些尚值得更深入研究的问题。

交旅耦合协调可持续发展的研究深度、完整的研究范式和方法体系尚未构建;基于空间经济学和人文地理学视角的对交旅耦合协调时空特征及演变规律、耦合协调驱动机制的系统综合分析有待深入;亟须突破传统单一性的静态研究方法的不足与局限;对于复杂高速交通网络与多目的地、多客源地旅游网络之间耦合协调发展和耦合时空规律的研究需继续深入。

2.2 概念阐述

2.2.1 旅游业

旅游业又被称为旅游产业,具有内涵丰富,可以多角度、多途径定义的特征。联合国《国际产业划分标准》将旅游业界定为:为旅游者旅游活动全过程提供所需服务的一系列产业的总称。世界旅游组织(World Tourism Organization,WTO)将旅游业定义为旅游者参与旅游活动过程中所涉及的餐饮、住宿、交通出行、游览、购物、文化娱乐等多种产业和部门所组成的综合性产业。这两个组织关于旅游业的定义实际上是从产业经济学的角度进行的界定。而从管理学的角度通常将旅游业定义为：为了满足旅游者精神、文化等多方面的需求，对目的地的旅游资源进行开发利用，向其提供观光游览服务的同时进行旅游产品销售，以此带动目的地区域经济发展的过程。因此，从不同的学科角度给出的旅游业的概念具有一定的差异性。

除上述定义角度外，根据所涉及行业的范围，我国将旅游业分为广义和狭义两种。狭义的旅游业主要包括旅行社业、旅游饭店业、旅游车船公司、专门从事旅游商品买卖的旅游商业等行业。广义的旅游业既包括专门从事旅游业务的部门也包括与旅游相关联的各行业，即旅游关联产业。

根据旅游业的上述定义并结合本书的研究对象，将旅游业进行如下规定：旅游业是以旅游资源和旅游设施为凭借基础，围绕旅游者旅游过程中产生的各种旅游需求，为其提供满足需求的旅游产品和旅游服务的综合性关联产业。

2.2.2 交通运输业

旅游者在旅游活动过程中要在旅游目的地之间以及旅游目的地内部实现空间位置的转移，需要搭乘各种交通运输工具，因此，旅游活动的正常开展离不开交通运输业的支持。旅游者完成旅游活动所需要搭乘的交通工具主要为陆路运输工具、水路运输工具、航空运输工具，一般不涉及管道运输，因此，本书将交通运输业进行如下界定：

交通运输业是指国民经济中从事货物和旅客运送经济活动的社会生产部门，是使用交通运输工具将旅客和(或)货物送达目的地，实现其空间位移的所有的从事运送经济活动的企事业单位及行业的集合，是产业间、区域间以及城乡间实现联结的纽带，包括公路运输业、铁路运输业、城市公共交通运输业、水路运输业和航空运输业。

2.2.3 耦合、耦合度、耦合协调度

耦合概念最初来源于物理学。耦合概念的运用范围随着交叉学科的发展而逐渐由物理范畴拓展到其他领域，近年来被经济学、农学、体育学、林学、地理学等领域用来测量由两个或者多个系统之间的各种交互作用而产生的相互影响及其产生的联合增力。

耦合是指两个或多个系统或系统内部元素或运动形式通过各种相互作用产生相互影响并协同完成特定任务的现象。当系统间或系统内部元素间或运动形式间相互协作并据此实现相互促进时，则认为实现了良性耦合；反之，则是不良耦合。

国内外对系统之间的耦合发展进行探究的相关文献主要从系统之间的关联耦合和耦合协调进行测度分析。因此，有必要对耦合度、耦合协调、耦合协调度等概念进行阐释。

本书将耦合度界定为测度系统之间或系统元素之间或运动形式之间的相互作用和相互影响程度大小的指标。通常认为系统、系统元素间相互作用和相互影响程度越大，则耦合度越大，这意味着系统间的关联度越大；系统间的相互作用和相互影响越小，则耦合度越低，系统间的关联程度也越低。构建系统间互动发展耦合模型时，学界采用较

多的是灰色关联法。

由于耦合度只是对系统间或系统元素间相互作用与相互影响关系的强度进行了说明,但是却不能反映出系统间或系统元素间关系的协调情况。系统或系统元素间耦合度高并不意味着系统之间通过相互作用和影响而形成良好的、和谐、互促的关系,即耦合度高不一定意味着良好的协调度,既存在系统耦合度高但协调度低的情况,也存在系统耦合度不高但协调度高的情况。为了全面、综合地评判系统之间的耦合关系是否协调以及协调程度如何,引入耦合协调度作为测度和评判解释的工具。耦合协调度表示系统或系统元素相互作用中的良性耦合程度。

2.3 理论基础

2.3.1 旅游系统理论及模型

旅游系统理论是20世纪以来随着对复杂性问题的深入研究而出现的一种科学理论,属于系统论在交叉学科发展中产生的一个衍生分支,对旅游业的发展和研究产生了深远影响。贝塔朗菲于1932年提出了系统论的基本思想,该思想引起了学术领域的更多关注,并成为学术研究的一个重要视角。"系统"一词源于古希腊语,其含义是由不同部分组成的整体。由于研究角度的差异,故而出现了很多关于系统的定义。通常把系统定义为:处于一定环境中的彼此间相互联系、相互作用、相互依存并与所处环境发生密切联系的各组分、元素等的有机总体(集合),是复杂的有机综合体。系统论要求从整体视角对系统加以把握,既要注意结构的复杂性又要关注结构功能的转换性,更要注意系统在演进过程呈现的稳定性与突变性特征,以便于对事物的内在本质和其发展规律有更好的认识。

旅游业自产生之日起就形成了旅游业内部各要素之间、内部要素与外部要素之间交互影响的、功能和结构特定的有机系统,兼具复杂性和综合性的特征。因此,以系统论的视角为切入点,结合系统论的内涵,有助于从整体上对旅游业的发展特征及其内在规律进行把握与理解。基于系统论的观点,旅游系统理论认为旅游业也是一个复杂有机的系统。旅游系统包括旅游主体(旅游者)、旅游客体(旅游吸引物或旅游资源)、旅游中介(向旅游者提供服务的旅游部门和企业)和旅游环境四种组分和要素,根据这四种要素之间的关系,国内外学者从空间地理学、经济地理学、市场营销学、经济学等多个角度对旅游系统展开了持续深入的探讨,相继提出了各自的旅游系统理论并建立了相应的模型。

2.3.1.1 国外旅游系统理论及模型

国外学者从20世纪70年代开始就对旅游系统展开了研究,逐渐形成了一批在旅游学界比较有影响的理论和模型,主要有旅游地域系统理论及模型、旅游功能系统理论及模型、旅游地理系统理论及模型、旅游市场系统理论及模型、旅游供需系统理论及模型、旅游复杂系统理论及模型。

(1)旅游地域系统理论及模型。1972年,苏联学者 B.C. Преображенский 根据旅游业的系统构成,在地域组织理论的基础上提出了旅游地域系统概念,在众多学者的共同努力下构建了系统的旅游地域系统理论及模型。该理论强调了某一地域范围内形成的旅游系统的复杂性和有机性,认为由六个子系统构成地域旅游系统,其中目的地旅游吸引物、目的地旅游市场营销、旅游技术保障、当地旅游管理部门四个子系统彼此相互影响构成一个闭环小系统,这个闭环小系统通过旅游服务子系统向旅游者提供旅游活动所需服务而对游客子系统产生影响,并将游客子系统的信息反馈回闭环小系统,从而完成整个旅游系统内部的交互关联和影响。旅游系统内部各子系统间交互影响的同时,这个闭环小系统还会受到外部环境系统的影响,尤其是旅游管理部门子系统和旅游市场营销子系统会受到外部系统的直接影响。作为一种比较早提出的旅游系统理论及模型,旅游地域系统理论为从区域旅游产业构成角度认识旅游现象提供了一种新的理论视角。

(2) 旅游功能系统理论及模型。该理论认为满足旅游者的需求是旅游系统的最根本、最重要的功能,提出了旅游功能系统概念并构建了相应的理论模型。这是对旅游系统认识上的一次飞跃。旅游功能系统理论认为旅游系统满足旅游者需求的这个根本功能取决于该系统的组成结构且会对其外部的上一级系统从经济、社会、环境等方面产生影响,形成附属功能。在该理论基础上,甘恩构建了旅游功能系统模型,从模型上看,旅游系统的结构由供给和需求两个子系统组成,其中旅游交通、旅游信息与促销、旅游吸引物和旅游服务等共同构成旅游系统的供给子系统,执行旅游系统的供给功能,供给系统的各个组分总体上是相互关联性比较小的独立发展部分。供给系统的组成要素和由旅游者构成的需求系统之间相互作用构成了旅游功能系统这个有机整体。

美国旅游研究者甘恩(Gunn)于1972年首先运用结构功能法,从结构-功能的角度研究了旅游系统。在1972年提出的模型的基础上,甘恩从旅游市场的角度出发于2002年对原有模型进行了修订,提出了更为完善的旅游功能系统模型。该模型对旅游目的地供给子系统的各组分之间关系有了新的、系统性的认识,认为供给系统的五大组分之间不是关联性很小的独立发展关系,而是存在显著的相互关联和制约,任何一个要素的变化必然会引起旅游系统原有的平衡状态发生偏移,从而导致其余要素的相应变化与发展。另外,该理论还认为,将外界环境因素的影响纳入旅游系统中来,将对理解旅游功能系统的演化发展产生至关重要的影响。旅游系统的外部环境也会对系统的内部结构和系统的功能产生影响。外界环境作用于旅游供给系统内某一个或某几个要素引发整个旅游供给系统的变化,外界客观环境也会直接作用于旅游需求使其产生变化,无论是供给子系统的变化还是需求子系统的变化都会通过传导作用最终导致整个供需关系变化。Gunn认为,对旅游供给面产生影响的外部客观因素主要包括:(文化和自然)资源、国家政策、市场竞争、劳动力供给、旅游者所在社区、金融支持、管理者的组织领导能力和企业家精神等;对旅游需求面产生影响的外部客观因素主要是:可自由支配收入、闲暇时间、人口、政府政策等[109]。

1985年,Mill和Morrison从市场营销角度出发对甘恩的理论和模型进行了进一步修改,将旅游吸引物和旅游服务两个要素合并成一个新的要素——旅游目的地要素。郭长江将甘恩的模型和Mill和Morrison的模型合称为G-M-M模型[110]。

总之,Gunn和Mill& Morrison的旅游功能系统理论模型认为,一个旅游系统的有效运行必然离不开旅游者与旅游信息的空间流动。通过交通这一媒介要素把旅游者从需求市场推出去,实现旅游者从旅游需求市场流向旅游供给市场即旅游目的地的流动,而信息则以市场营销这一要素为媒介把旅游者拉过来,实现从旅游目的地供给市场向旅游需求市场的流动。这两个流动过程最终形成了旅游需求方的旅游决策过程和旅游供给方即旅游目的地的营销过程。

(3)旅游地理系统理论及模型。旅游地理系统理论及模型从空间结构的角度对旅游系统进行分析,认为旅游系统是旅游客源地和目的地在空间上通过旅游通道连接而形成的组合系统,强调地理区位在旅游业发展中的作用。该理论及模型最早是由澳大利亚学者 Leiper 在 1979 年提出,于 1990 年对旅游地理系统理论进一步完善,构建了旅游地理系统修正模型。后来另一位澳大利亚学者 A. J. Veal 又对 Leiper 的理论和模型重新进行整理总结,后人习惯上将其称为 O-D 对模型。

旅游地理系统理论及模型认为,所有的旅游活动都是在由旅游客源地、旅游目的地、旅游通道三个空间要素构成的空间系统中完成的,旅游者通过旅游通道的连接实现了在旅游目的地和旅游客源地之间的空间位移。旅游客源地、旅游目的地、旅游通道是旅游系统的三个重要空间要素。其中,旅游客源地是旅游者的常住地和其旅游活动的出发点,旅游目的地是对旅游者产生旅游吸引力并使其在此做短暂观光游览或度假的地方,二者在空间上通过旅游通道实现连接。旅游通道不仅仅是实现旅游者空间位移的物质载体,还会成为旅游对象物。在旅游通道中不光有旅游者的流动,而且还有信息的流动,因此也是一条信息通道。市场需求信息和旅游促销信息通过旅游通道实现在旅游供需市场之间的流动。保继刚认为,旅游通道具有不同的特征,其本身是有效率的,通道的效率及特征会影响并改变旅游流的规模和方向[111]。

旅游地理系统理论还认为,旅游者和旅游业是对旅游系统产生影响的另外两个重要因素。为旅游者提供旅游产品的旅游业各部门分布于构成旅游系统的三个不同空间中,因此,旅游者(旅游需求)和旅游业(旅游供给)也具有空间属性。作为供给方的旅游目的地之间是割裂的,又具有供给刚性的特征,而旅游客源地的需求本身具有多样性、季节性、不稳定性、易诱导性、非理性等特征。因此,从供求关系上看,旅游业是一个充满矛盾的产业。

此外,该理论及模型还认为,旅游系统受到目的地与客源地外部宏观环境诸因素的影响,如自然与人文环境、区域社会文化环境、区域经济与技术发展水平、政治形式与法律法规等。

总之,在旅游地理系统理论及模型中既包含了旅游功能系统(供需求关系)又包含了客源地和目的地的空间关系,从空间地理学的视角,完美地阐释了客源地旅游需求系统与目的地旅游供给系统的功能结构。因此,可以认为旅游地理系统理论及模型是从旅游空间结构系统和旅游供求系统两个不同的角度和层面对旅游系统进行分析,旅游空间结构是旅游供求关系的空间表现形式。

(4)旅游市场营销系统理论及模型。美国学者莫里森以旅游市场营销为切入点,对旅游系统内部运行机制、各子系统内部定位及功能进行了深入研究,提出了旅游市场营销系统理论并构建了旅游市场营销系统模型。在该模型中,旅游系统主要包含四个子系统,分别是旅游客源地市场系统、旅游市场营销系统、旅游目的地系统和旅行活动过程及特征系统,强调旅游市场营销系统在整个旅游系统中的作用,尤其是在旅游目的地系统与旅游客源地系统交互过程中的作用。2009年莫里森对原来的模型从内容、功能、定位等方面加以丰富并进一步完善了旅游市场营销系统模型,阐释了游客决策行为及其影响因素。但是,该理论及模型没有将旅游资源系统纳入,只是将整个旅游系统看成是四大状态量和流的运转,并未把旅游资源看作影响系统运行的因素。而事实是,旅游资源是旅游对象,是旅游吸引物,是旅游业发展不可或缺的重要因素。

(5)旅游供需系统理论及模型。旅游供需系统理论及模型从经济学角度对旅游系统进行研究,最先由美国学者Mitchell在1987年提出的三乘三的概念矩阵发展而来。概念矩阵模型借用矩阵概念,将旅游业看作一项强关联性的综合性产业,以需求、供给和供需联系三个经济要素为列,目的、结构、区位三个地理要素并行,通过行列交叉分析,形成对旅游需求、旅游目的地市场供给、旅游供需间的交通联系与目的地价值观和理念、目的地类型等级、市场定位和布局之间的相互作用关系和相互关联思想的准确把握,较深刻地把握了旅游业的产业特征和经济规律。这一模型属于经典的旅游供需N-S对模型,有助于对旅游现象及其运行规律的深入认知。该模型框架具有足够的逻辑性和灵活性,可以用作旅游研究工作的有效工具。

(6)旅游复杂系统理论及模型。旅游复杂系统模型也被称为旅游混沌模型,是由美国学者Mc Kercher在Faulkner和Russell的对旅游复杂系统进行的初步探讨的基础上,结合复杂理论和混沌理论提出的。根据复杂理论,任何系统都是复杂系统,旅游系统如是。Mc Kercher认为,复杂系统思想在旅游研究中尤其是在旅游目的地时空演化等问题上无处不在。系统之所以"复杂",是因为系统的组成元素之间以及系统与周围环境之间在产生相互作用的过程中会产生一些特殊性质,如非线性、路径依赖、自发秩序、适应性、锁定、涌现、历史偶然性(不可控性、不可预测性)、反馈回路等[112]。Mc Kercher认为旅游系统包含旅游者、旅游主体、旅游信息向量、沟通效率的影响因素、旅游内外部影响因素、旅游目的地或其内部的旅游群落、输出、麻烦制造者。这几个要素之间存在复杂的交互性,使旅游系统以一种不可控和不可预测的非线性方式运行,可能导致旅游系统内在的紊乱和突变。一旦旅游系统内部产生紊乱或突变,则最终必将导致任何试图对旅游系统进行自上而下控制的努力都会走向失败。旅游系统和所有混沌系统一样,对初始条件具有高度敏感性,即在旅游系统初始发展阶段,即使是一个微小的变化都可能导致旅游系统在演化过程中出现完全不同结果。相关学者如Christaller对旅游目的地演化的经典案例研究充分反映了复杂系统在旅游业发展过程中的作用,旅游目的地演化的路径依赖、非线性、锁定性与适应性、不可预测性、不可控性等性质无不符合复杂系统的特征[113],有助于解决旅游业发展过程中那些长期无法回答的问题。

与此前存在的其他旅游系统模型相比,旅游者在旅游复杂系统模型中的作用被得到进一步认可,地位有明显上升。同时,旅游复杂系统模型还把旅游信息要素放到了重要位置,认为信息在各旅游系统各要素之间的互动中起到了关键作用,旅游者旅游信息的获取情况,如获取数量、获取质量、获取效率等影响了旅游者最终做出旅游决策。

2.3.1.2 国内旅游系统理论及模型

陈安泽、卢云亭等是国内最早对旅游系统及其框架进行研究的学者,借鉴了美国学者 Mitchell 提出的旅游供需的 N-S 对模型,认为旅游系统由供、需两个系统组成,旅游地域子系统、旅游服务子系统、旅游教育子系统和旅游商品子系统共同构成旅游供给系统。随后,其他国内学者如吴必虎、吴晋峰、王家骏、王迪云、周佳、许峰等在国外关于旅游系统研究的基础上,先后建立了与中国实际情况相适应的旅游系统模型。除了许峰以移动互联网与大数据对整个旅游系统带来的可能影响为出发点对旅游系统进行重构外,其他国内学者的旅游系统模型大多是基于国外研究者基础上的改进。

(1)吴必虎的游憩系统模型。基于旅游功能系统理论与旅游市场系统理论确定的 G-M-M 模型框架,国内学者吴必虎将交通和信息促销加以合并使之形成出行子系统,又将原本处于旅游系统之外的环境因素如国家旅游政策和法规、旅游目的地环境、人力资源等纳入另外一个新的子系统中,并将其命名为支持子系统。这样,新的旅游系统框架即游憩系统模型共由四个部分组成。其中,市场子系统由客源市场和产品市场构成,而客源市场包括了国际、国内和本地客源市场;作为旅游系统重要子系统的旅游目的地系统,包括各种类型的旅游吸引物、设施和服务,也是一个由多个不同要素和多个不同主体相互适应、相互作用、相互影响而形成的复杂性的适应系统,在构成整个旅游系统的所有子系统中与旅游者之间关系最密切[114]。

我国学者李文亮等对支持系统是否应该作为一个旅游子系统提出了不同的看法,认为在旅游系统中增加支持系统具有一定的合理性,但是,将政府因素作为支持子系统有待商榷,虽然政府确实在发展中国家的旅游业发展过程中起到了关键性作用,但不能因此而将其作为支持系统看待,科学合理的做法应该是将政府作为外部环境要素对待[115]。

该模型整体上内容结构较完整,并且增加了政府支持子系统,主要凸显了我国旅游业进入快速发展阶段相关政府管理部门在旅游业发展过程中起到的宏观调控、引导和支持作用。但该模型也存在一定缺点,对各子系统之间存在的关系、各子系统间的交互作用及其机理缺乏深入分析。

(2)吴晋峰的旅游系统模型。吴晋峰认为,由具有不同功能的子系统组成的旅游系统是一个动态、开放的复杂巨系统,具有整体性、地域性和层次性的特征。旅游客流在目的地子系统和客源子系统之间通过旅游交通子系统实现流动,使得旅游系统在旅游流的集散与组织过程中具有重要影响。旅游目的地、旅游客源地和交通线路三者间不同的组合关系和空间距离导致了旅游系统具有不同的结构以及旅游流的不同变化[116]。

(3)王家骏的旅游系统模型。王家骏在 Mitchell 提出的旅游系统理论和模型的基础上新增了输入和输出功能系统,从而构建了一个新的旅游系统模型。输入旅游系统的物质、能量和信息来自两个层面。一方面是与旅游业有关的各类人的输入,包括旅游者在金钱、时间和精力上的投入、员工的技能服务、旅游企业创造性的经营投入、规划者的发展规划投入以及投资者的资金投入;另一方面是来自外部大环境层面的输入,包括来自政治因素、经济因素、社会因素、文化因素、技术因素和自然因素等方面的信息、能量和物质等。从这两个层面输入旅游系统的物质、能量和信息流会在各个旅游子系统之间的交互作用过程中发生形态上的转换,并经过旅游系统结构进行再输出,形成旅游者有益的经历和身心满足、旅游从业人员的报酬、规划者和投资者期望获得的区域积极影响和旅游企业的利润。该模型还认为,由于外部环境因素本身处于不断的变化中导致整个输入系统也会产生变化,因此,整个旅游系统必然是动态变化的[117]。

这种将旅游系统与外部大环境联系起来并增加输入和输出系统的做法,为旅游研究角度和方法开拓了新思路,形成了对旅游系统结构更加完整和全面的描述。

(4) 王迪云的旅游耗散结构系统模型。王迪云认为,旅游系统不是一个具有完备功能的自主系统,基于耗散结构理论和上述认识,创新性地构建了旅游耗散结构系统模型。该模型阐明了风景区系统内部各子系统和外部三种环境因素之间存在的耗散关系。其中,风景区系统包括吸引物子系统、设施子系统、行业子系统和支持子系统。将耗散结构引入对旅游系统研究中来是一种理论上的创新,但该模型内部也存在一定的不足。风景区系统与其内部各子系统、各子系统及其各组成要素之间在模型中仅仅表现为包含与被包含关系,彼此之间的交互联动等关系并未在模型中得到充分的表现和分析[118]。

(5) 周佳的旅游系统模型。周佳等认为现有旅游系统理论及模型没有充分考虑旅游系统的非线性特征,在对旅游系统非线性特征产生原因进行分析总结的基础上,构建了基于系统的信息反馈工具基础上的旅游系统模型,模型增加了正、负反馈机制两个新的结构单元,以便于对旅游系统得以维持稳定的原因进行更好的解释。其中,正反馈侧重于信息流,规定了旅游系统的组织性及非线性并控制和调节了系统的正常运行;负反馈侧重于物质流和能量流,其作用是保证旅游系统的稳定性始终不受随机性、偶然性等非线性特征的扰动,使系统最终趋于稳定的和合目的的运行状态[119]。

(6) 许峰的旅游系统新模型。许峰等认为,移动互联网与大数据时代的到来将会重构整个旅游系统。在未来,旅游系统将会以旅游者及其全面的信息需求为中心,旅游系统原有参与者和新的参与者(搜索引擎)充分发挥其数据获取、存储、处理和利用等方面的作用,保证整个旅游系统顺利运转的同时在大数据的加持下获取新的竞争优势,从而重构适应移动互联网和大数据时代的新的旅游系统模型[120]。

许峰等人重构的旅游系统新模型将从信息源(旅游者)获得的信息通过识别、获取、处理以及应用四个运转阶段,最终以直接或间接反馈的方式和渠道再传递到旅游者,从而建立起信息闭环流动的旅游系统新模型,也体现出了服务主导逻辑中倡导的顾客中心思想。旅游系统新模型为智慧旅游建设提供了新思路,模型中提出的一些在当时看来尚未发展成型或成熟的要素,在现在看来已经成为旅游发展的新价值领域并激发出各种新兴旅游业态。

2.3.2　交通经济带理论

交通经济带与区域产业带、经济带以及交通走廊等存在密切的联系,国内外学者对此做出了深入的研究。

2.3.2.1　交通经济带理论的发展过程

(1) 国外交通经济带相关理论的发展。交通经济带是18世纪末期,伴随着工业革命带来的机械化大生产和运输的初步发展而出现的。但是直到第二次世界大战结束后,人们才开始大量密切关注这一新型地域经济组织现象。

20世纪初期,部分学者注意到由于交通运输线路的开通,沿线经济在集聚过程中呈现出典型的带状分布现象,并试图对这种现象给予理论分析和数学上的论证,于是出现了古典工业区位论。该理论以德国经济学家韦伯为代表,在古典经济学思想的基础上提出了最小成本理论,认为影响工业布局的最重要因素是交通,运费最小的区位就是企业选址的最佳区位。

斯坦因·德吉尔在1927年研究了工业中心之间的相互联系,在"工业四边"概念的基础上提出了"制造业带"概念。

戈特曼是最早注意到产业带并对其进行研究的学者并在随后的研究中进一步进行完善。在1942年和1957年,戈特曼先后两次到美国东海岸地带进行经济考察,考察过程中注意到这样一种经济现象:在沿着从新罕布什尔州直到弗吉尼亚州的主要交通干线上分布着大片城市,这些城市之间通过交通线路形成联系紧密的城市群,城市群中产业聚集规模巨大,戈特曼把此类以前从未有过的沿交通线形成的产业集聚区域作为一种规范的空间地理单元,并将其命名为大都市连绵区[121]。

第二次世界大战结束后,随着全球经济的快速发展,学者们开始大量密切关注由于交通运输业发展所引发的沿交通线路出现的新型地域经济组织现象,交通经济带理论开始逐步形成。

法国经济学家佩鲁在1950年提出了增长极理论,为交通经济带理论的形成奠定了初步理论依据;20世纪60年代初到20世纪70年代,以德国学者松巴特为代表的学者把交通运输与区域经济发展结合在一起纳入对区域经济的研究中,提出了"生长轴或增长轴"理论。该理论的主要观点是,铁路、公路等重要交通干线的建设使得各中心城市之间的连接变得更加紧密,并使这些城市区位变得更加有利,既便利了人口在城市间的流动又大大降低了产品的运输费用和成本,成本和费用的降低又进一步增强了交通干线重要节点城市对资本、技术、劳动力等生产要素的吸引力,形成更有利的产业发展环境,从而人口、产业等继续向交通干线周围集聚的趋势大大加强,新的工业区和居民点逐步产生。最终,以交通干线为发展轴线的新的产业带将逐渐形成。1969年,韦贝尔提出了城市系统交通运输走廊理论,这是另一个关于交通运输经济带密切相关的理论。该理论认为运输走廊形成有赖于基础交通设施的历史条件,从而具有强烈的路径依赖性[122]。20世纪80年代,威尔逊和艾伦在耗散结构理论和突变理论的基础上,对区域经济在特定约束条件下的演化过程进行了研究,认为新的经济中心总是在靠近交通干线的地方最先产生,城市体系在演化过程中具有明显的沿交通干线两侧分布的特性。20世纪90年代初,美国学者沙利文意识到交通运输走廊的规划建设在城市发展中的重要性,认为在对城市交通运输基础设施进行规划建设时应同时进行沿线经济开发的规划,提出了应该将二者作为一个有机整体进行统一规划的思想。

(2)国内交通经济带理论的发展。鉴于交通运输基础设施建设在国民经济发展中产生的重要驱动作用,20世纪80年代以来,我国众多学者开始逐渐重视对交通经济带理论的研究,出现了一批与交通运输经济带相关的具有影响力的理论研究。陆大道是最早对此进行研究的学者,点—轴空间结构系统理论强调在经济发展和产业带建立过程中注重重点开发轴的选择,沿轴线采取空间线性推进方式[123],被学界认为是增长极理论和生长轴理论的进一步延伸;1992年,费洪平采用企业空间行为视角对胶济沿线产业带的变化及内在机制进行了研究[124];1993年,张国伍在我国首次创造性地提出了"交通经济带"的概念[125];1997年,武伟对京九铁路沿线交通经济带进行了研究,重点关注了交通经济带的形成机制及其空间开发模式[126]。张文尝认为交通经济带的产业体系以第二第三产业为主,在生产合作和技术经济上联系密切的带状经济区域,由交通主干线、产业及产业体系、大中型城市或城镇群三个基本要素组成[127]。杨荫凯和韩增林认为,从时间和空间两个维度来看,依据交通经济带的外部边界、腹地范围大小、经济实力、产业结构与层次、城市或城镇群的人口数量、中心城市影响力等要素的变化情况,交通经济带的生命周期会按照起步雏形期、膨胀增长期、成熟扩展期、融合衰退期的4阶段演化轨迹进行演化[128]。

交通经济带理论对掌握交通基础设施建设与区域经济发展间的互动机制,促进我国交通经济带与区域经济的协同、快速发展具有极其重要的理论和实践意义。

2.3.2.2 交通经济带的基本性质与分类

一般认为,作为空间经济系统的交通经济带具有三个基本性质,即具有耗散结构特征的非平衡化和非线性相互作用的开放系统、具有生命体般的生命特征与生命周期及演化规律具有可知可控性。

不同的分类标准下,交通经济带的划分具有不同的类型。以主干交通轴线所处区位性质、中心生长点和发展主轴的差异可以分为沿海型、沿江(河)型、沿路型和综合运输通道型四种。这四种不同的交通经济带类型因为在生成动力因素、交通线路特性、运输能力差异、产业发展走向等方面的差别而表现出不同的特征。

2.3.3 世界城市网络理论

自20世纪80年代开始的第三次全球化浪潮,带来了世界范围内生产要素和产品两大市场的整合。世界城市的兴起就是全球经济一体化浪潮发展到一定阶段促成的,世界城市是国际劳动分工在空间上的表达。随着世界城市在全球的不断涌现,彼此间的经济文化往来也日益频繁,从而凝聚成世界城市网络这一新的空间有机体。世界城市理论逐渐发展起来并成为研究这些新出现的城市现象和问题的有用框架。在世界城市理论这一区别于传统城市经济学的理论架构内,学者们创新性地对世界城市网络的各个层面进行了实证研究。

2.3.3.1 世界城市与世界城市网络体系基本概念

世界城市也可以称为国际城市、全球城市。世界城市发展以及世界城市理论研究过程中,有多位学者进行了代表性的研究,如彼得·霍尔从城市在政治、金融、人才、信息等方面产生影响力的大小和范围角度,弗里德曼从国际分工的角度,萨森从经济、金融、产业、创新等角度,分别对世界城市进行了界定。

最先对世界城市进行研究的是彼得·霍尔,他在1965年将已经从经济、文化、政治、社会等方面对全球或者大多数国家产生影响的国际化大都市视为世界城市,并以伦敦、莫斯科、巴黎、德国莱茵的鲁尔区、荷兰的兰斯塔德区、纽约、东京等多个典型城市(或区)为例进行研究分析[129]。金和泰勒将世界城市发展放在社会变革及世界历史体系中进行研究,不同历史时期的世界城市是所处历史时期霸权国家的经济中心,是霸权城市[130~133]。布劳岱尔关于世界城市的思想对后来者提出了新的启示,即对世界城市进行研究时不能将该城市与其所在国家之间的关系割裂开来,更不能忽视该城市对世界经济体系形成的主导作用[134]。哥特曼提出了大都市带的概念,通过构建大都市带的判别指标体系对美国东海岸城市进行了实证研究,研究结果表明,大都市带中的城市在职能分工上存在差异,而脑力密集型产业的大量集聚是世界城市最重要特征[135]。弗里德曼认为,世界城市应该是全球经济的中枢组织或节点,是全球资本汇聚、组织和协调生产与市场的重要地点和基点,也是吸引大量移民的目的地[136]。弗里德曼用了20多年的时间对世界城市从宏观角度进行持续性研究,并在《世界城市假说》中提出了迄今为止仍被认为是世界城市研究基础的七个著名论断和假设。司瑞福在弗里德曼基本思想的基础上更注重城市的服务功能,他认为一个世界城市的地位取决于公司总部的数量和质量(即总部的等级和级别)[137]。萨森认为,随着全球经济结构的转型变化,世界城市不仅是经济中枢或协调节点,还被赋予了"从事某种特定工作场所"的这一全新的功能[138]。Castells指出,信息流动在经济发展过程中呈现出网络结构的特征,带来了全球经济由"地方空间"的发展转变为向"流动空间"的发展[139]。

随着我国经济的迅速发展,一些大型中心城市在建设现代化国际大都市的目标引导下逐渐发展为世界城市,在这种背景下,国内学者开始关注世界城市研究。宁越敏首先在我国引入了世界城市概念,并对我国中心城市的未来发展进行了抛砖引玉式的有益探讨;1994年,宁越敏对世界城市崛起规律进行研究,并以上海为例分析了该城市发展成为世界城市过程中出现的问题[140,141];2007年,宁越敏等又分析了世界城市建设过程中上海在全球生产系统中所处的位置[142]。汪明峰等从信息化网络角度出发,认为网络信息化对城市体系的变动及城市网络的产生起到了重要的影响作用[143]。屠启宇认为,经济全球化是一个对流动性有极端依赖性的体系,而世界城市就是这个体系中实现要素和信息流动的基点;2009年,屠启宇又从城市控制力、城市规模、城市效率等九个方面构建了具有后发优势的世界城市评价指标体系[144,145]。周振华批判性地认为将全球化作为世界城市网络形成的直接原因是不恰当的,他在经济全球化与全球城市网络之间加入了全球城市体系这一中介变量,提出了一个新的全球城市分析框架[146]。武前波认为,国际城市是不同层次的生产系统和网络、城市区位、国家等多种因素共同作用的结果[147]。

随着世界城市的发展,学者们对世界城市的研究逐步经历了从概念界定——功能和地位——世界城市网络的演变,对世界城市的认知也日益深刻和全面。

2.3.3.2 世界城市体系研究范式

历史进入到20世纪90年代中期,此时,对世界城市的研究在范式上已然发生了明显转变,可以概括为层级视角向网络视角的转型、地方空间向流动空间的转型和城际竞争向城际合作的转型等多个层面。

(1) 从层级到网络视角的转变。城市地理学、城市社会学和城市经济学都对城市间的层级关系进行研究。对此的最早研究可追溯到中心地理论的城市层级关系体系,而最具代表性的是弗里德曼的城市等级假说。这种以层级关系体系为主的研究范式仅仅关注了不同层级城市间的自上而下垂直的"命令-服从"关系,却忽略了同层级城市间的横向关联与合作关系。随着经济全球化的进一步发展以及信息化的出现,世界城市的组织结构日益复杂,世界城市等级体系受到质疑,卡斯特尔斯的"城市网络"观念对城市等级/层级观念提出了挑战,把世界城市的形成过程看作是城市在空间进行互动的网络化过程,但是世界城市网络绝不是国家城市体系的放大版。在网络视角下对世界城市的发展变化进行观察意味着对城市间协同、合作关系的积极寻求。

(2) 从地方空间到流动空间的转变。地方空间与流动空间分别对应着传统中心地理论和全球化经济背景下产生的创新性的中心流动理论。信息技术与通信技术变革创造出的虚拟空间不仅从根本上改变了时空关系,而且使原来人际交往中的时空同步互动性变得不再是必要条件。网络社会这种新的社会形态应运而生。原有社会空间的基本组织形式——层级化的"地方空间"被网络化的"流动空间"这种形式所替代。在"地方空间"中,城市形态和功能在城市地位形成中起主导作用,而流动空间理论认为,在网络化流动空间中主导城市网络地位的因素是流过城市间的各种流,世界城市的本质属性是网络中的连通性。

(3) 由竞争向合作转型的城市关系。以城市层级关系体系为主的研究范式认为,不管是国家城市等级还是世界城市等级的形成都可以被认为是城市间竞争的产物。竞争过程的最终结果是形成了金字塔形的等级体系,少数居于等级体系顶端的城市"指挥和控制"其他城市行使不同的职能。但是,信息技术和通信技术变革所引发的虚拟空间以及交通运输方式变革带来的"时空压缩"效应,推动了各种社会资源和要素在城际间的快速流通,城市间的联系和依赖程度被进一步强化,合作取代竞争而成为更加普遍化的关系。

2.3.3.3 世界城市对城市旅游发展的影响

随着第三次全球化浪潮的深入发展、全球劳动分工的进一步细化和服务型社会的兴起,构成世界城市网络的世界城市已经成为全球的控制中心、生产中心、消费中心以及科创中心。世界城市这些功能的进一步发挥促进了城市旅游的多元化发展。

第一,世界城市以及世界城市网络的全球控制中心功能的发挥会在众多企业集团之间以及企业集团内部形成旅游流,从而促成了基于产业层面和企业层面的旅游发展。

第二,作为全球科创中心,世界城市以及世界城市网络中既形成了易于被编码和传输的显性创新知识,也形成了无法进行有效编码和传输的隐性创新知识。这些隐性创新知识只能通过面对面的沟通、交流和学习来获得。因此,这种存在于知识创新中的客观规律会带来以获取"隐性创新知识"为目的的旅游流的形成,最终进一步促进了以知识交流和传播为目的的城市旅游的发展。

第三,作为全球生产中心的世界城市及由其构成的世界城市网络是服务型社会和服务经济形成的基础,是现代服务贸易的中心,服务贸易及服务经济必然涉及服务生产者和服务消费者的空间位移,因此带来了以生产和提供服务为目的的旅游流,促进了基于服务生产和服务供给的城市旅游的发展。

第四,众多的世界城市形成了全球消费中心,而根源于世界城市内部的消费优势需要消费者亲临才能够得以体验。随着城市消费主义和"消费城市"的兴起,世界城市优越的消费环境对消费者产生了日益巨大的旅游吸引力,从而产生了以消费为主要目的的旅游流,促进了基于城市综合消费的城市旅游的发展。因此,世界城市功能的发挥使得传统的旅游方式将不再是城市旅游的主要组成部分,城市旅游进入多元化发展和快速发展阶段。

2.3.4 耦合协调发展理论

当系统间或系统内部元素间或运动形式间相互协作并据此实现相互促进时,则认为实现了良性耦合;反之,则是不良耦合。常用耦合度来衡量相互作用和相互影响的程度,不考虑耦合产生的利弊。

"协调"发展是中国新时代新发展理念的重要内容之一,是对组织内外关系进行正确处理的必要条件,能够在组织发展过程中为其实现良好运转创造所需环境,促进组织目标得以顺利实现。耦合协调发展理论重在强调多元的和全面的发展,是阐释和解决系统间有序、和谐发展问题的各种理论、思想和方法的总称,其实质是整体性、内在性及综合性的发展聚合,是可持续发展的重要内容,最终实现系统功能效益的最优化和可持续发展。耦合协调度用来表示系统或系统内部要素或运动形式之间良性耦合程度的大小,反映的是在相互作用的发展过程中系统从无序到有序变化的和谐趋势。

旅游业和交通运输业是国民经济大系统中的两个耦合协调关系很强的子系统,二者间的耦合协调表现为两个系统的要素完成相互调整、融合驱动以及重构优化过程,正是在这种复杂的重构优化过程中产生的循环累积效应下,旅游业与交通运输业的发展过程中产生共振并呈现螺旋式上升。交通运输业与旅游业发展之间存在显著的耦合关系与互馈性,一方面,交通运输业中高质、高速、高效的交通方式和日益完善的综合交通运输网络是促进旅游要素流的空间流动和串联、激发区域旅游发展活力的有效途径,对旅游目的地而言带来了交通环境和服务水平的提升,可以实现旅游供给结构的进一步优化和产业升级;对旅游需求而言进一步突破旅游者的时空限制,旅游需求强度提升;对旅游业整体而言能提高旅游创新程度和创新效率并进一步优化不同层级区域旅游空间的结构,带来旅游业的高质量发展。另一方面,旅游业在实现高质量发展的过程中,对交通运输业提出的新要求会通过反馈系统驱动综合交通运输网络进行结构上的优化、重组。总之,交通运输系统及综合运输网络与旅游系统间存在耦合协调发展。

第 3 章
黄河流域九省(自治区)旅游业与交通运输业发展现状

黄河流域九省(自治区)包括山东省、河南省、山西省、陕西省、内蒙古自治区、宁夏回族自治区、甘肃省、四川省和青海省。黄河流域九省(自治区)人口占全国总人口的30%以上;地区生产总值为24.74万亿元,约占全国GDP的1/4,在我国经济社会发展中地位十分重要。

本部分主要研究黄河流域九省(自治区)的概况、旅游业和交通运输业现状,数据采集时间截至2019年末。因为2020年突如其来的一场新冠肺炎疫情席卷全球,使全球经济遭受自20世纪30年代经济危机以来最严重的破坏,因此,2020—2022年的地区生产总值、旅游业与交通运输业相关数据不具备代表性。本书研究数据主要来源于2000—2019年的《中国统计年鉴》《中国旅游统计年鉴》以及各省(自治区)国民经济和社会发展的统计年鉴和官方统计公报。

3.1 山东省旅游业与交通运输业发展现状

3.1.1 山东省概况

3.1.1.1 区位概况

山东省简称鲁,省会济南市。山东省位于黄河下游,地处东部沿海,分别与河北、河南、安徽、江苏4省交界。截至2022年,山东省辖16个地级市,共58个市辖区、78个县/县级市,合计136个县级以上行政区;664个街道、1092个镇、68个乡,合计1824个乡级行政区。山东省总面积15.79万km²,人口10162.79万。山东省16个地级市面积及人口见表3-1。

山东省16个地级市面积及人口一览表　　表3-1

序号	地级市	面积(km²)	人口(万)	下辖地区	
				市辖区	县/县级市
1	济南市	10244	941.47	10	2
2	青岛市	11293	1034.21	7	3
3	烟台市	13746	705.87	5	6
4	淄博市	5966	470.59	5	3
5	枣庄市	4563	382.97	5	1
6	潍坊市	15859	941.77	4	8

续上表

序号	地级市	面积(km²)	人口(万)	下辖地区	
				市辖区	县/县级市
7	临沂市	17191	1099.31	3	9
8	东营市	7923	220.90	3	2
9	德州市	10301	557.49	2	9
10	济宁市	11187	829.06	2	9
11	菏泽市	12239	868.32	2	7
12	聊城市	8715	590.26	2	6
13	滨州市	9653	391.86	2	5
14	泰安市	7764	540.10	2	4
15	威海市	5797	291.78	2	2
16	日照市	5359	296.83	2	2
合计		157800	10162.79	58	78

3.1.1.2 自然条件与资源概况

山东省中部地区山地突起,西南和西北地区低洼平坦,东部地区缓丘起伏,形成以山地丘陵为骨架、平原盆地交错环绕的地形特征;濒临黄海和渤海,海岸线绵长,有7个地市沿海,海域面积广阔,海洋资源与旅游资源丰富;地跨淮河、黄河、海河、小清河和胶东五大水系,其中,黄河横贯东西、大运河纵穿南北;鲁西湖带湖泊密集,主要湖泊有南四湖、东平湖、白云湖等;属于暖温带季风气候类型,全省平均气温14.6℃,平均降水量634.8mm,平均日照时数2348.7h,雨热同季,降水集中,水热资源充足。优越的区位条件、自然环境与自然资源成为山东省旅游业发展的重要凭借和支撑[148]。

3.1.1.3 经济概况

山东省经济发展速度较快,多年来山东省 GDP 在全国各地生产总值排名居前三位。2019 年山东省 GDP 达到71067.5亿元,排名全国第三,其增速为5.5%。其中,第一产业增加值为5116.4亿元,增长1.1%;第二产业增加值为28310.9亿元,增长2.6%;第三产业增加值为37640.2亿元,增长8.7%。

作为沿黄河九省(自治区)唯一地处东部、唯一沿黄河又沿海的经济发达省份,山东省在"黄河战略"中具有重要地位。

(1)经济发展基础雄厚。就地形和气候等自然条件来说,山东省地形平坦且濒临海洋,气候适宜,可以种植多种粮食作物,山东省也是我国的粮食生产及储存大省。同时,矿产资源和自然资源的储存量都十分丰富,随着我国对于人文发展的重视,省内多个地区(如曲阜、蓬莱、临沂等)都依靠丰富的旅游资源带动了产业的发展,并促进经济增长,推动了省内经济的进一步发展。

山东省是人口大省,据统计,自2019年起,山东省人口数量突破1亿,位列全国第二。山东省也是中国重要的沿海省份,位于沿海经济发展重要地带,多条重要铁路、公路贯穿整个省域。在此基础上,山东省结合我国的主要经济政策,紧跟经济发展势头,不断提升自身的经济实力。

（2）经济总量持续增长。山东省 GDP 总量持续上升，总体趋势向好。2000 年山东省 GDP 总量是 8542.4 亿元，2019 年山东省 GDP 的总量增加到了 71067.5 亿元，比 2000 年增长约 7.3 倍，如图 3-1 所示。由图 3-2 可以看出，2004 年山东省 GDP 增长幅度最大，按可比价格计算，比上年增长 15.3%，说明该阶段山东省经济发展相对较快、收入较高；2008 年，受全球金融危机的影响，山东省 GDP 增长幅度下降，后又逐渐回升；2010 年后，由于山东省 GDP 总量的不断上升，其同比增长率减小，即其经济发展速度减慢。

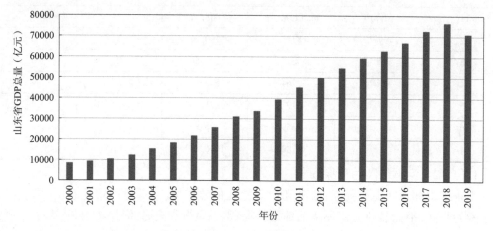

图 3-1　2000—2019 年山东省 GDP 总量

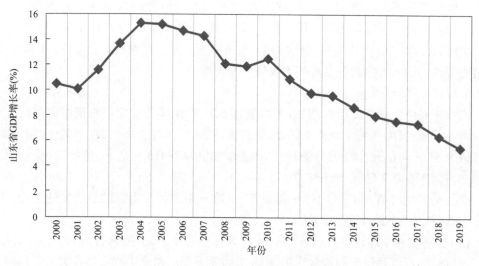

图 3-2　2000—2019 年山东省 GDP 增长情况

3.1.2　旅游产业概况

山东省是中国古代文化的发祥地之一，历史悠久，文化昌达，山河壮丽，人杰地灵，素有"孔孟之乡""礼仪之邦"的美誉[148]，为发展旅游业奠定良好基础。旅游业呈现出强劲的发展势头，旅游对山东省经济社会发展起到重要的支撑和带动作用。

3.1.2.1 旅游收入

2019年,山东省GDP总量71067.5亿元,其中第三产业37640.2亿元,旅游消费总额11087.3亿元,全年旅游总消费额相当于山东省GDP的15.6%。其中景点旅游花费占全省国内游客花费构成的8.38%。

(1)旅游收入持续增长。旅游收入是衡量一个地区旅游业发展最直接的指标,2000—2019年间,山东省的经济持续发展,加之其得天独厚的地理位置、丰富的景观资源,旅游业呈现良好的发展势头。

由图3-3可知,山东省旅游业在2000年的总收入为412.7亿元,到2019年旅游业的总收入已达到11087.32亿元,与2000年相比增长了25.86倍,旅游收入迅猛增加。在过去的20年里,旅游业收入呈增长趋势,但并无增长规律可言。2004—2010年间旅游业收入增长速度较快,2013—2019年间增长速度较慢,显然,基数的增加一定程度上减缓了增长速度。但其中仍存在增长速度比较特殊的年份,具体如下:2003年,受非典疫情的影响,山东省与全国旅游业一样,均出现负增长的状况;2008年,受汶川地震及全球金融危机的影响,全国旅游业的增长速度大幅度降低,在此大环境下,山东省委和省政府的高度重视使得山东省的旅游业依然在高质量增长,在全国所占的比重更是大幅提高,使得山东省旅游业的发展更上一层,如图3-4所示。

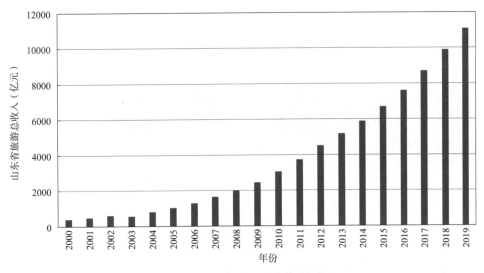

图3-3　2000—2019年山东省旅游总收入

(2)入境旅游市场极度落后,国际知名度不高。2019年,山东省接待国内游客9.3亿人次,同比增长8.6%;接待入境游客521.26万人次,同比增长1.61%,游客接待量位居全国第二。国内游客消费10851.33亿元,同比增长12.32%,入境游客消费34.13亿美元,同比增长1.46%。旅游产业对国民经济综合贡献率达到15.6%,旅游直接和间接就业人数达700.5万人[149]。

在旅游收入中,国内旅游收入占比97.87%,入境旅游收入占比2.13%。在接待的游客人数中,国内游客占比99.44%,入境游客占比0.56%。这说明山东省旅游市场客源单一,以国内旅游市场为主;山东旅游的国际知名度不高,入境旅游市场发展极度落后,并且入境旅游目的地主要集中在青岛、烟台、威海等沿海城市,地区分布不均匀,内陆城市对海外市场吸引力严重不足。2019年山东省国内旅游和入境旅游收入及人数如图3-5所示。

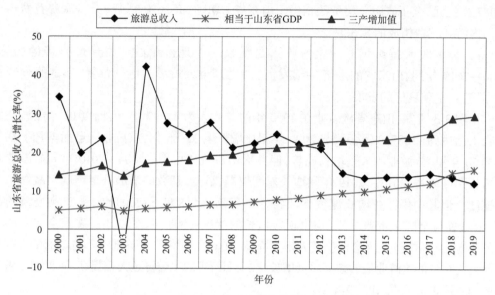

图3-4　2000—2019年山东省旅游总收入增长情况

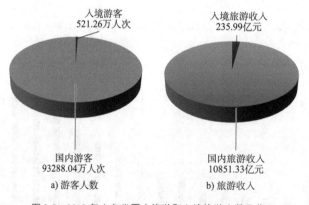

图3-5　2019年山东省国内旅游和入境旅游人数及收入

3.1.2.2　旅游资源

(1)旅游资源丰富。如图3-6所示,2010—2019年,山东省A级旅游景区数量呈现持续增长的趋势,增长速度最快的为3A级旅游景区,其次为4A级旅游景区,5A级旅游景区增长速度在全省范围内较为缓慢,且1A级旅游景区为负增长。从整体数量上分析,2014年,山东省A级旅游景区增长势头最为迅猛,之后三年处于小幅增长趋势。统计显示,经过10年的发展,山东省A级旅游景区由2010年的436家发展至2019年的1229家,其中,5A级旅游景区12家,4A级旅游景区224家。

(2)景区分布不均匀,临沂市数量最多。山东省A级旅游景区分布比较广泛,全省各地市均有分布。数量最多的是临沂市,达171.5家;其次是济宁市和青岛市,分别为128和112家;数量最少的是菏泽市,仅有29家。表3-2为2019年山东省5A级旅游景区名单。

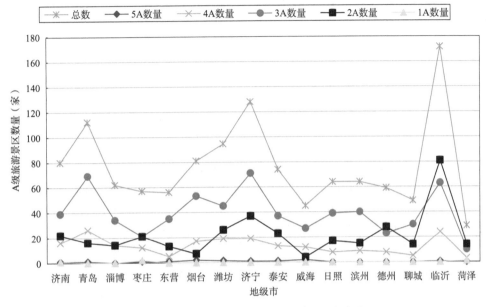

图 3-6 山东省 16 个地级市 A 级旅游景区分布情况

2019 年山东省 5A 级旅游景区名单 表 3-2

序号	景区名称	所在地市	批准年份
1	曲阜明故城(三孔)旅游区	济宁市	2007
2	泰山景区	泰安市	2007
3	蓬莱阁(三仙山·八仙过海)旅游区	烟台市	2007
4	崂山风景区	青岛市	2011
5	龙口南山景区	烟台市	2011
6	刘公岛景区	威海市	2011
7	台儿庄古城景区	枣庄市	2013
8	天下第一泉	济南市	2013
9	沂蒙山旅游区	临沂市/潍坊市	2013
10	青州古城旅游区	潍坊市	2017
11	华夏城旅游景区	威海市	2017
12	黄河口生态旅游区	东营市	2019

由表 3-2 可见,12 家 5A 级旅游景区分布在 10 个地市。其中,威海市拥有 2 家,烟台市 2 家,潍坊市 1.5 家。临沂市 A 级景区总数最多。

(3)景区质量较高,但品牌影响力亟待提升。"2019 年 5A 级景区品牌 100 强榜单"中山东省入围 4 家,分别是泰安市泰山景区、青岛崂山旅游风景区、枣庄市台儿庄古城景区和济宁市曲阜明故城(三孔)旅游区,见表 3-3。

5A 级景区品牌影响力(MBI)100 强榜单(山东省,2019 年)　　　表 3-3

序号	景区名称	MBI 指数	排名
1	泰安市泰山景区	349.37	4
2	青岛市崂山旅游风景区	284.69	17
3	枣庄市台儿庄古城景区	252.00	35
4	济宁市曲阜明故城(三孔)旅游区	211.59	84

作为世界自然与文化双重遗产的泰山景区排名第 4 位,世界文化遗产曲阜明故城三孔旅游区排名第 84 位,说明山东省历史人文景观的品牌影响力亟待提升。

(4)旅游度假资源丰富,以滨海休闲型为主。山东省拥有好客山东的"仙境海岸"旅游品牌,度假资源丰富,共有 46 家旅游度假区。其中,烟台市拥有的度假区数量最多,达到 10 个,居首位。以滨海休闲型、湖泊型、温泉型为主题的度假区为主,占 74%。

为满足大众多样化的休闲度假旅游需求,国务院旅游主管部门分别于 2015 年、2017 年和 2019 年分批次评选出 30 家国家级旅游度假区,大部分位于东部沿海和西南省份。从数量上看,浙江省和江苏省均有 4 家入选,暂居榜首;山东和云南均有 3 家入选,暂居第 2 位。从类型上看,山地型旅游度假区 13 家,湖泊型度假区有 7 家,温泉型度假区有 6 家,滨海休闲度假区有 4 家,而山东省入选的 3 家度假区均为滨海休闲型,见表 3-4。

国家级旅游度假区名录(山东省)　　　表 3-4

序号	度假区名称	城市	主题	入选时间
1	凤凰岛旅游度假区	青岛市	滨海休闲型	2015
2	海阳旅游度假区	烟台市	滨海休闲型	2015
3	蓬莱旅游度假区	烟台市	滨海休闲型	2017

(5)促进文旅融合,推进全域旅游建设。为持续推进全域旅游、大众旅游发展,充分发挥旅游业在促进经济社会发展、满足人民美好生活需要等方面的重要作用,助力构建以国内大循环为主体、国内国际双循环相互促进的新发展格局,文化和旅游部开展国家全域旅游示范区、全国旅游标准化示范城市和示范单位评选活动。山东省共有 8 个市(区)入选国家全域旅游示范名单,青岛市、威海市、沂水县、沂南县获评为全国旅游标准化示范城市,济南市舜耕山庄集团等 7 家旅游单位获评为全国旅游标准化示范单位,见表 3-5。

国家级全域旅游示范城市和标准化示范城市、单位名单(山东省)　　　表 3-5

序号	称号	数量	名单
1	国家全域旅游示范城市	8	潍坊市青州市、青岛市崂山区、济宁市曲阜市、威海市荣成市、临沂市沂南县、烟台市蓬莱市、德州市齐河县、济南市章丘区
2	全国旅游标准化示范城市	4	青岛市、威海市、沂水县、沂南县
3	全国旅游标准化示范单位	7	济南市舜耕山庄集团、微山湖湿地集团有限公司、威海市刘公岛管理委员会、山东蓝海酒店集团、山东烟台张裕酒文化博物馆、烟台市蓬莱阁管理处、枣庄市台儿庄古城旅游发展有限公司

(6)非物质文化遗产门类齐全,数量较多。非物质文化遗产是珍贵的文化信息资源,也是历史的真实见证。作为古代齐鲁文化圣地,山东省历史悠久,文化底蕴深厚,一直坚持"保护为主、抢救第一、合理利用、传承发展"的工作方针,坚持科学保护理念,制订规划,扎实做好非物质文化遗产代表性项目的传承、传播工作。全省共有 184 项国家级非物质遗产,十大门类齐全,数量位居全国第二,如图 3-7 所示。

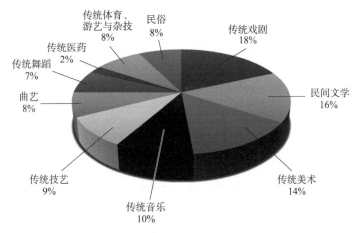

图 3-7 山东省非物质文化遗产十大门类占比情况

3.1.2.3 旅游酒店

(1)星级酒店总数较多,五星级数量偏少。截至 2019 年,山东省有星级酒店 502 家,总数居全国第 3 位。其中,五星级酒店 34 家,四星级酒店 140 家,三星级酒店 289 家。五星级酒店数量偏少,三星级酒店数量偏多。2019 年全国星级酒店数量居前十名的省(自治区/直辖市)如图 3-8 所示。

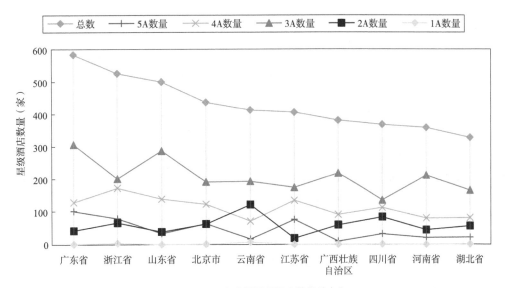

图 3-8 2019 年全国星级酒店数量前十名

(2)星级酒店总数呈下降趋势,但营业收入较为稳定。2015—2019年,山东省星级酒店总数呈下降趋势,从650家下降到502家,但营业收入却较为稳定,从116亿元增加至116.09亿元。主要原因有两方面:一是平均房价逐年提高,从2015年的244.24元/间夜提高至2019年的323.5元/间夜;二是平均出租率也有显著提高,从2015年的40.18%提高至2019年的53.12%。2015—2019年山东省星级酒店营业状况见表3-6。

2015—2019年山东省星级酒店营业状况统计 表3-6

营业状况	年份				
	2015	2016	2017	2018	2019
星级酒店数量(家)	650	622	586	544	502
营业收入(亿元)	116	110.59	114.78	117.44	116.09
平均房价(元/间夜)	244.24	273.32	283.28	306.77	323.5
平均出租率(%)	40.18	54.77	54.94	52.97	53.12

(3)平均房价、平均出租率、每间客房收入均低于全国平均水平。山东省星级酒店与全国星级酒店平均水平相比,餐饮收入高于全国平均水平,客房收入低于全国平均水平。平均房价、平均出租率、每间可供出租客房收入均低于全国平均水平。2019年山东省星级酒店经济指标见表3-7。

2019年山东省星级酒店经济指标汇总表 表3-7

序号	项目	全国	山东
1	客房收入占比(%)	42.49	38.35
2	餐饮收入占比(%)	38.19	49.46
3	平均房价(元/间夜)	353.00	323.5
4	平均出租率(%)	55.18	53.12
5	每间客房收入(元/间夜)	194.79	171.86

3.1.2.4 旅行社

(1)旅行社数量逐年增加。随着旅游市场的不断繁荣,山东省旅行社的数量也不断增加,从2010年的1842家增加到2019年的2613家,并且2018—2019年期间增幅最大,增长率达8.29%[150],如图3-9所示。

(2)旅行社数量位居全国第5位。截至2019年12月31日,我国旅行社总数为38943家(按2019年第四季度旅行社数量计算),比2018年增长8.17%。其中,旅行社数量排名前十位的省(直辖市)依次为广东、北京、江苏、浙江、山东、上海、辽宁、河北、安徽、湖北,山东省旅行社数量位居全国第5位,达到2613家,见表3-8。上述省(直辖市)旅行社数量占我国旅行社总量的57.05%。

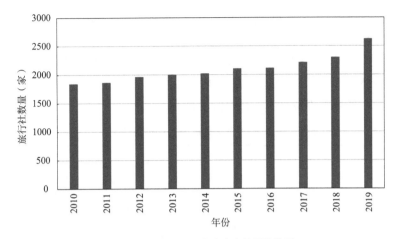

图 3-9 2010—2019 年山东省旅行社数量

2018 年、2019 年我国排名前十位省(直辖市)旅行社数量　　表 3-8

年份	省(直辖市)									
	广东	北京	江苏	浙江	山东	上海	辽宁	河北	安徽	湖北
2018	2949	2796	2732	2599	2413	1654	1482	1446	1393	1124
2019	3281	3062	2943	2769	2613	1758	1524	1513	1487	1267

(3)输出客源较多,接待游客数量较少。2019 年,山东省旅行社国内旅游组织 1187.4 万人次、3773.0 万人天,国内旅游接待 808.8 万人次、2152.5 万人天。山东省作为客源地输出客源较多,作为旅游目的地接待游客数量较少。营业收入 166.1 亿元,居我国第 8 位;实现利润 9.5 亿元,居我国第 7 位。山东省旅行社国内旅游组织和国内旅游接待业务量对比如图 3-10 所示。

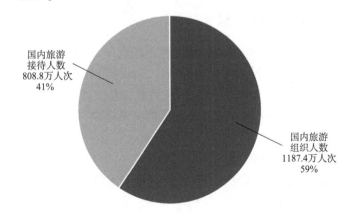

图 3-10 山东省旅行社国内旅游组织和国内旅游接待业务量对比

3.1.2.5 旅游品牌

旅游资源丰富,类型多样。山东省坚持全域旅游发展理念,整合全省最具特色和代表性的文化资源,建成继"好客山东"之后在国内外具有较高知名度和美誉度的十大文化旅游目的地品牌集群,构建全国文化旅游发展新高地。

这十大文化旅游目的地品牌包括东方圣地、仙境海岸、平安泰山、泉城济南、齐国故都、鲁风运河、水浒故里、黄河入海、亲情沂蒙、鸢都龙城,见表3-9。品牌名称简洁清晰地概括了景区的核心特色、地域文化和浏览价值,以此达到吸引旅游者的目的。"十三五"末,十大品牌形象基本确立,目的地服务功能完善,服务环境优良,具有较强的国际影响力和市场竞争力,在国内外消费者中有较高知名度和忠诚度。

山东省十大文化旅游目的地品牌　　　　表 3-9

序号	旅游品牌	主要目的地	突出特色
1	东方圣地	济宁市	以儒家文化、孔子故乡和"读论语、学六艺、习古礼、研国学"为特色
2	仙境海岸	青岛、烟台、威海、日照	浓厚的道教文化、得天独厚的海洋文化
3	平安泰山	泰安市泰山区、岱岳区和济南市莱芜区	与自然景观、地质地貌、历史文化、民俗活动融为一体
4	泉城济南	济南市	以泉水为特色,佛教历史文化为底蕴
5	齐国故都	淄博市	齐商文化、陶瓷文化以及齐风齐韵的城市氛围
6	鲁风运河	枣庄、济宁、聊城等地市的运河沿线区域	运河自然景观、文化
7	水浒故里	梁山县、郓城县、东平县、谷阳县	水浒文化遗迹和水浒英雄遗风
8	黄河入海	东营市	黄河自然景观和黄河历史文化
9	亲情沂蒙	临沂市	红色历史背景、沂蒙山水风光和乡村旅游
10	鸢都龙城	潍坊市	民俗文化、珍贵的地质资源

3.1.3　山东省交通运输现状

山东省交通运输业持续高速发展,运输结构不断调整,积极推进交通强省建设,不断加大对山东省交通运输业基础设施建设的投资。加速推进建设内河水运网,现代化机场建设取得进展,济南、青岛轨道交通网不断完善,智慧绿色交通建设取得突破,为山东省经济发展提供了有利条件。2019 年 10 月,山东省被交通运输部确定为第一批交通强国建设试点地区。

3.1.3.1　交通运输基础设施情况

山东省交通基础设施建设取得突破性进展,综合交通网络规模不断扩大,网络布局和结构逐步改善,初步形成了集铁路、公路、民航等多种方式为一体的现代化综合立体交通网,为经济发展提供了有力支撑,依托高速公路、高速铁路、运输机场的"快进"旅游交通网络主骨架基本建成。截至 2019 年底,山东省铁路运营里程达到 6589km,其中,高速铁路营运里程 1987km。公路建设完成投资 1121 亿元,公路总里程达到 28 万 km。高速公路通车里程 6447km,实现"县县通高速"。机场建设完成投资 110 亿元,全省通用机场达到 9 个。济南轨道交通 R1 线、R3 线一期工程及青岛地铁 2 号线西段开通运营,全省城市轨道交通运营里程达到223.7km。高速公路、高速铁路、运输机场的迅猛发展,为全省客运快速集散提供有力保障。

3.1.3.2 客运量情况

在"十三五"期间,山东省客运服务能力增强,铁路、水路、民航的客运量总的趋势是逐渐增加。山东省公路客运量在2013年呈现骤然下降趋势,与全国公路客运量相比,总的趋势一致,但是下降的时间有些滞后。公路客运量下降的主要原因有两个:一个原因是公众出行方式多样化,铁路、水路、民航的客运量增加;另一个原因是高铁建设进程的加快以及全国范围内铁路网络的不断完善,对公路客运造成巨大冲击,从而造成公路客运量明显下降。2010—2019年山东省客运量情况如图3-11所示。

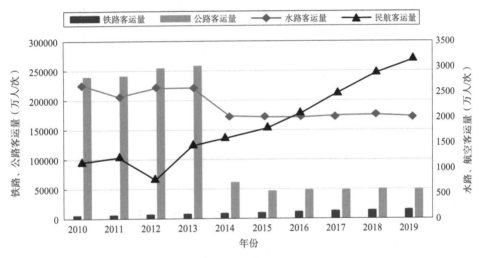

图3-11 2010—2019年山东省客运量情况

3.1.3.3 运输结构情况

2019年,山东省客运总量为70452万人次,其中公路客运量最大,占比70%。旅客周转总量为1279.81亿人公里,其中铁路客运周转量最大,占比43%。2019年山东省客运量构成和客运周转量占比如图3-12所示。

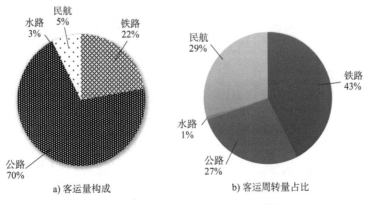

图3-12 2019年山东省客运量构成和客运周转量占比

3.2 河南省旅游业与交通运输业发展现状

3.2.1 河南省概况

3.2.1.1 区位概况

河南省简称豫,省会郑州市。河南省地处中国中部、华北平原南部的黄河中下游地区,界于北纬31°23′~36°22′、东经110°21′~116°39′。河南省东接山东、安徽,西连陕西,北接河北、山西,南临湖北;全境总面积16.7万 km^2。河南省下辖17个地级市、1个省直辖县级市、共54个市辖区、102个县/县级市。截至2022年末,全省常住人口9660.25万,以地区生产总值61345.05亿元位列2022年国内31个省份各地生产总值第5位,比上年增长3.1%。河南省18个地级市面积及人口见表3-10。

河南省18个地级市面积及人口一览表　　　　表3-10

序号	地级市	面积(km^2)	人口(万)	下辖地区	
				市辖区	县/县级市
1	郑州市	7567	1274.2	6	6
2	开封市	6266	482.4	5	4
3	洛阳市	15230	717.02	7	7
4	平顶山市	7882	498.71	4	6
5	安阳市	7413	547.76	4	5
6	鹤壁市	2140	156.59	3	2
7	新乡市	8249	617.1	4	8
8	焦作市	4071	352.1	4	6
9	濮阳市	4271	374.4	1	5
10	许昌市	4996	438.2	2	4
11	漯河市	2617	285.33	3	2
12	三门峡市	10496	203.8	2	4
13	商丘市	10704	772.3	2	7
14	周口市	11959	885.3	2	8
15	驻马店市	15083	700.84	1	9
16	南阳市	26509	962.9	2	11
17	信阳市	18916	618.6	2	8
18	济源市	1931	72.7	街道/镇:16	
合计		166300	9660.25	市辖区:54;县/县级市:102;街道/镇:16	

3.2.1.2 自然条件与资源概况

河南省地势呈望北向南、承东启西之势,中部和东部为黄淮海冲积平原;西南部为南阳盆地；北部、西部和南部三面由太行山、伏牛山、桐柏山、大别山沿河南省界呈半环形分布。地跨黄河、淮河、长江、海河四大水系。因受地形影响,境内河流大多发源于西部、西北部和东南部的山区,1500多条主干河流纵横交错。大部分地处暖温带,南部跨亚热带,属于北亚热带向暖温带过渡的大陆性季风气候。

3.2.1.3 经济概况

河南省是我国重要的内陆经济大省。2019年河南省GDP 54259.2亿元,同比上涨7.1%,其中,第一产业增加值4635.40亿元,上涨2.3%；第二产业增加值23605.79亿元,上涨7.5%；第三产业增加值26018.01亿元,上涨7.4%。

(1)经济发展基础雄厚。河南省地处中原腹地,地质条件优越,矿产资源极其丰富,是我国粮食生产大省。得天独厚的自然资源条件,带动了经济的可持续发展。河南省以高水平融入共建"一带一路"为牵引,大力建设"四条丝绸之路",做大做强交通枢纽经济,打造贸易强省；以保护黄河流域生态环境推动生态文明建设；以加强科研实力,大力引进科技人才推动科技创新发展。紧跟国家发展战略,不断提升自身实力,着力打造经济大省。

(2)经济总量持续增长。河南省GDP持续稳中加固、稳中向好,结构稳步改善,经济效益持续高质量发展,民生有保障。2000年河南省GDP总量5052.99亿元,到2019年河南省GDP总量增加到54259.2亿元,比2000年增长9.74倍。从2000年到2019年地区生产总值增长率可以看出,在2015年时增长幅度最大,同比增长率达到了15.78%,发展势头迅猛,经济增长快速。2000—2019年河南省GDP总量如图3-13所示,2000—2019年河南省GDP增长率如图3-14所示。

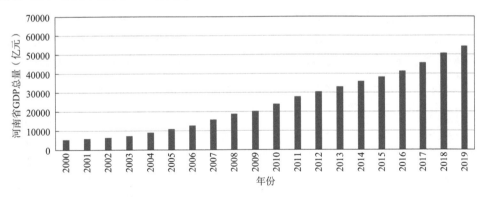

图3-13 2000—2019年河南省GDP总量

3.2.2 旅游产业概况

河南省作为中华民族文化的发祥地之一,历史文化底蕴丰厚、文物众多,观赏价值高、内涵丰富,是我国旅游资源较丰富的地区,旅游的发展潜力大。就近年来看,旅游业已经成为河南省社会经济发展的重要力量。中国八大古都河南省就占四个：洛阳、安阳、开封、郑州；中国四大发明中河南省占三项：指南针、造纸术、火药。自古以来,河南省在国家政治、经济、文化等方面均处于重要地位。浓厚的历史底蕴,为河南提供了丰富的旅游资源,吸引着大批来自世界各地的游客。

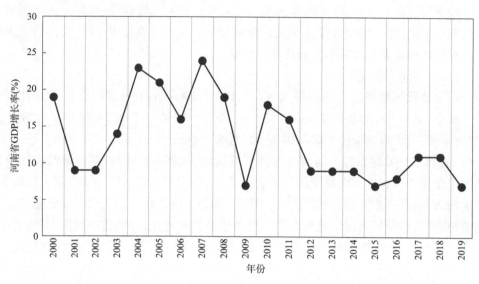

图 3-14　2000—2019 年河南省 GDP 增长情况

3.2.2.1　旅游收入

2019 年,河南省 GDP 54259.2 亿元,其中第三产业 26018.01 亿元,旅游消费总额 9607.06 亿元,全年旅游总消费额相当于地区生产总值的 18%。接待国内外游客人数 90154.47 万人次,同比增长 14.7%,发展势头迅猛。

(1)旅游收入持续增长。如图 3-15 所示,河南省旅游业在 2000 年总收入为 66 亿元,到 2019 年旅游业总收入达到 9607.06 亿元,增长 145.56 倍,旅游收入大幅增加。在过去 20 年里,旅游业收入呈增长趋势。如图 3-16 所示,2007 年间旅游业收入增长速度较快,2013—2017 年间增长速度较慢,显然,基数的增加一定程度上减缓了增长速度。

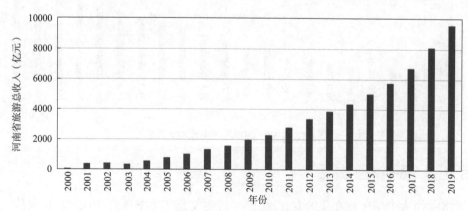

图 3-15　2000—2019 年河南省旅游总收入

(2)入境旅游低迷,需加大重视程度。2019 年,河南省接待国内游客 8.98 亿人次,同比增长 14.75%;接待入境游客 351.47 万人次,同比增长 9.24%。国内游客消费 9517 亿元,同比增长 18.19%,入境游客消费 65.31 亿元,同比增长 1.46%。旅游产业对国民经济综合贡献率达到18%。

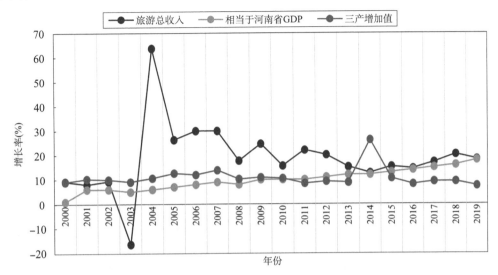

图3-16　2000—2019年河南省旅游总收入增长情况

在旅游收入中,国内旅游收入占比99.32%,入境旅游收入占比仅0.68%。在接待的游客人数中,国内游客占比99.61%,入境游客占比仅0.39%。作为旅游资源大省的河南,在入境旅游方面却存在着严重的欠缺,可以看出,河南省旅游业想要享誉世界,必须不断打造高质量的旅游产品,大力推进国际宣传,提高旅游品牌的国际知名度,积极与国际旅游接轨。2019年河南省国内旅游和入境旅游人数及收入如图3-17所示。

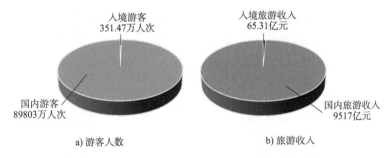

a) 游客人数　　　　　　　　b) 旅游收入

图3-17　2019年河南省国内旅游和入境旅游人数及收入

3.2.2.2　旅游资源

(1)旅游景区数量较多,以3A级和4A级景区为主。如图3-18所示,2007—2019年间A级旅游景区总数呈现出不断增长的趋势,其中,3A级旅游景区增长最快,其次是4A级旅游景区,增长缓慢的是5A级旅游景区,1A级仅有1个。据河南省统计年鉴显示,河南省由2005年的89家A级旅游景区,发展至2019年的491家A级旅游景区。其中,5A级旅游景区14家,4A级旅游景区168家,3A级旅游景区214家,2A级旅游景区94家,1A级旅游景区1家。

(2)A级旅游景区分布覆盖全省各地市。从图3-19可看出,地处洛阳市的A级景区最多,达58家;其次是信阳市,45家;平顶山市44家;南阳市42家;济源市数量最少,仅有

9家。2019年河南省5A级旅游景区名单见表3-11。河南省15家5A级旅游景区分布在10个地市,其中,洛阳市最多,拥有5家。

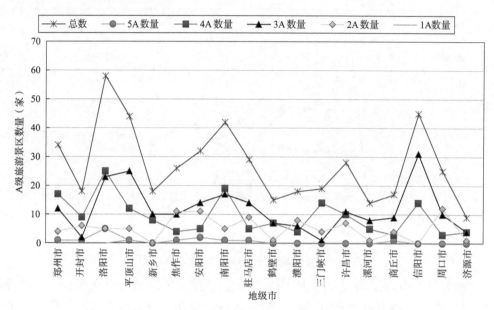

图3-18 河南省18个地级市A级旅游景区分布情况

2019年河南省5A级旅游景区名单　　　　　　　　　　　　表3-11

序号	景区名称	所在地市	批准年份
1	少林景区	郑州市	2007
2	清明上河园	开封市	2010
3	龙门石窟	洛阳市	2007
4	龙潭大峡谷	洛阳市	2013
5	白云山景区	洛阳市	2010
6	老君山风景区	洛阳市	2011
7	鸡冠洞景区	洛阳市	2011
8	尧山景区	平顶山市	2011
9	云台山5A拓展景区	焦作市	2007
10	青天河、神农山景区	焦作市	2010
11	殷墟景区	安阳市	2010
12	红旗渠·太行大峡谷景区	安阳市	2016
13	老界岭—恐龙遗迹园景区	南阳市	2014
14	嵖岈山风景区	驻马店市	2015
15	芒砀山旅游景区	永城市	2017

(3)5A级景区品牌影响力不高。河南省入围2019年100强榜单的景点共3家,分别

是焦作云台—神农山—青天河风景区、洛阳龙门石窟景区和郑州登封嵩山少林景区。以上三个景区分别位列全国第66、69和88名,见表3-12。

5A级景区品牌影响力(MBI)100强榜单(河南省,2019年)　　表3-12

序号	景区名称	MBI指数	排名
1	焦作云台—神农山—青天河风景区	223.18	66
2	洛阳龙门石窟景区	221.43	69
3	郑州登封嵩山少林景区	332.36	88

(4)旅游度假资源开发不够。旅游度假区的主要功能是"度假",区别于传统旅游风景区的"观光游览"。从本质上来看,度假区能够提供游客"过夜"服务,是对新的"休闲生活方式"的倡导,其游览和服务设施要求更加完善,也需要更符合"生活体验"。国家级旅游度假区经过2015年、2017年、2019年的评定,三批共计30家旅游度假区列入国家级旅游度假区。而河南省仅有尧山温泉旅游度假区1家单位上榜,说明作为人文资源丰富,古城古镇、文物和文化遗产众多的文化大省的河南省尚未形成集聚规模的发展格局,见表3-13。

国家级旅游度假区名录(河南省)　　表3-13

度假区名称	城市	主题	入选时间
尧山温泉旅游度假区	平顶山市	温泉型	2015

(5)推进河南省旅游业转型升级,促进全域旅游发展。河南省共有淇县等29个县(市、区)入选国家全域旅游示范名单,周口市淮阳区等7个城市(县、区)获评为全国旅游标准化示范城市,见表3-14。

国家级全域旅游示范城市和标准化示范城市、单位名单(河南省)　　表3-14

序号	称号	数量	名单
1	国家全域旅游示范区	29	淇县、浉河区、西峡县、鄢陵县、博爱县、林州市、汝州市、巩义市、栾川县、嵩县、中牟县、新密市、辉县市、淅川县、卢氏县、温县、商城县、郏县、解放区、洛龙区、浚县、荥阳市、新郑市、沁阳市、遂平县、罗山县、光山县、鲁山县、新安县
2	全国旅游标准化示范城市	7	周口市淮阳区、林州市、栾川县、浉河区、博爱县、开封市、新县

(6)非物质文化遗产丰富。河南省地处中原地区,是华夏文明的重要发源地,文化底蕴丰厚,其中,占比最高的非物质文化遗产是传统戏剧,而传统戏剧又以豫剧最为出名,豫剧是中国五大剧种之一,与京剧、越剧同为中国戏曲三鼎。传统技艺占比14%,居第二位,传统技艺是承载中华民族文化的密码,河南省出名的技艺有蒸馏酒传统酿造技艺、窑洞营造技艺等13种,如图3-19所示。

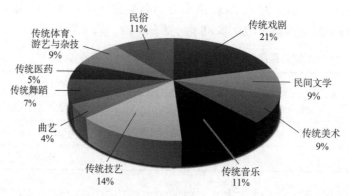

图 3-19 河南省非物质文化遗产十大门类占比情况

3.2.2.3 旅游酒店

（1）三星级酒店数量偏多。截至 2019 年，星级酒店 361 家，其中五星级酒店 21 家，四星级酒店 81 家，三星级酒店 214 家，二星级酒店 45 家，星级酒店总数全国排名第九位。五星级酒店数量偏少，三星级酒店数量偏多。

（2）星级酒店营业收入较为稳定，数量变化不定。2015—2019 年，河南省星级酒店总数先增后降，从 303 家增长至 411 家，再降到 361 家；营业收入呈递增趋势，从 36.95 亿元增加至 58.22 亿元。其随着平均房价和平均出租率的变化趋势而变动。2015—2019 年河南省星级酒店营业状况见表 3-15。

2015—2019 年河南省星级酒店营业状况统计　　　　　　表 3-15

经营状况	年份				
	2015	2016	2017	2018	2019
星级酒店数量(家)	303	411	389	371	361
营业收入(亿元)	36.95	56.19	57.66	57.23	58.22
平均房价(元/间夜)	269.84	228.9	240.14	253.02	253.1
平均出租率(%)	43.15	51.41	52.87	51.96	53.93

（3）平均房价、平均出租率、每间客房收入均低于全国平均水平。河南省星级酒店与全国星级酒店平均水平相比，餐饮收入占比高于全国平均水平，而客房收入低于全国平均水平。平均房价、平均出租率、每间可供出租客房收入均低于全国平均水平。2019 年河南省星级酒店经济指标见表 3-16。

2019 年河南省星级酒店经济指标汇总表　　　　　　表 3-16

序号	项目	全国	河南
1	客房收入占比(%)	42.49	39.13
2	餐饮收入占比(%)	38.19	43.31
3	平均房价(元/间夜)	353.00	253.1

续上表

序号	项目	全国	河南
4	平均出租率(%)	55.18	53.93
5	每间客房收入(元/间夜)	194.79	136.49

3.2.2.4 旅行社

(1)旅行社数量每年都有小幅波动。2019年,河南省旅行社数量在全国排第十三,共1156家,同比增长3.49%,如图3-20所示。

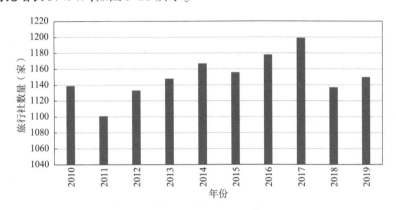

图3-20 2010—2019年河南省旅行社数量

(2)旅行社主要业务以组团出游为主。2019年,河南省旅行社国内旅游组织215.36万人次、644.98万人天,国内旅游接待150.69万人次、289.78万人天。营业收入47.76亿元,居全国第20位;实现利润2.4亿元,居全国第18位。河南省旅行社国内旅游组织和国内旅游接待业务量对比如图3-21所示。

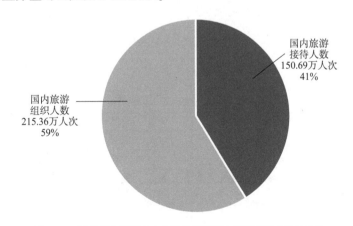

图3-21 河南省旅行社国内旅游组织和国内旅游接待业务量对比

3.2.3 河南省交通运输现状

"十三五"时期,河南现代立体交通运输体系和枢纽经济取得了重大进展,基本连通省境内外、辐射东中西,交通区位优势更加明显。综合交通枢纽体系的快速构建、综合交通网络的不断完善、运输服务质量和水平的大大提升、交通枢纽经济的迅速发展和改革创新的进一步深化,为河南省脱贫攻坚以及经济社会的发展提供了坚实的基础。

3.2.3.1 交通运输基础设施情况

"十三五"时期开启现代化建设以来,河南省深入贯彻中央交通稳步推进方针,结合实际情况,共完成基础设施投资超 1598.5 亿元,比上年增长 36.7%,增速居全国第一。2019 年全年累计完成公路、水路基础设施 609.9 亿元;高速公路"双千工程"15 个项目全部实现年内开工建设;周口至南阳等 5 条高速公路共 367km 通车,全省高速公路通车里程达到 6967km,位列全国第 5 位;官渡和焦荥等 4 座黄河大桥建成通车,全省通车黄河公路桥达到 21 座;民航机场 4 座(密度为 0.24 座/万 km²),是中南地区民航机场密度最低省(自治区)。

3.2.3.2 客运量情况

随着河南省经济社会高质量可持续发展,其客运量也得到了大幅提升。"十三五"时期,河南省客运量突破 11 亿人次;旅客周转量达到 2012.66 亿人公里。这五年来铁路运营的总里程达 14.6 万 km,覆盖 99% 的 20 万以上人口的城市,其中,高铁运营里程约为 3.8 万 km,位居世界第一,覆盖 95% 的 100 万人口及以上的城市。全国铁路旅客发送量达 36.6 亿人次,较"十二五"末增长 44.4%;客运周转量达 1.47 万亿人公里,较"十二五"末增长 22.5%。动车组已经成为铁路运输的主力军,承担了约 70% 铁路客运量。民航运输的旅客运输量年平均增长达到 10.7%,规模连续 15 年稳居世界第二,逐年缩小与第一位的差距。2010—2019 年河南省客运量情况如图 3-22 所示。

图 3-22　2010—2019 年河南省客运量情况

3.2.3.3 运输结构情况

2019 年,河南省客运量为 111458 万人次,其中,公路客运量占比最高,为 81.90%;旅客周转量为 2012.66 亿人公里,其中铁路客运周转量占比最高,为 54.22%。2019 年河南省客运量构成和客运周转量占比如图 3-23 所示。

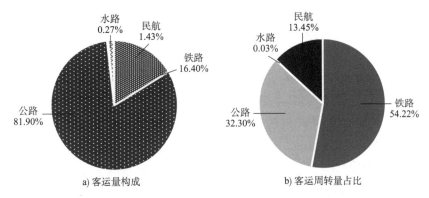

图 3-23 2019 年河南省客运量构成和客运周转量占比

3.3 山西省旅游业与交通运输业发展现状

3.3.1 山西省概况

3.3.1.1 区位概况

山西省简称晋,省会为太原市。山西省位于黄河中游东岸、华北平原西部黄土高原上,东西南北分别与河北、陕西、河南、内蒙古相连,因地处太行山之西而得名,位于东经110°14′~114°33′、北纬34°34′~40°44′之间。截至2022年末,山西省辖11个地级市,26个市辖区、11个县级市、80个县。山西省总面积达15.67万 km^2,常住人口3714.85万。2022年山西省GDP 25642.59亿元,比上年增长4.4%。山西省11个地级市面积及人口见表3-17。

山西省11个地级市面积及人口一览表　　表3-17

序号	地级市	面积(km^2)	人口(万)	下辖地区	
				市辖区	县/县级市
1	太原市	6909	543.50	6	4
2	大同市	14176	543.50	4	6
3	朔州市	10600	159.07	2	4
4	忻州市	25157.64	265.56	1	13
5	阳泉市	4559	131.11	3	2
6	吕梁市	21000	337.05	1	12
7	晋中市	16400	339.45	2	9
8	长治市	13955	314.17	4	8
9	晋城市	9490	218.93	1	5
10	临汾市	20302	390.66	1	16
11	运城市	14182	471.85	1	12
	合计	156730.64	3714.85	26	91

3.3.1.2 自然条件与资源概况

山西省地势呈东北斜向西南之势,中间为盆地,东部为山地,西部为高原,以山地、丘陵为主,沟壑纵横、山峦起伏;著名的盆地有大同盆地、忻定盆地、太原盆地、晋中盆地等,主要山脉有太行山、吕梁山、恒山、五台山等;地跨黄河、海河两大流域,河流属于自产外流型水系,主要以季节性河流为主,水量变化的季节性差异较大;属温带大陆性季风气候类型,有四季分明、光照充足、雨热同期、昼夜温差大等特点;年平均气温在 4~14℃ 之间,年降水量在 400~650mm 之间。

3.3.1.3 经济概况

山西省坚持稳中求进,科学布局,全面推动经济社会的高质量发展,民生福祉的持续增进以及各行各业的全面进步,不断壮大新兴动能,投资规模稳步扩大。2019 年,山西省 GDP 17026.68 亿元,比上年增长 6.2%。其中,第一产业增加值 824.72 亿元,增长 3.1%;第二产业增加值 7453.09 亿元,增长 5.7%;第三产业增加值 8748.87 亿元,增长 7.0%。

(1)经济发展基础雄厚。山西省被称为"三晋大地""中华文明发祥地",黄帝、炎帝活动的主要地区都在山西,历史底蕴浓厚,旅游资源丰富,为经济的发展提供了重大推动力。近年,山西依托资源禀赋和优越的地理条件,大力加快资源型经济转型,优化产业结构,成果显著。

(2)经济总量持续增长。在 2000 年,山西省 GDP 总量是 1845.72 亿元,2019 年山西省 GDP 总量增加到 17026.68 亿元,比 2000 年增长了 8.22 倍,如图 3-24 所示。由图 3-25 可以看出,在 2007 年时,山西省 GDP 增长幅度最高,增幅达 25.92%,且 2003—2008 年同比增长率均呈大幅增长的趋势,说明该阶段山西省经济发展相对较快、收入较高。

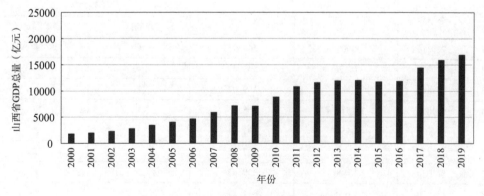

图 3-24 2000—2019 年山西省 GDP 总量

3.3.2 旅游产业概况

山西省被称为"中国古代建筑艺术博物馆",境内保存完好的宋、金古建筑物占中国的 70% 以上;拥有大量的历史人物、文化馆、文化站;拥有 8 个名镇、32 个中国历史文化名村;拥有四大佛教圣地之一的五台山、三大佛教石窟之一的云冈石窟、中国五岳之一的北岳恒山、国内仅存的"儒、释、道"三教合一的寺庙:悬空寺、现存三座古城之一的平遥古城和规模最大的武庙——关帝庙。

3.3.2.1 旅游收入

2019年,山西省GDP总量17026.68亿元,其中,第三产业增加值8748.87亿元,旅游消费总额8026.92亿元,占地区生产总值的47%。山西省2019年接待国内外游客人数83466.22万人次,同比增长18.48%,旅游业发展稳中向好,在全省经济社会的发展中发挥了重要的支撑作用。

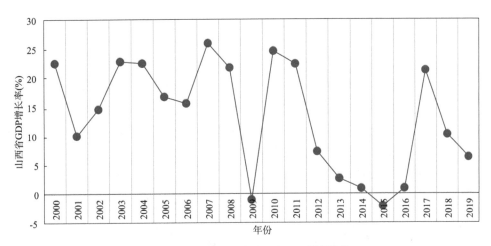

图3-25　2000—2019年山西省GDP增长情况

(1)旅游收入持续增长。山西省旅游业在2000年总收入81.35亿元,到2019年旅游业总收入达到8026.92亿元,增长了98.67倍,旅游收入大幅提高,如图3-26所示。旅游业收入逐年增长,2004—2007年间旅游业收入增长速度较快,2008—2011年、2013—2015年间增长速度较慢,如图3-27所示。

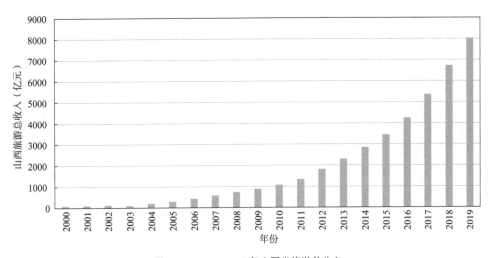

图3-26　2000—2019年山西省旅游总收入

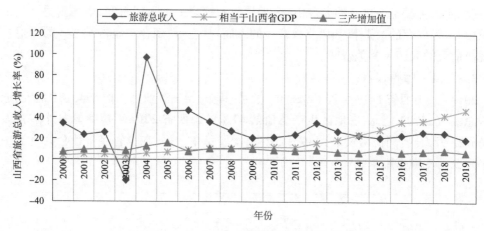

图 3-27 2000—2019 年山西省旅游总收入增长情况

（2）旅游业以国内旅游为主，入境旅游占比极小。2019 年，山西省接待国内游客 8.34 亿人次，同比上涨 18.49%；接待入境游客 76.22 万人次，同比上涨 6.83%。国内游客消费 7999.35 亿元，同比上涨 19.40%，入境游客消费 27.4 亿元，同比上涨 8.46%。旅游产业对国民经济综合贡献率达到 47%。在旅游收入以及游客中，绝大部分由国内旅游贡献。2019 年山西省国内旅游和入境旅游收入及人数如图 3-28 所示。

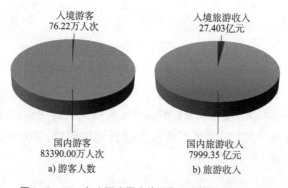

图 3-28 2019 年山西省国内旅游和入境旅游人数及收入

3.3.2.2 旅游资源

（1）旅游景区数量快速增加。如图 3-29 所示，2010—2019 年，山西省 A 级旅游景区总数呈现出不断增长的趋势。其中，3A 级旅游景区增长速度最快，其次是 4A 级旅游景区，在全省范围内增长速度缓慢的是 5A 级旅游景区，1A 级旅游景区呈现负增长，仅有 2 个。从整体上可以看出，2015 年山西省 A 级旅游景区增长尤为迅速。根据山西省统计年鉴显示，历经 10 年的发展，山西省 A 级旅游景区由 2010 年的 78 家发展至 2019 年的 194 家，其中 5A 级旅游景区 8 家，4A 级旅游景区 96 家，3A 级旅游景区 74 家，2A 级旅游景区 14 家，1A 级旅游景区 2 家。

（2）A 级旅游景区分布分散。由图 3-30 可见，地处忻州的 A 级旅游景区最多，达 39 家，其次是晋中市和运城市，分别为 38 家和 32 家；朔州市数量最少，仅有 4 家。表 3-18 为 2019 年山西省 5A 级旅游景区名单。

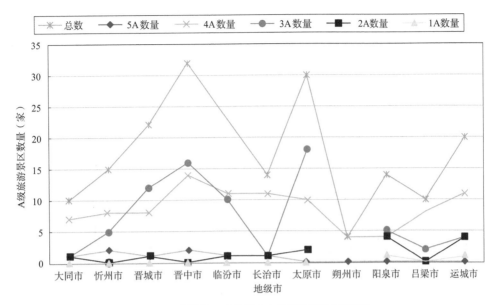

图 3-29 山西省 11 个地级市 A 级旅游景区分布情况

2019 年山西省 5A 级旅游景区名单　　　　　　　　　　　　　　　表 3-18

序号	景区名称	所在地市	批准年份
1	云冈石窟	大同市	2007
2	五台山	忻州市	2007
3	皇城相府	晋城市	2010
4	绵山	晋中市	2013
5	平遥古城	晋中市	2015
6	代县雁门关	忻州市	2017
7	大槐树寻根祭祖园景区	临汾市	2018
8	壶关太行山八泉峡景区	长治市	2019

由表 3-18 可见,全省除了朔州只有 4A 级旅游景区之外,其他 10 个地级市均有 3A-4A 级旅游景区。8 家 5A 级旅游景区分布在 6 个地级市,最多的是晋中市和忻州市,各有 2 家。

(3)山西省景区吸引力较强。山西省入围 2019 年 100 强榜单 4 家,分别是晋中市平遥古城景区、大同市云冈石窟、晋城皇城相府生态文化旅游区和忻州五台山风景名胜区。以上 4 个景区分别位列全国第 7、30、47 和 51 名。虽然入选的景区数量不多,但名次都比较靠前,见表 3-19。

5A 级景区品牌影响力(MBI)入围 100 强榜单(山西省,2019 年)　　　　表 3-19

序号	景区名称	MBI 指数	排名
1	晋中市平遥古城景区	314.93	7
2	大同市云冈石窟	256.00	30
3	晋城皇城相府生态文化旅游区	239.50	47
4	忻州五台山风景名胜区	233.78	51

（4）推进山西省全域旅游高质量发展。为促进旅游产业蓬勃发展，加快旅游管理体制的变革，山西省共有临汾市洪洞县等6个区县入选国家全域旅游示范名单，晋中市平遥县等3个城市获评为全国旅游标准化示范城市，见表3-20。

国家级全域旅游示范城市和标准化示范城市、单位名单（山西省）　　　表3-20

序号	称号	数量	名单
1	国家全域旅游示范城市	6	临汾市洪洞县，晋城市阳城县，晋中市平遥县，晋城市泽州县，长治市壶关县，长治市武乡县
2	全国旅游标准化示范城市	3	晋中市平遥县，阳城县，长治市壶关县

（5）山西省文化底蕴丰厚，坚持贯彻落实"保护为主、抢救第一、合理利用、传承发展"的工作方针，系统地做好非物质文化遗产代表性项目的保护和传承。在非物质文化遗产中，占比最高的是传统技艺，占比20%，有平遥推光漆器、东湖老陈醋等32项，其次是传统戏剧，占比19%，以晋剧最为出名。晋剧又名山西梆子，是汉族地方戏曲，山西四大梆子剧种之一。山西省非物质文化遗产十大门类占比情况如图3-30所示。

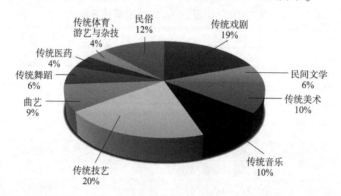

图3-30　山西省非物质文化遗产十大门类占比情况

3.3.2.3　旅游酒店

（1）星级酒店营业指标变化幅度小。2015—2019年，山西省星级酒店总数在185～203之间波动，营业收入也在波动。但是2018年时，在星级酒店数量下降较严重的情况下营业收入却是这几年的最高，达到了25.63亿元。2015—2019年山西省星级酒店营业状况见表3-21。

2015—2019年山西省星级酒店营业状况统计　　　表3-21

经营状况	年份				
	2015	2016	2017	2018	2019
星级酒店数量（家）	196	194	203	185	190
营业收入（亿元）	22.31	22.03	24.44	25.63	19.57
平均房价（元/间夜）	278.33	242.52	232.66	252.26	223.78
平均出租率（%）	53.59	45.72	49.01	49.97	48.26

（2）仅餐饮收入占比高于全国平均水平。山西省星级酒店与全国星级酒店平均水平

相比,餐饮收入占比高于全国平均水平,客房收入占比、平均房价、平均出租率和每间可供出租客房收入均低于全国平均水平。2019 年度山西省星级酒店经济指标见表 3-22。

2019 年山西省星级酒店经济指标汇总表　　表 3-22

序号	项目	全国	山西
1	客房收入占比(%)	42.49	39.14
2	餐饮收入占比(%)	38.19	44.68
3	平均房价(元/间夜)	353.00	223.78
4	平均出租率(%)	55.18	48.26
5	每间客房收入(元/间夜)	194.79	108.00

3.3.2.4　旅行社

(1)旅行社数量增长缓慢。随着旅游市场的不断繁荣,山西省旅行社的数量也不断增加,但增长的幅度并不大。从 2010 年的 755 家增加到 2019 年的 927 家,增长了 22.8%,旅行社数量在 2018 年和 2019 年有了明显增多,如图 3-31 所示。

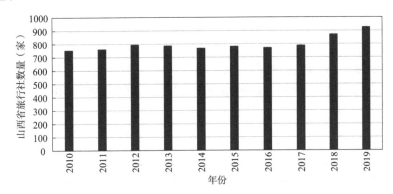

图 3-31　2010—2019 年山西省旅行社数量

(2)组织与接待两大业务占比接近。2019 年,山西省旅行社国内旅游组织 162.4 万人次、612.3 万人天,国内旅游接待 154.6 万人次、591.6 万人天。营业收入 26.7 亿元,居全国第 24 位;利润 1.1 亿元,居全国第 25 位。山西省旅行社国内旅游组织和国内旅游接待业务量对比如图 3-32 所示。

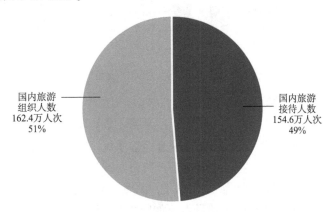

图 3-32　山西省旅行社国内旅游组织和国内旅游接待业务量对比

3.3.3 山西省交通运输业现状

截至2019年,山西省公路通车里程达14.4万km,铁路通车里程5890km;客运总量达13267.4万人次,客运周转量达221.3亿人公里。不断完善的交通运输基础设施,便利的客运条件,极大地满足了旅客的基本交通需求。

3.3.3.1 交通运输基础设施情况

"十三五"期间,山西省交通运输基础设施、服务及行业治理能力取得了显著突破,交通基础设施供给能力稳步提升。铁路网覆盖不断扩大,营运里程达6247km,运输通道大体建成。公路网建设积极推进,通车里程达14.4万km,密度为92.1km/百km^2,普通干线网体系持续完善,建制村通硬化路率达100%。

3.3.3.2 客运量情况

山西省客运能力与品质大幅度提高。截至2019年,以公路客运为主,铁路、公路客运量分别达到0.8亿人次和1.4亿人次,铁路客运量较"十二五"末上涨8%;民航旅客吞吐量为2037万人次,与2015年相比增长了一倍,发展迅速;旅客周转量达到395.57亿人公里。

山西省为内陆省份,水路运输相对欠发达,近些年航运也是刚发展起来。就近几年的数据来看,山西铁路、公路、水路和航运综合交通系统不断发展。2010—2019年山西省客运量情况如图3-33所示。

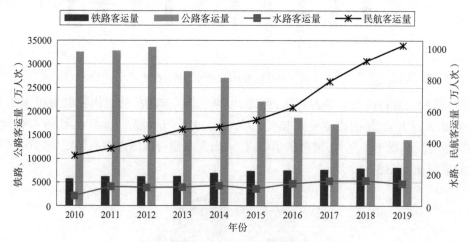

图3-33 2010—2019年山西省客运量情况

3.3.3.3 运输结构情况

山西省运输总量持续增长,结构持续优化,铁路、民航客运量占比显著提升。山西省加强构建多向畅通的国内国际双循环现代综合运输系统,强化枢纽聚集辐射能力和动力,不断加强交通供给侧结构性改革。以2019为例,山西省客运量为8153万人,其中公路占比最高,为57.55%;旅客周转量为395.57亿人公里,铁路运输占比最高,为59.85%。2019年山西省客运量构成和客运周转量占比如图3-34所示。

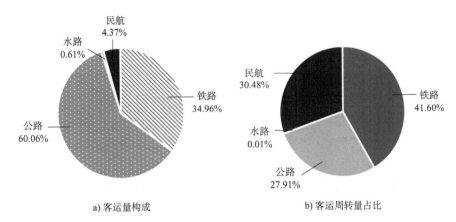

a) 客运量构成　　　　　　　　b) 客运周转量占比

图 3-34　2019 年山西省客运量构成和客运周转量占比

3.4　陕西省旅游业与交通运输业发展现状

3.4.1　陕西省概况

3.4.1.1　区位概况

陕西省简称陕或秦，省会西安市。陕西省位于中国内陆腹地、黄河中游，东邻山西、河南，西连宁夏、甘肃，南抵四川、重庆、湖北，北接内蒙古，总面积 205935 km^2。截至 2022 年 11 月，陕西省下辖 10 个地级市（其中省会西安为副省级市）、31 个市辖区、7 个县级市、69 个县。截至 2021 年末，陕西省常住人口 3958.91 万。陕西省 10 个地级市面积及人口见表 3-23。

陕西省 10 个地级市面积及人口一览表　　　表 3-23

序号	地级市	面积（km^2）	人口（万）	下辖地区	
				市辖区	县/县级市
1	西安市	10752	1316.30	11	2
2	铜川市	3882	69.83	3	1
3	宝鸡市	18117	328.20	4	8
4	咸阳市	10196	421.30	3	11
5	渭南市	13030	463.1	2	9
6	延安市	37000	228.26	2	11
7	汉中市	27246	318.93	2	9
8	榆林市	42920	362.47	2	10
9	安康市	23500	247.84	1	9
10	商洛市	19292	202.68	1	6
	合计	205935	3958.91	31	76

3.4.1.2 自然条件与资源概况

陕西省地势南北高、中间低,有高原、山地、平原和盆地等多种地形。北山和秦岭把陕西省分为三大自然区:陕北黄土高原、关中渭河平原和陕南秦巴山地。陕西省横跨三个气候带,南北气候差异较大。陕南属北亚热带气候,关中及陕北大部属暖温带气候,陕北北部长城沿线属中温带气候[151]。气候总特点是:春暖干燥,降水较少,气温回升快而不稳定,多风沙天气;夏季炎热多雨,间有伏旱;秋季凉爽,较湿润,气温下降快;冬季寒冷干燥,气温低,雨雪稀少。全省年平均气温9～16℃,自南向北、自东向西递减;陕北年平均气温7～12℃,关中年平均气温12～14℃,陕南年平均气温14～16℃。年平均降水量340～1240mm。降水南多北少,陕南为湿润区,关中为半湿润区,陕北为半干旱区。

3.4.1.3 经济概况

根据地区生产总值统一核算结果,2019年,陕西省实现地区生产总值25793.17亿元,比2018年增长6.0%,稳居全国第14位,占全国的2.56%。其中,第一产业增加值1990.93亿元,同比增长4.4%;第二产业增加值11980.75亿元,同比增长5.7%;第三产业增加值11821.49亿元,同比增长6.5%。

(1)经济整体实力高。陕西省作为中国矿产资源大省之一,水资源、矿物资源丰富。陕西现已发现世界上在用的138个矿种,产地多达510处。陕西省的植物资源具有多样性,有种子植物3300种,药用植物近800种,红枣、核桃、桐油大量出口,苹果的品质、产量居中国第一。

(2)经济总量日益攀升。陕西省GDP在20年间逐年攀升,从2003年的2587.7万元攀升至2019年的25793.17万元,增长了约9倍,稳居全国第14位。同比增长率无规律可循,但2008年时陕西省GDP增长幅度最高,达到了26%。2000—2019年陕西省GDP总量如图3-35所示,2000—2019年陕西省GDP增长率如图3-36所示。

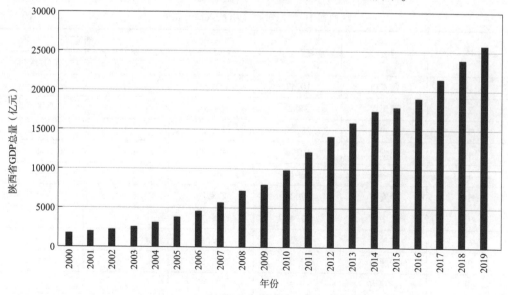

图3-35　2000—2019年陕西省GDP总量

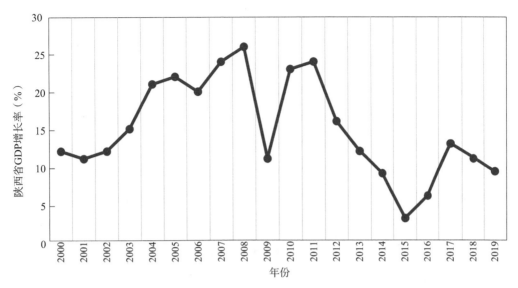

图 3-36　2000—2019 年陕西省 GDP 增长情况

3.4.2　旅游产业概况

陕西省作为中国的旅游大省之一,旅游产业发展稳健,布局不断优化。

陕西是中华民族的摇篮,是华夏文化的重要发祥地之一,历史底蕴气势磅礴,天地之间钟灵毓秀。目前陕西省已备案登记的博物馆有 329 座,年接待观众 5000 万人次;有世界文化遗产 3 处:长安—天山廊道的路网、秦始皇兵马俑、长城(陕西段)。陕西是丝绸之路的起点省份,积极推进丝绸之路建设及发展,向丝绸之路沿线地区和国家宣传了陕西的历史文化,为陕西旅游业的发展起到了促进作用。

3.4.2.1　旅游收入

2019 年陕西省 GDP 总量 25793.17 亿元,其中第三产业 11821.49 亿元,旅游总收入 7211.59 亿元,全年旅游总消费相当于陕西省 GDP 的 27.96%。国内游客消费 6979 亿元,同比增长 20.56%,其中景点旅游花费占全省国内游客花费构成的 15.99%。陕西省旅游业的迅速发展为陕西省经济发展作出了重要贡献,是陕西省经济发展不可或缺的推动剂。

(1)旅游收入逐年增长。陕西省 2000 年旅游总收入 150.20 亿元,到 2019 年旅游总收入已达 7211.59 亿元,与 2000 年相比增长了 47 倍,旅游收入迅猛增加,如图 3-37 所示。在过去的 20 年里,旅游收入呈增长趋势,但无规律可言,2014—2019 年间旅游业收入增长速度较快,如图 3-38 所示。

(2)以国内游客为主。2019 年陕西省接待国内游客 70248.78 万人次,接待入境游客 465.72 万人次,国内游客消费 6979.87 亿元,入境游客消费 33.68 亿美元,由此可知,陕西省的旅游业主要以国内旅游为主,入境旅游市场发展缓慢。2019 年陕西省国内旅游和入境旅游收入及人数如图 3-39 所示。

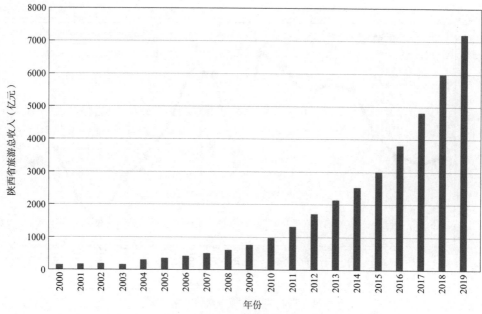

图 3-37　2000—2019 陕西省旅游总收入

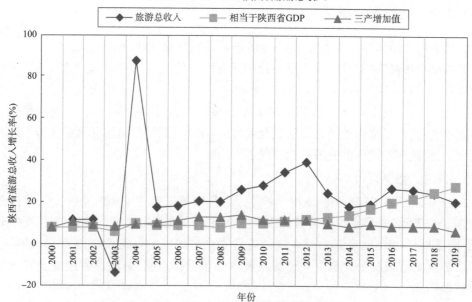

图 3-38　2000—2019 陕西省旅游总收入增长情况

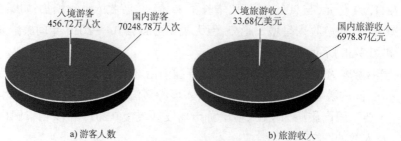

a) 游客人数　　　　　　　　　　b) 旅游收入

图 3-39　2019 年陕西省国内旅游和入境旅游人数及收入

3.4.2.2 旅游资源

（1）陕西省旅游景区数量持续增长。2010—2019年陕西省A级旅游景区数量呈现增长趋势，2017年A级景区增加数量最多，较上年增加了81个。全省A级景区从2010年的93家增长至2019年的460家，增长了近4倍。2019年，陕西省共有5A级景区9家，4A级景区155家，3A级景区256家，2A级景区39家，1A级景区1家。陕西省各地市A级旅游景区总数和高星级景区数量如图3-40所示。

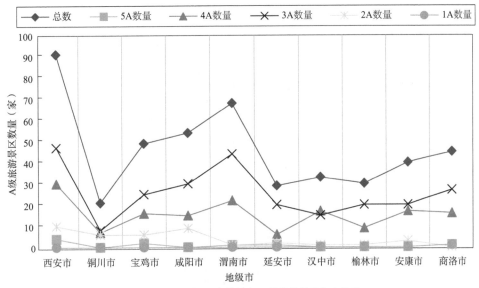

图3-40　陕西省10个地级市A级旅游景区分布情况

（2）A级旅游景区分布具有广泛性。陕西省10个地级市均有A级旅游景区分布。A级旅游景区数量最多的是西安市，有99家；其次是渭南和榆林，分别为68家和54家。5A、4A级旅游景区占到全省A级旅游景区总数的30.03%。2019年陕西省5A级旅游景区名单见表3-24。

2019年陕西省5A级旅游景区名单　　表3-24

序号	景区名称	所在地市	批准年份
1	秦始皇帝陵博物院	西安市	2007
2	陕西华清宫文化旅游景区	西安市	2007
3	黄帝陵景区	延安市	2007
4	西安曲江大雁塔·大唐芙蓉园景区	西安市	2011
5	华山景区	渭南市	2011
6	法门文化景区	宝鸡市	2014
7	金丝峡景区	商洛市	2015
8	太白山旅游景区	宝鸡市	2016
9	西安城墙·碑林历史文化景区	西安市	2018

(3)大力推进全域旅游建设。陕西省大力推动创建全域旅游示范省,深化文旅融合,从纵深推进陕西省的经济社会全面发展,充分借助中华文明、红色文化、丝绸之路等标志性元素打造陕西省独有的文旅名片,并成功创建五个国家级全域旅游示范区,为国家旅游业的发展贡献了陕西力量。陕西省国家全域旅游示范城市和标准化示范城市、单位名单见表3-25。

国家级全域旅游示范城市和标准化示范城市、单位名单(陕西省)　　表3-25

序号	称号	数量	名单
1	国家全域旅游示范城市	5	西安市临潼区、渭南市华阴市、安康市石泉县、延安市黄陵县、商洛市柞水县
2	国家旅游标准化示范单位	4	陕西华清池旅游有限责任公司、华山风景名胜区管理委员会、陕西商南县金丝峡旅游区、中国旅行社总社西北有限公司

(4)拥有91处非物质文化遗产。陕西省非物质文化遗产具备浓郁的地域特点,展现出了民间文化对中国传统文化的推动和促进作用。以秦腔为代表的传统戏剧占比最大,约占20%。陕西省非物质文化遗产十大门类占比情况如图3-41所示。

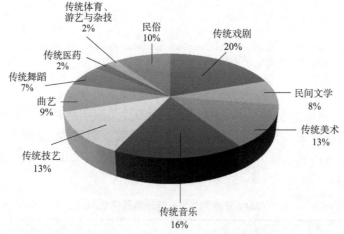

图3-41　陕西省非物质文化遗产十大门类占比情况

3.4.2.3　旅游酒店

(1)星级酒店与其他省相比偏少,五星级酒店总数少。截至2019年,陕西省全省共有287家星级酒店,但只有16家五星级酒店。2015—2019年陕西省星级酒店营业状况见表3-26。

2015—2019年陕西省星级酒店营业状态统计　　表3-26

营业状况	年份				
	2015	2016	2017	2018	2019
星级酒店数量(家)	353	275	300	304	287
营业收入(亿元)	49.67	41.9	47.52	48.92	44.49

续上表

营业状况	年份				
	2015	2016	2017	2018	2019
平均房价(元/间夜)	249.45	262.43	258.48	290.72	276.37
平均出租率(%)	47.29	53.19	55.05	57.59	55.11

（2）星级酒店总数呈下降趋势,营业收入下降。2015—2019年度陕西省星级酒店总数呈下降趋势,从353家下降到287家,营业收入也随之下降,由49.67亿元下降至44.49亿元。

（3）基本指标良好,主要指标低于全国平均值。星级酒店的基本指标如客房收入占比、餐饮收入占比高于全国平均值,但平均房价、平均出租率、每间可供出租客房收入等主要指标均低于全国平均值。2019年度陕西省星级饭店经济指标见表3-27。

2019年陕西省星级酒店经济指标汇总表　　　表3-27

序号	项目	全国	陕西
1	客房收入占比(%)	42.49	44.43
2	餐饮收入占比(%)	38.19	46.51
3	平均房价(元/间夜)	353.00	276.37
4	平均出租率(%)	55.18	55.11
5	每间客房收入(元/间夜)	194.79	152.31

3.4.2.4　旅行社

（1）旅行社数量持续增加。截至2019年,陕西省共有旅行社862家。2010—2019年陕西省旅行社数量持续增加,2019年旅行社数量与2018年相比增加了11.4%。2010—2019年陕西省旅行社数量如图3-42所示。

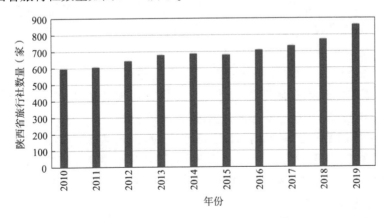

图3-42　2010—2019年陕西省旅行社数量

（2）国内旅游以接待为主。2019年陕西省旅行社国内旅游组织350.4万人次、1307.4万人天,国内旅游接待494.1万人次、1468.9万人天。陕西省作为旅游目的地接待游客数量相对较多,作为客源地输出客源较少,省内游客占国内旅游接待总量的70.61%,除本省游客外,国内游客主要来源于河南、山西、四川、甘肃、山东、河北、北京、宁夏、广东及内蒙古等省(自治区、直辖市)。陕西省旅行社国内旅游组织和接待业务量对比如图3-43所示。

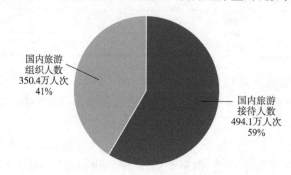

图3-43　陕西省旅行社国内旅游组织和国内旅游接待业务量对比

3.4.3　陕西省交通运输现状

陕西省基础设施相对健全,多种运输方式高效衔接,交通运输结构逐步得到优化,运输服务质量和服务水平逐步提升,为陕西经济社会的高质量发展奠定了坚实的基础[153]。

3.4.3.1　交通运输基础设施情况

近年来,陕西省逐步加大交通运输基础设施投资。2019年,陕西省交通固定资产完成投资775亿元,其中,交通重点项目完成投资498亿元,占固定资产投资的64%,同比增长34%。截至2019年,陕西省高速公路通车里程突破5593km,为"十三五"末实现"县县通高速"打好了坚实基础;银川至西安、西安至延安、西安至十堰、西安至安康、延安至榆林等高铁项目和西安至韩城、咸阳机场至阎良、西安至法门寺、法门寺至咸阳机场4个城际铁路建设有序推进。2019年9月29日,陕西省首条城际铁路——西安北至咸阳机场城际轨道项目开通运营,标志着陕西省正式迈入城际铁路时代,构建起民航、高铁、城际铁路等多种交通方式"陆空联动""无缝衔接"的立体交通网络。

3.4.3.2　客运量情况

随着陕西经济社会高质量发展,陕西省客运量也得到了大幅提升。三秦大地上,为陕西省的高质量发展"引擎泵能"。2019年,全省旅客运输总量7.23亿人次,同比下降1.0%;旅客运输周转量1021.66亿人公里,同比增长3.0%。

2010年,陕西铁路发送高铁旅客日均4000人,而2015年日均则超过5万人,5年间陕西高铁旅客激增12倍。因此,从2013年开始,公路客运量明显下降,铁路客运量逐年增加,但公路客运量仍占主体地位。2010—2019陕西省客运量情况如图3-44所示。

3.4.3.3　运输结构情况

现代交通运输是由公路、铁路、航空、水路以及管道五种运输方式相互衔接、相互配合组成的综合运输体系。陕西省运输方式以公路为主,铁路及航空为辅,其他运输方式作为补充[153]。以2019为例,陕西省客运量为72318万人次,其中公路占比最高,为81.61%;旅客周转量为 102166 亿万人公里,其中铁路运输占比最高,为 51.25%。2019 年陕西省客运量构成和客运周转量占比如图 3-45 所示。

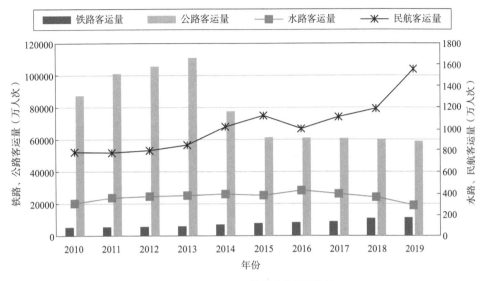

图 3-44　2010—2019 陕西省客运量情况

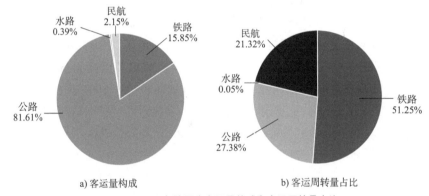

a) 客运量构成　　　　　　b) 客运周转量占比

图 3-45　2019 年陕西省客运量构成和客运周转量占比

3.5　内蒙古自治区旅游业与交通运输业发展现状

3.5.1　内蒙古自治区概况

3.5.1.1　区位概况

内蒙古自治区简称内蒙古,首府呼和浩特市。内蒙古自治区东北部与黑龙江、吉林、辽宁、河北交界,南部与山西、陕西、宁夏相邻,西南部与甘肃毗连,北部与俄罗斯、蒙古国接壤,横跨东北、华北、西北地区。截至 2022 年末,内蒙古自治区总面积 118.3 万 km²,辖 12 个地级行政区,常住人口 2400.36 万。内蒙古自治区 9 个地级市 3 个盟的面积及人口见表 3-28。

内蒙古自治区9个地级市3个盟面积及人口一览表　　　　表3-28

序号	地级市/盟	面积（km²）	人口（万）	下辖地区	
				市辖区	县/县级市
1	呼和浩特市	17224	355.11	4	3
2	包头市	27768	274.04	5	4
3	乌海市	2350	56.02	3	0
4	赤峰市	90021	400.14	3	9
5	通辽市	59535	283.46	1	7
6	鄂尔多斯市	87000	220.07	2	7
7	呼伦贝尔市	252777	219.07	1	13
8	巴彦淖尔市	64000	151.76	1	6
9	乌兰察布市	54500	163.11	1	10
10	兴安盟	55131	139.60	0	6
11	锡林郭勒盟	202580	111.93	0	12
12	阿拉善盟	270000	26.09	0	3
	合计	1182886	2400.36	21	80

3.5.1.2 自然条件与资源概况

内蒙古自治区地势由东北向西南斜伸,呈狭长形,属高原型的地貌区,涵盖高原、山地、丘陵、平原、沙漠、河流、湖泊等地貌,共有大小河流千余条,中国的第二大河——黄河,由宁夏石嘴山附近进入内蒙古自治区,由南向北,围绕鄂尔多斯高原,形成一个马蹄形。其中流域面积在 $1000km^2$ 以上的河流有 107 条;流域面积大于 $300km^2$ 的有 258 条,有近千个大小湖泊,主要有呼伦湖、贝尔湖、达里诺尔湖、乌梁素海、岱海、居延海等。气候以温带大陆性气候为主,大兴安岭北段地区属于寒温带大陆性季风气候。

3.5.1.3 经济概况

内蒙古自治区坚持稳中求进工作总基调,顺利完成脱贫攻坚任务,加快实施建设国家重要能源和战略资源基地、农畜产品生产基地等,将产业延伸、产业升级、产业多元作为转型发展的主流,为黄河流域生态保护和高质量发展战略的落地实施起到了良好的促进作用。2019 年,内蒙古自治区地区生产总值为 17212.5 亿元,按可比价格计算,比上年增长 5.2%。其中,第一产业增加值为 1863.2 亿元,比上年增长 2.4%;第二产业增加值为 6818.9 亿元,比上年增长 5.7%;第三产业增加值为 8530.5 亿元,比上年增长 5.4%。

(1)经济有基础,发展有优势。内蒙古自治区成立 70 周年以来,特别是改革开放之后,工业、农业、畜牧业生产持续稳定地发展,建立、培育、发展了一批优秀的企业,形成了具有地域特色的产业群;有着丰富的矿产资源、水资源、森林资源、植物资源,且由于具备一定工业基础,开采条件好、速度快;与蒙古国、俄罗斯两国接壤,有 4200 多 km 边境线,有 18 个边境口岸,具备一定的区位优势;与八个省交界,可以同东北、华北、西北三个经济区进行经济交流;是东北、华北沟通大西北的经济通道。

(2)经济发展稳中有增长。从 2000 年至 2019 年,内蒙古自治区 GDP 平稳增长。

2000年,内蒙古自治区GDP总量为1539.12亿元,2019年内蒙古自治区GDP总量为17212.53亿元,比2000年增长10.18倍。2000—2019年内蒙古自治区GDP总量如图3-46所示,2000—2019年内蒙古自治区GDP增长率如图3-47所示。

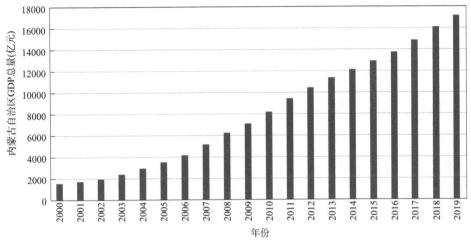

图3-46 2000—2019年内蒙古自治区GDP总量

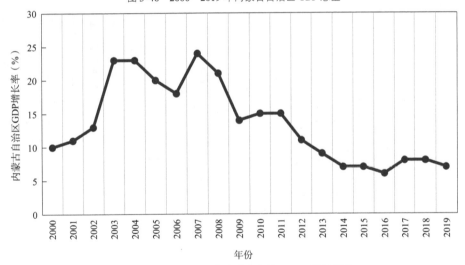

图3-47 2000—2019年内蒙古自治区GDP增长情况

3.5.2 旅游产业概况

从整体来看,2000—2019年内蒙古自治区旅游业发展呈上升趋势。随着旅游业规模的扩大,当前该产业已成为内蒙古自治区的支柱性产业之一,为内蒙古自治区GDP的增长做出了贡献,是内蒙古自治区经济板块和服务业的重要组成部分。

2019年,内蒙古自治区共有A级旅游景区375家,国家全域旅游示范区3个,国家级非物质文化遗产106个;星级酒店205家,旅行社1147家。旅游产业对国民经济综合贡献率达到27%。2019年星级酒店、旅游景区、旅行社等旅游企业的旅游直接就业人数达到33.11万人,增加1.07万人,同比增长3.34%,带动间接从业人数154.63万人,增加

2.53 万人,同比增长 1.66%。

3.5.2.1 旅游收入

(1)旅游收入迅猛增长。2000 年内蒙古自治区旅游总收入仅为 42.72 亿元,2019 年旅游总收入为 4651.39 亿元,增长 107.88 倍。2000—2019 年内蒙古自治区旅游业收入呈增长趋势,自 2010 年后,增长速度逐渐加快但无规律可言。2019 年,内蒙古自治区 GDP 总量为 17212.53 亿元,其中第三产业 8530.5 亿元,旅游消费总额 4651.39 亿元,相当于 GDP 的 27%。2000—2019 年内蒙古自治区旅游总收入如图 3-48 所示,2000—2019 年内蒙古自治区旅游总收入增长率如图 3-49 所示。

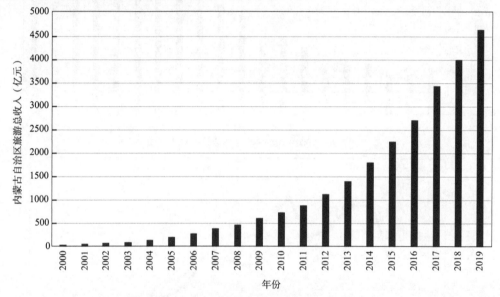

图 3-48 2000—2019 年内蒙古自治区旅游总收入

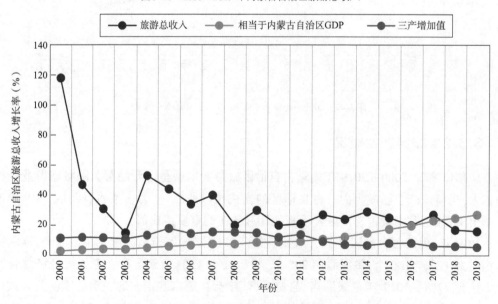

图 3-49 2000—2019 年内蒙古自治区旅游总收入增长情况

（2）接待旅游人数和收入稳步增长。2019年内蒙古自治区共接待国内游客1.95亿人次,同比增长50%;接待入境游客195.83万人次,同比增长4.12%。国内游客消费4558.52亿元,同比增长16.2%,入境游客消费13.4亿美元,同比增长5.5%。2019年内蒙古自治区国内旅游和入境旅游收入及人数如图3-50所示。

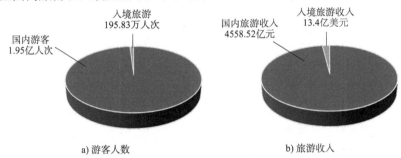

a) 游客人数　　　　　　　　b) 旅游收入

图3-50　2019年内蒙古自治区国内旅游和入境旅游人数及收入

3.5.2.2　旅游资源

（1）A级旅游景区数量持续增加,5A级旅游景区少。从2010年至2019年,内蒙古自治区A级旅游景区由164家增加至387家,其中,5A旅游级景区仅有5家,4A级旅游景区128家,3A级旅游景区115家,2A级旅游景区139家。内蒙古自治区的A级旅游景区多分布在有地区特色且交通较为便利的城市,内蒙古自治区9个地级市3个盟A级旅游景区数量如图3-51所示。

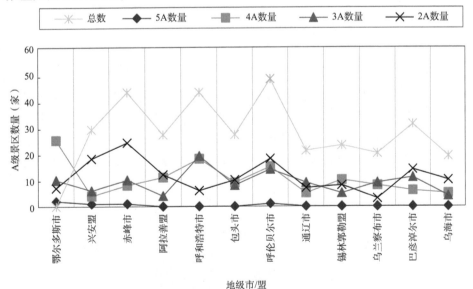

图3-51　内蒙古自治区9个地级市、3个盟A级旅游景区分布情况

（2）A级旅游景区分布广泛。由图3-51可见,A级旅游景区在9个地级市3个盟皆有分布,分布广泛但分布不均,呼伦贝尔市A级旅游景区数量最多,有53家,乌海市最少,仅有21家。其中,5A级旅游景区鄂尔多斯市2家,呼伦贝尔市1家,兴安盟1家,赤峰市1家,阿拉善盟1家。2019年内蒙古自治区5A旅游景区名单见表3-29。

2019 年内蒙古自治区 5A 旅游景区名单　　　　　　　　　　表 3-29

序号	景区名称	所在地市	获批年份
1	成吉思汗陵旅游区	鄂尔多斯市	2010
2	响沙湾旅游区	鄂尔多斯市	2010
3	中俄蒙边境旅游区	呼伦贝尔市	2016
4	阿尔山—柴河旅游景区	兴安盟	2017
5	阿斯哈图石林景区	赤峰市	2018
6	胡杨林旅游区	阿拉善盟	2019

（3）全域旅游加速发展。内蒙古自治区为加速推进全域旅游建设,实现交旅融合发展,主要城市积极建设与长三角、珠三角互通的高质量航线网络,如呼和浩特机场建设,提升主要城市的通航密度；在第二批国家全域旅游示范区中,内蒙古有两地入选,分别是鄂尔多斯市康巴什区和锡林郭勒盟二连浩特市。内蒙古自治区国家级全域旅游示范城市和标准化示范城市、单位见表 3-30。

国家级全域旅游示范城市和标准化示范城市、单位名单（内蒙古自治区）　　表 3-30

序号	称号	数量	名单
1	国家全域旅游示范城市	3	满洲里市、鄂尔多斯市康巴什区、锡林郭勒盟二连浩特市
2	全国旅游标准化示范城市	1	鄂尔多斯市东胜区
3	国家旅游标准化示范单位	1	内蒙古饭店有限责任公司

（4）非物质文化遗产丰富而独特。内蒙古自治区少数民族非物质文化遗产有其独特的文化价值,有着许多与其他非遗不同的闪光点。内蒙古自治区的非物质文化遗产体现着蒙古族的精神,承载着蒙古族千百年来的历史记忆。内蒙古自治区非物质文化遗产十大门类齐全,共有 106 个项目,其中传统音乐占比最大,多为内蒙古自治区各少数民族或地区的民歌,著名的呼麦、马头琴也列于其中。内蒙古自治区非物质文化遗产十大门类占比情况如图 3-52 所示。

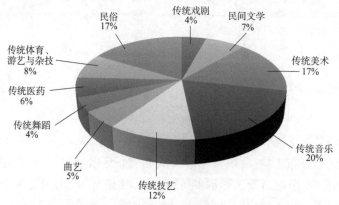

图 3-52　内蒙古自治区非物质文化遗产十大门类占比情况

3.5.2.3 旅游酒店

(1)星级酒店数量下降。2015年内蒙古自治区共有278家星级酒店,但到了2019年,星级酒店的数量下降至205家。星级酒店数量下降也导致了星级酒店的营业收入下降,营业收入由27.63亿元下降至23.22亿元,其中,2016年星级酒店数量最低,营业收入也最低,共有175家,营业收入为22.51亿元。2015—2019年内蒙古自治区星级酒店营业状况统计见表3-31。

2015—2019年内蒙古自治区星级酒店营业状况统计　　　表3-31

营业状况	年份				
	2015	2016	2017	2018	2019
星级酒店数量(家)	248	175	242	217	205
营业收入(亿元)	27.63	22.51	25.72	24.28	23.22
平均房价(元/间夜)	278.85	244.84	237.3	240.52	242.11
平均出租率(%)	47.31	47.01	46.1	44.63	42.92

(2)星级酒店多数指标远低于全国平均值。除餐饮收入比重高于全国平均值外,客房收入占比、平均房价、平均出租率、每间客房收入等指标均远低于全国平均值。主要原因为:一方面是内蒙古自治区的星级酒店较其他地区的星级酒店数量较少;另一方面是内蒙古自治区的消费水平、房间单价等因素较全国来说处于较低水平。2019年度内蒙古酒店经济指标汇总见表3-32。

2019年内蒙古自治区星级酒店经济指标汇总表　　　表3-32

序号	项目	全国	内蒙古
1	客房收入占比(%)	42.49	40.41
2	餐饮收入占比(%)	38.19	48.48
3	平均房价(元/间夜)	353.00	242.11
4	平均出租率(%)	55.18	42.92
5	每间客房收入(元/间夜)	194.79	103.92

3.5.2.4 旅行社

(1)旅游市场发展景气,旅行社数量增加。内蒙古自治区的旅行社数量从2010年的716家增加至2019年的1147家。增长率达到了60.2%。全年接待国内外旅游者19512.5万人次,实现旅游业综合收入4651.5亿元,可比范围内分别比上年增长10.1%和12.0%。其中,接待国内游客19316.7万人次,国内旅游收入4558.5亿元。接待入境旅游者195.8万人次,增长4.1%;入境旅游创汇13.4亿美元,增长5.3%。2010—2019年内蒙古自治区旅行社数量如图3-53所示。

(2)接待游客较多,输出游客较少。2019年内蒙古自治区旅行社国内旅游组织47.76万人次、191.84万人天,国内旅游接待99.19万人次、315.23万人天。内蒙古自治区作为旅游目的地接待游客数量较多,作为客源地输出较少。内蒙古自治区旅行社国内旅游组织和国内旅游接待业务量对比如图3-54所示。

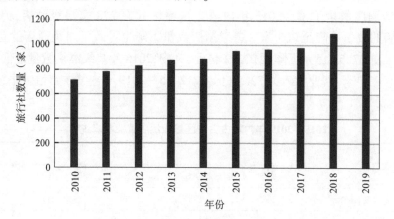

图3-53　2010—2019年内蒙古自治区旅行社数量

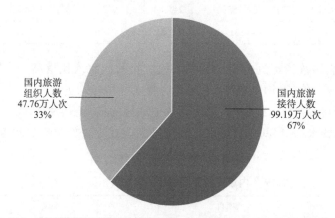

图3-54　内蒙古自治区旅行社国内旅游组织和国内旅游接待业务量对比

3.5.3　内蒙古交通运输现状

"十三五"时期,内蒙古自治区的综合交通运输发展取得了显著的成就,人们在交通方面获得的满意度提升。内蒙古自治区的综合交通建设实现了新跨越,铁路网不断完善,公路提质实现新突破,运输服务水平提升,绿色交通稳步发展,交通脱贫攻坚取得新进展,有力保障了脱贫攻坚工作及全面建成小康社会。

3.5.3.1　交通运输基础设施情况

"十三五"时期,内蒙古自治区交通基础设施建设累计完成投资约4485亿元,综合交通网络总里程达22.5万km,高铁运营里程达到404km,高速公路通车总里程达到6985km,高速公路出自治区通道共有21条。

3.5.3.2　客运量情况

"十三五"期间,内蒙古自治区民航运输机场累计完成旅客吞吐量1.1亿人次,完成铁路客运量2.6亿人次,分别较"十二五"期间增长64%和8.3%。公路客运班线达到2829条,服务网络覆盖全自治区,通达全国11个省、市。呼和浩特市成功创建"公交都市",8个盟市实现交通一卡通互联互通。2010—2019 年内蒙古自治区客运量情况如图 3-55 所示。

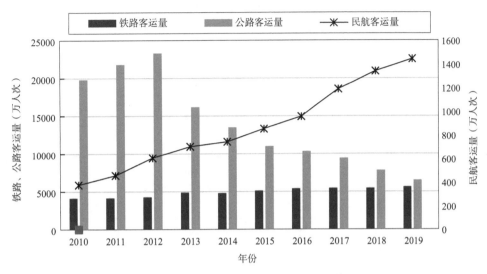

图 3-55　2010—2019 年内蒙古自治区客运量情况

3.5.3.3　运输结构情况

由于区位原因,内蒙古自治区的水路客运尚未发展,运输以公路运输为主、铁路为辅。2019 年,内蒙古自治区客运量为 13601 万人次,公路运输客运量 6581 万人次、铁路运输客运量 5640 万人次,民航运输客运量 1443 万人次。2019 年内蒙古自治区客运量构成和客运周转量占比如图 3-56 所示。

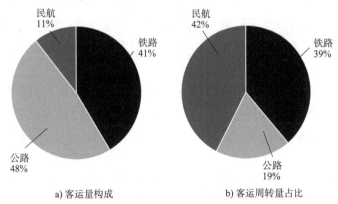

a) 客运量构成　　　　　　b) 客运周转量占比

图 3-56　2019 年内蒙古自治区客运量构成和客运周转量占比

3.6　宁夏回族自治区旅游业与交通运输业发展现状

3.6.1　宁夏回族自治区概况

3.6.1.1　区位概况

宁夏回族自治区简称宁,首府为银川市。宁夏回族自治区地处我国西北内陆地区,东与陕西毗邻,西、北与内蒙古自治区交界,南与甘肃相接,界于北纬 35°14′~39°23′、东经 104°17′~107°39′之间。截至 2022 年,宁夏回族自治区共辖 5 个地级市、9 个市辖区、2 个县级市、11 个县,土地面积 6.36 万 km²,人口 727.19 万。宁夏回族自治区 5 个地级市面积及人口见表 3-33。

宁夏回族自治区 5 个地级市面积及人口一览表　　　　　　　　　表 3-33

序号	地级市	面积(km²)	人口(万)	下辖地区	
				市辖区	县/县级市
1	银川市	9025.38	289.68	3	3
2	石嘴山市	5301	75.3	2	1
3	吴忠市	21400	139.91	2	3
4	固原市	10500	114.8	1	4
5	中卫市	17391.3	107.5	1	2
合计		63617.68	727.19	9	13

3.6.1.2　自然条件与资源概况

宁夏回族自治区位于我国西北部的黄河中上游地区,地势呈现西南高东北低,海拔在 1100~1200m 之间。宁夏回族自治区地形复杂多样,有山地、丘陵和冲积平原,北部和中部以风蚀地貌为主,南部以黄土地貌为主;地势平坦,饮水方便;主要河流有黄河干流及其支流;属于典型的温带大陆性干旱、半干旱气候,是中国日照最充足的地区之一。

3.6.1.3　经济概况

宁夏回族自治区是我国五个少数民族自治区之一。2019 年,宁夏回族自治区 GDP 达到 3748.48 亿元,同比上涨 6.5%。其中,第一产业增加值为 279.93 亿元,增长 3.2%;第二产业增加值为 1584.72 亿元,增长 6.7%;人均地区生产总值 54217 元,同比增长 5.5%。

(1) 经济发展基础雄厚。宁夏回族自治区是中华民族远古文明发祥地之一,经历过历代王朝的沉淀,历史文化旅游资源丰富,旅游发展潜力大,能够为经济的发展贡献一份重要力量。虽然目前经济总量还不高,但是宁夏回族自治区紧紧抓住西部大开发的重大机遇,着力推进城市化、信息化、工业化和新农村的建设。

(2) 经济总量持续增长。宁夏回族自治区 GDP 总量逐年增加,在 2000 年,GDP 的总量是 265.57 亿元,2019 年宁夏回族自治区 GDP 增加到 3748.48 亿元,比 2000 年增长 13.11 倍。2011 年宁夏回族自治区 GDP 增长幅度最高,增幅达 22.91%。宁夏回族自治区 GDP 虽然在不断提高,但增长率却在 2011 年后几年明显下降,表明其经济在不断发展的同时,也遇到了一些阻碍。2000—2019 年宁夏回族自治区 GDP 总量如图 3-57 所示,2000—2019 年宁夏回族自治区 GDP 增长率如图 3-58 所示。

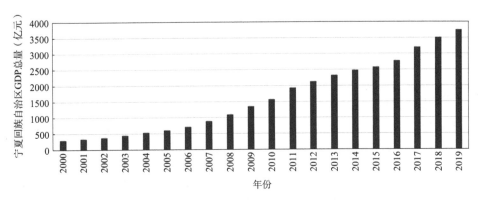

图 3-57　2000—2019 年宁夏回族自治区 GDP 总量

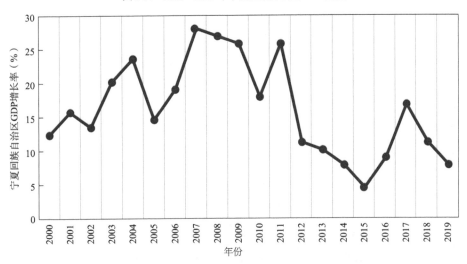

图 3-58　2000—2019 年宁夏回族自治区 GDP 增长情况

3.6.2　旅游产业概况

宁夏回族自治区是少数民族聚居地,以回族居多,有着独特的少数民族文化。旅游资源类型多样,有山脉、河流、沙漠、森林、湿地等除冰川以外几乎所有的自然资源类型;独占 8 大类 46 种旅游资源,占全国 48.4%;水洞沟遗址、贺兰山岩画、西夏王陵、被称为"父亲山"的贺兰山、有着"胜利之山"美誉的六盘山及被称为"荒漠翡翠"的罗山,还有孕育文明的"母亲河"黄河都在这里相生与共,共同谱写宁夏炫彩篇章。

3.6.2.1　旅游收入

2019 年,宁夏回族自治区 GDP 总量 3748.48 亿元,其中,第三产业增加值 924.01 亿元,同比上涨 9.2%,旅游消费总额 340.03 亿元,占宁夏回族自治区 GDP 总量的 9%。接待国内外游客人数 3998.45 万人次,同比增长 19.55%,旅游业发展前景光明。

(1)旅游收入持续增长。如图 3-59 所示,2000 年旅游总收入为 9.3 亿元,到 2019 年旅游总收入达 340.03 亿元,增长 35.56 倍。如图 3-60 所示,2016 年和 2017 年旅游业收入增长速度较快,2018 年增长速度较慢。

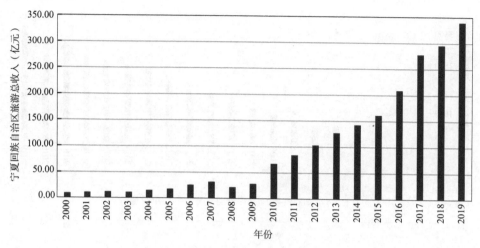

图 3-59　2000—2019 年宁夏回族自治区旅游总收入

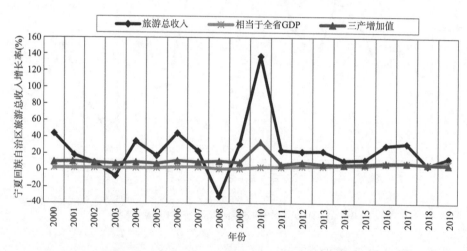

图 3-60　2000—2019 年宁夏回族自治区旅游总收入增长情况

（2）入境旅游有待提高。2019 年，宁夏回族自治区接待国内游客 3998.45 万人次，同比上涨 19.55%；接待入境游客 12.57 万人次，同比上涨 42.48%。国内游客消费 335.56 亿元，同比上涨 14.96%，入境游客消费 4.335 亿元，同比上涨 15.95%。旅游产业对 GDP 贡献率达到 9%。可以看出，宁夏回族自治区入境游客占比极其小，但是旅游收入占比却明显更大，说明入境游客的消费潜力是非常大的，应该注重入境旅游的发展。2019 年宁夏回族自治区国内旅游和入境旅游收入及人数如图 3-61 所示。

3.6.2.2　旅游资源

（1）旅游景区丰富。如图 3-62 所示，宁夏回族自治区 A 级旅游景区总体呈增长趋势，3A 级旅游景区增长最快，其次是 2A 级旅游景区，增长最慢的是 5A 级旅游景区，1A 级旅游景区呈现负增长。根据宁夏回族自治区统计年鉴显示，宁夏回族自治区 A 级旅游景区由 2010 年的 63 家，发展至 2019 年的 83 家，其中 5A 级旅游景区 4 家，4A 级旅游景区 19 家，3A 级旅游景区 31 家，2A 级旅游景区 21 家，1A 级旅游景区 2 家。宁夏回族自治区 5

个地级市 A 级旅游景区总数和高星级景区数量如图 3-62 所示。

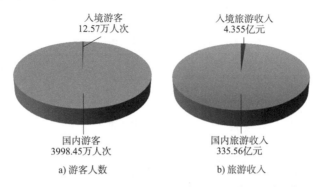

图 3-61 2019 年宁夏回族自治区国内旅游和入境旅游人数及收入

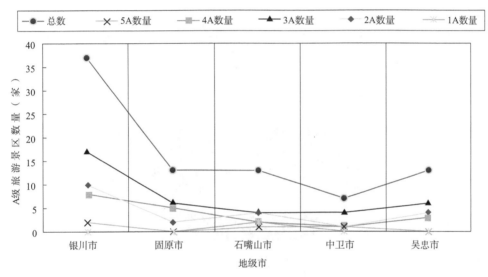

图 3-62 宁夏回族自治区 5 个地级市 A 级旅游景区分布情况

(2) A 级旅游景区主要分布在银川市。由图 3-62 可见,A 级旅游景区数量最多的是银川市,数量最少的是中卫市,也有 7 家。全自治区除了中卫市没有 2A 级旅游景区外,其他 4 个地市均有 2A~4A 级旅游景区。截至 2019 年,宁夏回族自治区 5A 级旅游景区名单见表 3-34。

2019 年宁夏回族自治区 5A 级旅游景区名单 表 3-34

序号	景区名称	所在地市	批准年份
1	沙湖旅游区	石嘴山市	2007
2	沙坡头旅游区	中卫市	2007
3	镇北堡西部影城	银川市	2010
4	水洞沟旅游区	银川市	2015

(3) 全域旅游持续发展。为推进旅游业转型升级以及解决旅游业目前供给不足的困

境,宁夏回族自治区积极促进旅游业全面高质量发展,共有银川市西夏区等 4 个区县入选国家全域旅游示范名单,中卫市等 3 个城市获评为全国旅游标准化示范城市,见表 3-35。

国家级全域旅游示范城市和标准化示范城市、单位名单(宁夏回族自治区)　表 3-35

序号	称号	数量	名单
1	国家全域旅游示范区	4	银川市西夏区,中卫市沙坡头区,吴忠市青铜峡市,石嘴山市平罗县
2	全国旅游标准化示范城市	3	中卫市,石嘴山市,固原市

(4)非物质文化遗产是中华文化绵延不可或缺的一部分。宁夏回族自治区地处黄河水系,历史上是"丝绸之路"要道,非物质文化遗产较其他省份来看略微匮乏,其中,占比最多的是传统技艺,有杨氏家庭塑、回族剪纸等 6 项,其次是传统美术和民俗,占比均为 18%,其中传统美术以砖雕最为得名。宁夏回族自治区非物质文化遗产十大门类占比情况如图 3-63 所示。

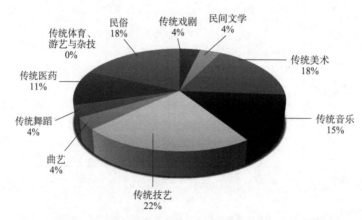

图 3-63　宁夏回族自治区非物质文化遗产十大门类占比情况

3.6.2.3　旅游酒店

截至 2019 年,宁夏回族自治区星级酒店 89 家,其中四星级酒店 33 家,三星级酒店 44 家,二星级酒店 9 家。宁夏回族自治区星级酒店与全国星级酒店平均水平相比,客房收入占比和餐饮收入占比高于全国平均水平,平均房价、平均出租率、每间可供出租客房收入均低于全国平均水平。2015—2019 年宁夏回族自治区星级酒店营业状况统计见表 3-36。2019 年宁夏回族自治区星级酒店经济指标见表 3-37。

2015—2019 年宁夏回族自治区星级酒店营业状况统计　表 3-36

营业状况	年份				
	2015	2016	2017	2018	2019
星级酒店数量(家)	95	102	99	83	89
营业收入(亿元)	7.82	7.62	8.22	7.17	1.54

续上表

营业状况	年份				
	2015	2016	2017	2018	2019
平均房价(元/间夜)	231.61	211.90	209.98	199.04	183.15
平均出租率(%)	43.6	46.26	47.63	46.05	43.69

2019年宁夏回族自治区星级酒店经济指标汇总表　　表3-37

序号	项目	全国	宁夏
1	客房收入占比重(%)	42.49	48.02
2	餐饮收入占比重(%)	38.19	45.11
3	平均房价(元/间夜)	353.00	183.15
4	平均出租率(%)	55.18	43.69
5	每间客房收入(元/间夜)	194.79	80.01

3.6.2.4 旅行社

(1) 旅行社数量增长较快。如图3-64所示，2019年宁夏回族自治区旅行社数量是164家，比2018年的147家增长了11.56%。就全国来看，宁夏回族自治区旅行社数量增长率是较快的。

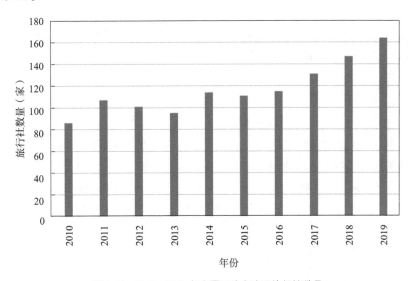

图3-64　2010—2019年宁夏回族自治区旅行社数量

(2) 以旅游接待业务为主。宁夏回族自治区旅行社的主要业务为旅游接待，2019年宁夏回族自治区旅行社国内旅游组织43.3万人次、178.6万人天，国内旅游接待62.7万人次、219.5万人天，营业收入8.87亿元，利润0.34亿元。宁夏回族自治区旅行社国内旅游组织和国内旅游接待业务量对比如图3-65所示。

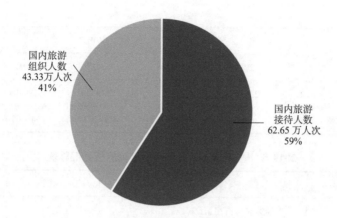

图 3-65　宁夏回族自治区旅行社国内旅游组织和国内旅游接待业务量对比

3.6.3　宁夏回族自治区交通运输业发展现状

"十三五"期间,宁夏回族自治区积极参与国家综合交通运输规划,交通基础设施建设取得明显效果,交通基础设施供给能力得到明显提升,是自宁夏回族自治区成立以来发展最好以及建设最快的时期,实现了重大飞跃,为宁夏回族自治区经济社会发展提供了强大动力,也为宁夏回族自治区脱贫攻坚以及小康社会提供了坚实的保障。

3.6.3.1　交通运输基础设施情况

宁夏回族自治区铁路建设加快发展,中卫到兰州、包头到银川、银川到西安等高速铁路被纳入国家"八纵八横"的高铁网规划,运营里程达 1645km,其中高速铁路达 317km。铁路网密度达 2.5km/百 km^2。公路通达能力持续加强,通车里程达 3.69 万 km,相较于"十二五"增长了 11%,公路网密度 55.6km/百 km^2。银川机场旅客吞吐量连续 4 年每年净增百万人次。

3.6.3.2　客运量情况

2019 年宁夏回族自治区客运量为 6092 万人次,较 2018 年减少了 362 万人次,同比下降 5.61%。其中,铁路、公路、水路客运量分别为:666 万人次、4905 万人次、183 万人次,分别占宁夏回族自治区客运量的 10.93%、80.52%、3.00%,三种运输方式客运量同比增长率分别为:1.99%、-8.18%、28.87%。2019 年,宁夏回族自治区旅客周转量为 158.57 亿人公里,较上年增加了 8.14 亿人公里,同比增长 4.72%。其中,铁路旅客周转量为 40.93 亿人公里,较上年增加了 0.15 亿人公里,同比增长 0.37%。2010—2019 宁夏回族自治区客运量情况如图 3-66 所示。

3.6.3.3　运输结构情况

宁夏回族自治区交通运输结构体系进一步优化,进一步降低公路运输强度,大力发展多式联运、网络货运等优质的运输形式,紧跟国家交通运输发展规划,加强打造综合交通运输体系。以 2019 为例,宁夏回族自治区客运量为 666 万人次,其中,公路运输占比最高,为 77.68%,旅客周转量为 158.57 亿人公里,其中民航运输占比最高,为 45.14%。2019 年宁夏回族自治区客运量构成和客运周转量占比如图 3-67 所示。

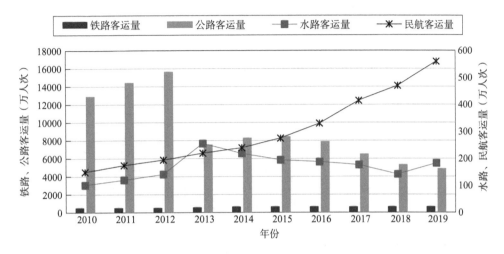

图 3-66 2010—2019 宁夏回族自治区客运量情况

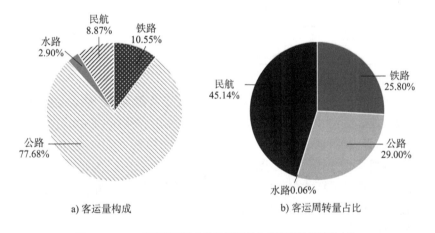

a) 客运量构成　　　　　　b) 客运周转量占比

图 3-67 2019 年宁夏回族自治区客运量构成和客运周转量占比

3.7 甘肃省旅游业与交通运输业发展现状

3.7.1 甘肃省概况

3.7.1.1 区位概况

甘肃省简称甘或陇,省会为兰州市。甘肃省地处中国西北地区,界于北纬32°11′~42°57′、东经92°13′~108°46′之间,东临陕西,西达新疆,南接四川、青海,北与宁夏、内蒙古毗邻且与蒙古国接壤,全境东西蜿蜒约1659km,南北宽约530km。截至2022年10月,甘肃省辖12个地级市、2个民族区域自治州、共辖86个县(市、区)、1229个乡(镇)、127个街道。土地面积45.59万 km^2,人口2569.22万,甘肃省GDP 11201.6亿元。甘肃省12个地级市2个自治州的面积及人口见表3-38。

甘肃省12个地级市2个自治州面积及人口一览表　　　表 3-38

序号	地级市	面积(km²)	人口(万)	下辖地区	
				市辖区	县/县级市
1	兰州市	13100	441.53	5	3
2	嘉峪关市	2935	31.63	0	5
3	金昌市	8927	43.53	1	1
4	白银市	21200	150.21	2	3
5	天水市	14300	372	2	5
6	武威市	32300	144.51	1	3
7	张掖市	40826	112.25	1	5
8	平凉市	11000	182.25	1	6
9	酒泉市	189997	105.33	1	6
10	庆阳市	27119	215.94	1	7
11	定西市	19600	250.58	1	6
12	陇南市	27838	238.7	1	8
13	临夏回族自治州	8169	211.66	0	8
14	甘南藏族自治州	38521	69.10	0	8
	合计	455832	2569.22	17	74

3.7.1.2 自然条件与资源概况

甘肃省境内地势复杂,地势西南高向东北低,处于青藏高原、内蒙古高原和黄土高原三大高原的交会地;北部为六盘山和龙首山;东部为岷山、秦岭和子午岭;西部为阿尔金山和祁连山;南部为青泥岭;地跨黄河、长江、内陆河三大流域、九大水系,自产水资源总量达 277.3 亿 m³。气候类型多样,从南到北涵盖了亚热带季风气候、温带季风气候、温带大陆性气候以及高原山地气候四大气候类型,全省年平均气温在 0~14℃之间,年平均降水量为 287.7mm,年日照时数在 1700~3300h 之间。

3.7.1.3 经济概况

甘肃省是我国西部地区重要的省份之一,自然资源丰富,发展潜力大。2019 年,甘肃省 GDP 为 8718.3 亿元,同比上涨 7.58%。其中,第一产业增加值 1050.5 亿元,同比上涨 5.8%;第二产业增加值 2862.4 亿元,同比上涨 4.7%;第三产业增加值 4805.4 亿元,同比上涨 7.2%。

(1)经济发展基础雄厚。甘肃省处于我国西部地区,自然资源丰富,战略位置重要。丰富的自然资源以及黄河水系能够为旅游业的发展带来巨大发展潜力。随着国家加快转变经济发展方式以及区域协调发展战略的实施,甘肃目前有政策、有资源、有人才、有土地,发展潜力优势大大增加。

(2)经济总量持续增长。甘肃省 GDP 总量逐年增加,2000 年,甘肃省 GDP 总量是 983 亿元,2019 年甘肃省 GDP 总量增加到了 8718.3 亿元,比 2000 年增长了 7.87 倍。甘肃省 GDP 总量虽然在不断提高,但是增长幅度却不大,这表明甘肃的经济社会发展还需进一步地去加强,发扬优势,弥补优势。2000—2019 年甘肃省 GDP 总量如图 3-68 所示,2000—2019 年甘肃省 GDP 增长率如图 3-69 所示。

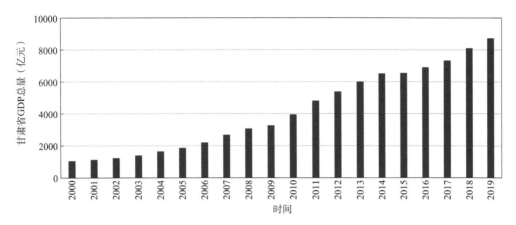

图 3-68　2000—2019 年甘肃省 GDP 总量

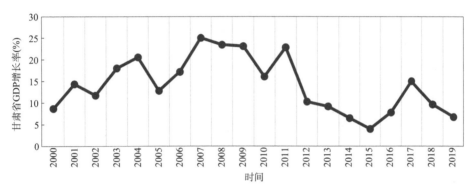

图 3-69　2000—2019 年甘肃省 GDP 增长情况

3.7.2　旅游产业概况

甘肃省地形呈狭长状,四周为群山峻岭所环抱,"河陇文化"为历史代表文化。甘肃省旅游"交响丝路、如意甘肃"品牌全面塑造,持续传承发扬敦煌文化,进一步推进甘肃省的旅游业发展,以敦煌为龙头旅游带动甘肃省其他旅游。全省共拍摄视频专辑 795 部;出版非遗保护成果专著 210 余部,建成非遗博览馆 487 个。

3.7.2.1　旅游收入

2019 年,甘肃省 GDP 总量 8718.3 亿元,第三产业增加值 4805.4 亿元,同比增长 7.2%,旅游消费总额 2680 亿元,占地区生产总值的 31%,接待国内外游客人数 37422.70 万人次,同比增长 23.95%。

(1) 旅游收入持续增长。在敦煌文化、丝绸之路以及大量的自然资源加持下,甘肃省旅游业也持续发展。如图 3-70 所示,2010 年甘肃省旅游总收入 237.20 亿元,到 2019 年旅游业总收入达 2680 亿元,增长了 11.3 倍,发展迅速。如图 3-71 所示,2011 和 2012 年甘肃省旅游业收入增长速度较快,2015 年增长速度较慢。

(2) 入境旅游极度落后,严重缺乏国际知名度。2019 年甘肃省接待国内游客 37422.70 万人次,同比上涨 23.95%;接待入境游客 19.82 万人次,同比上涨 98.23%。国内游客消费

2676 亿元，同比上涨 30.01%，入境游客消费 4 亿元，同比上涨 100%。对甘肃省 GDP 献率达到 31%。2019 年甘肃省国内旅游和入境旅游收入及人数如图 3-72 所示。

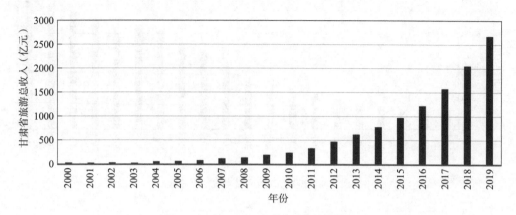

图 3-70　2000—2019 年甘肃省旅游总收入

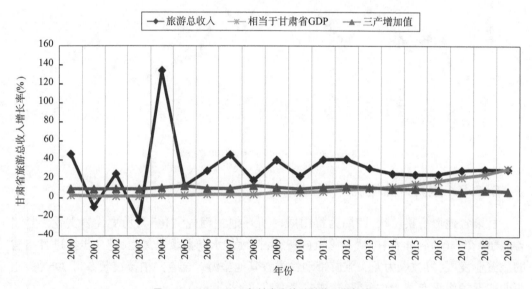

图 3-71　2000—2019 年甘肃省旅游总收入增长情况

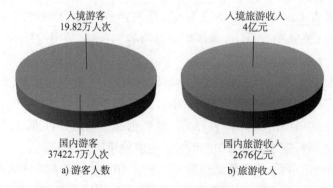

图 3-72　2019 年甘肃省国内旅游和入境旅游人数及收入

3.7.2.2 旅游资源

(1) 自然旅游资源。甘肃省A级旅游景区数量呈现逐年增长的趋势,增长最快的是3A级旅游景区,其次是4A级旅游景区,5A级旅游景区增长速度缓慢,1A级旅游景区呈现负增长。2011年甘肃省A级旅游景区增长最为快速。根据甘肃省统计年鉴显示,甘肃省A级旅游景区由2010年的133家,发展至2019年的312家,其中5A级旅游景区5家,4A级旅游景区99家,3A级旅游景区132家,2A级旅游景区75家,1A级旅游景区1家。甘肃省各地级市/自治州A级旅游景区总数和高星级景区数量如图3-73所示。

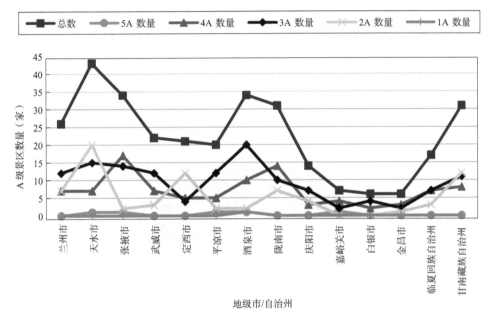

图3-73 甘肃12个各地级市、2个自治州A级旅游景区分布情况

(2) 景区分布不均匀。甘肃省A级旅游景区在全省12个地级市、2个自治州均有分布。数量最多的是天水市,多达43家,其次是张掖市和酒泉市,均为34家。数量最少的是白银市和金昌市,均为6家。2019年甘肃省5A级旅游景区名单见表3-39。

2019年甘肃省5A级旅游景区名单　　　　　　　　　　　　　　　表3-39

序号	景区名称	所在地市	批准年份
1	嘉峪关文物景区	嘉峪关市	2007
2	平凉市崆峒山风景名胜区	平凉市	2007
3	麦积山景区	天水市	2010
4	敦煌鸣沙山·月牙泉景区	酒泉市	2015
5	张掖七彩丹霞景区	张掖市	2019

(3) 紧跟国家方针,全力打造全域旅游。甘肃省共有敦煌市等3个城市入选国家全域旅游示范名单,嘉峪关市和敦煌市获评为全国旅游标准化示范城市,见表3-40。

国家级全域旅游示范城市和标准化示范城市、单位名单(甘肃省)　　表 3-40

序号	称号	数量	名单
1	国家全域旅游示范城市	3	酒泉市敦煌市,平凉市崆峒区,嘉峪关市
2	全国旅游标准化示范城市	2	嘉峪关市,敦煌市

(4)非物质文化遗产在甘肃民族文化中占有重要地位。甘肃省在省委、省政府以及文旅部的领导下,紧盯非遗保护工作,统筹推进非遗的保护、传承、弘扬和传播,将非遗与乡村振兴、旅游相融合,共发展。盘活利用好各种非遗资源,系统地开展工作,到目前已取得显著成效。其中,占比最高的是民俗,占比 17%,其次是传统技艺和传统戏剧,占比均为 14%。甘肃省最为出名的十大国家级非物质文化遗产是:洮岷花儿、甘肃剪纸、甘南藏戏、格萨(斯)尔、热贡艺术·甘南藏族唐卡、兰州牛肉面制作技艺、陇东皮影·环县皮影、洮砚制作技艺、香包绣制和陇剧。甘肃省国家级非物质文化遗产十大门类占比如图 3-74 所示。

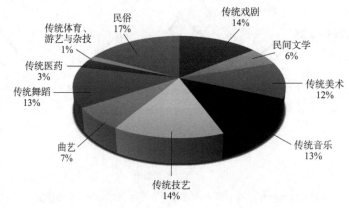

图 3-74　甘肃国家级非物质文化遗产十大门类占比情况

3.7.2.3　旅游酒店

(1)甘肃省星级酒店营业状况。截至 2019 年,甘肃省星级酒店 315 家,其中五星级酒店 2 家,四星级酒店 73 家,三星级酒店 171 家,二星级酒店 67 家。2015—2019 年甘肃省星级酒店总数在 296-315 之间波动;星级酒店总数在逐年增加,营业收入却呈现下降趋势。2015—2019 年甘肃省星级酒店营业状况见表 3-41。

2015—2019 年甘肃省星级酒店营业状况统计　　表 3-41

营业状况	年份				
	2015	2016	2017	2018	2019
星级酒店数量(家)	296	299	304	307	315
营业收入(亿元)	26.17	23.37	23.48	23.91	18.4
平均房价(元/间夜)	351.93	215.72	217.67	221.64	226.4
平均出租率(%)	57.86	46.9	44.65	44.53	45.06

(2)与全国星级酒店的比较。甘肃省星级酒店与全国星级酒店平均水平相比,餐饮收入和客房收入高于全国平均水平,平均房价、平均出租率、每间可供出租客房收入均低于全国平均水平。2019年度甘肃省星级酒店经济指标见表3-42。

2019年度甘肃省星级酒店经济指标汇总表　　表3-42

序号	项目	全国	甘肃
1	客房收入占比(%)	42.49	50.93
2	餐饮收入占比(%)	38.19	38.85
3	平均房价(元/间夜)	353.00	226.40
4	平均出租率(%)	55.18	45.06
5	每间客房收入(元/间夜)	194.79	102.01

3.7.2.4　旅行社

(1)旅行社数量增长缓慢。随着旅游市场的不断繁荣,旅行社的数量也不断增加,但增长的幅度并不大。从2010年的755家增加到2019年的927家,增长了22.8%,旅行社数量在2018年和2019年有了明显增多,如图3-75所示。

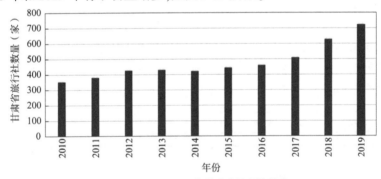

图3-75　2010—2019年甘肃省旅行社数量

(2)以国内旅游接待业务为主。2019年,甘肃旅行社国内旅游组织39.74万人次、176.9万人天,国内旅游接待94.78万人次、308.7万人天。营业收入21.56亿元,居全国第26位;利润0.61亿元。甘肃省旅行社国内旅游组织和国内旅游接待业务量对比如图3-76所示。

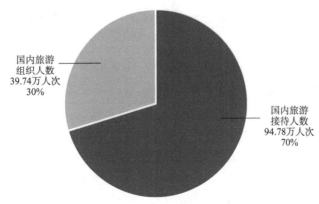

图3-76　甘肃省旅行社国内旅游组织和国内旅游接待业务量对比

3.7.3 甘肃省交通运输业发展现状

"十三五"期间,甘肃省海陆空交通基础建设得到了大力发展,公路和水路投资完成达 4234 亿元,比"十二五"末上涨 1.8 倍。甘肃省主动融入国家综合交通运输规划,紧跟国家步伐,一步一步不断发展,日益完善的现代交通综合运输体系,成为经济社会快速发展的有力支撑,也为民众的生活水平提供了坚实的保障。

3.7.3.1 交通运输基础设施情况

"十三五"时期,甘肃省交通运输持续促进交通提升建设,交通促投资、稳增长成效显著,交通运输基础设施实现了从"瓶颈制约"到"基本适应"的重大飞跃。高速及一级公路比"十二五"末增加约 2100km,增长约 50%。2019 年,铁路运营里程达到 4211km,铁路网密度达 114.5km/万 km^2,为全国平均水平的 80%;公路运营里程达 15.14 万 km,公路网密度达 6.13km^2;内河航道运营里程达 911km。

3.7.3.2 客运量情况

2019 年,甘肃省客运量达 42321 万人次,较 2018 年减少了 32 万人次,同比下降 0.08%,其中铁路、公路、水路客运量分别为:5969 万人次、36085 万人次、80 万人次,分别占甘肃省客运量:14.10%、85.26%、0.19%。三种运输方式客运量同比增长率分别为:9.04%、-1.50%、2.56%。2019 年,甘肃省旅客周转量为 674.75 亿人公里,较上年增加了 15.57 亿人公里,同比增长 2.63%,其中,铁路旅客周转量为 419.11 亿人公里,较上年增加了 17.83 亿人公里,同比增长 4.44%。2010—2019 年甘肃省客运量情况如图 3-77 所示。

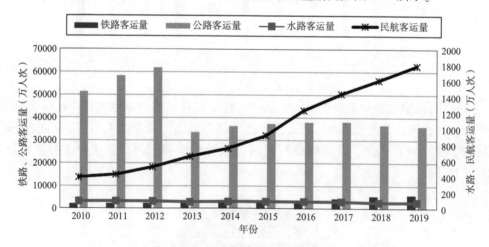

图 3-77 2010—2019 年甘肃省客运量情况

3.7.3.3 运输结构情况

甘肃省持续推进铁路基础设施项目建设,形成内外联通、点线结合、对外放射、对内成网的路网结构,不断缓解部分区段客货运能力的紧张局面,提升路网运输能力。以 2019 为例,甘肃省客运量为 42321 万人次,其中公路运输占比最高,达 36085 万人次,占比高达 85.26%;旅客周转量为 674.75 亿人公里,铁路运输占比最高,为 62.11%。2019 年甘肃省客运量和周转量构成如图 3-78 所示。

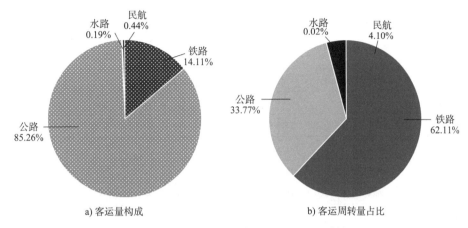

a) 客运量构成　　　　　　　　b) 客运周转量占比

图 3-78　2019 年甘肃省客运量构成和客运周转量占比

3.8 四川省旅游业与交通运输业发展现状

3.8.1 四川省概况

3.8.1.1 区位概况

四川省简称川或蜀,省会成都市。四川省位于中国西南地区内陆,与重庆、贵州、云南、西藏、青海、甘肃和陕西等7省(自治区、直辖市)交界,白河、黑河是四川省境内黄河上游的两条大支流。四川省总面积49万 km^2,辖21个地级行政区,其中18个地级市、3个自治州,常住人口8983.9万。截至2022年,四川省18个地级市、3个自治州的面积及人口见表3-43。

四川省18个地级市、3个自治州面积及人口一览表　　表3-43

序号	地级市/自治州	面积(km^2)	人口(万)	下辖地区	
				市辖区	县/县级市
1	成都市	14335	2126.8	12	8
2	自贡市	4381	245.2	4	2
3	攀枝花市	7414	107.52	3	2
4	泸州市	12232.34	426.3	3	4
5	德阳市	5911	346.1	2	4
6	绵阳市	20200	525.67	3	4
7	广元市	16319	293.08	3	4
8	遂宁市	5322	354.4	2	3
9	内江市	5385	398.8	2	3
10	乐山市	12720	315.3	4	7

续上表

序号	地级市/自治州	面积(km²)	人口(万)	下辖地区 市辖区	下辖地区 县/县级市
11	南充市	12500	708.5	3	6
12	眉山市	7140	296.1	2	4
13	宜宾市	13283	548.4	3	7
14	广安市	6339	323.8	2	3
15	达州市	16600	538.5	2	5
16	雅安市	15046	143.3	2	6
17	巴中市	12300	265.8	2	3
18	资阳市	5757	333.2	1	2
19	阿坝州	84242	89.5	13	0
20	甘孜州	153000	110.2	18	0
21	凉山州	60400	487.4	17	0
合计		490826.34	8983.9	103	79

3.8.1.2 自然条件与资源概况

四川省地貌以山地为主,具有山地、丘陵、平原和高原4种地貌类型。地域辽阔,土壤类型丰富,垂直分布明显;拥有国家一级重点保护动物:大熊猫、金丝猴、牛羚、绿尾虹雉、苏门羚、黑鹳、云豹、雪豹等;矿产资源丰富且种类比较齐全,能源、黑色、有色、稀有、贵金属、化工、建材等矿产均有分布。气候差异显著,东部冬暖、春旱、夏热、秋雨、多云雾、少日照、生长季长;西部则寒冷、冬长、基本无夏、日照充足、降水集中、干雨季分明;总体气候宜人。四川省自然条件较优越、资源丰富,为四川省经济发展和旅游业发展提供基础支撑。

3.8.1.3 经济概况

四川省产业体系完善,经济发展水平常年处于全国平均水平之上,稳步推进黄河流域生态保护和高质量发展、全面脱贫、构建双城经济圈等战略。2019年,四川省GDP 46615.82亿元,比上年增长7.5%。其中,第一产业增加值4807.2亿元,增长2.8%;第二产业增加值17365.3亿元,增长7.5%;第三产业增加值24443.3亿元,增长8.5%。

(1)经济发展势头强劲。作为长江经济带和"一带一路"交汇的重要节点,四川省提出"一干多支、五区协同"发展战略。自从四川省与重庆市联合构建的"成渝地区双城经济圈"正式上升为国家战略以来,川渝地区积极建设大规模高质量的制造业产业集群,致力于打造出具有影响力大、辐射范围广的经济中心。四川省一系列经济政策的颁布与实施为四川省的经济发展提供了强大的动力。四川省大力实施人才引进,以更前沿、更专业的视角推动全省转型发展、推进产业升级、新旧动能转换、乡村振兴、建立自由贸易试验区等。

(2)经济总量整体增加。四川省GDP总量的增长不稳定,但四川省GDP总量总体呈上升趋势。2000年四川省GDP总量为3928.2亿元。2019年四川省GDP总量已达46615.82亿元,是2000年四川省GDP总量的11.9倍,如图3-79所示。2007年四川省

GDP 增长率最高,达到了 24%。受 2008 年汶川地震的影响,2009 年四川省 GDP 增长率断崖式下跌,增长率仅为 9%。2010 年后,在经历了经济高速增长,国内经济整体转为低速发展过后,四川省 GDP 增幅逐渐下降,如图 3-80 所示。

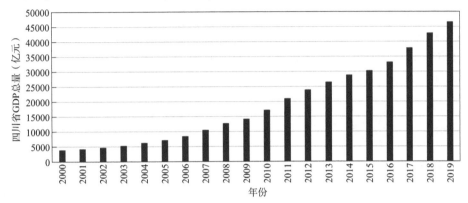

图 3-79　2000—2019 年四川省 GDP 总量

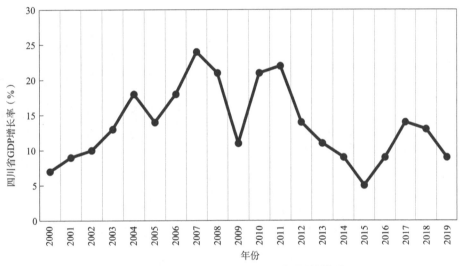

图 3-80　2000—2019 年四川省 GDP 总量增长情况

3.8.2　旅游产业概况

四川省旅游业正强劲发展,一度成为游客满意度最高的省。四川省享有"天府之国"的美誉,同时有着三国文化、酒文化、红色文化等,为发展旅游业奠定了良好基础。四川省旅游业的发展也对四川省的经济发展起到了带动作用。

3.8.2.1　旅游收入

2019 年四川省 GDP 总量 46615.82 亿元,其中第三产业增加值 24443.3 亿元,旅游消费总额 11594.30 亿元,全年旅游总消费额相当于四川省 GDP 的 25%。四川省 2019 年接待国内外游客人数 75496.38 万人次,同比增长 6.9%。国内游客消费 11454.48 亿元,同比增长 14.3%。

(1)旅游收入逐年增长。2000—2019 年,由于四川省经济的发展,基础设施建设愈加完善,对旅游资源开发的力度加大,更多的人文旅游资源以及自然旅游资源呈现在大众眼前,四川省旅游业收入呈逐年增长的趋势。

如图3-81所示,在2000年时,四川省旅游业总收入为258.2亿元,到2019年旅游业总收入已经达到11594.30亿元,与2000年相比增长了43.9倍,旅游收入迅猛增加。旅游业收入虽呈增长趋势,但无规律。2000—2007年旅游业增长速度逐年加快,但由于2008年受自然灾害的影响,旅游业遭到巨大打击,旅游业收入为负增长。但从2009年开始,直至2019年,旅游业收入又开始逐年增长,且增长速度逐年加快,如图3-82所示。

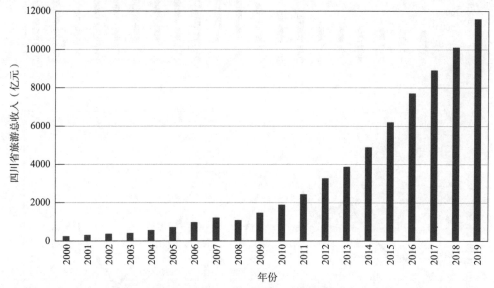

图3-81 2000—2019年四川省旅游总收入

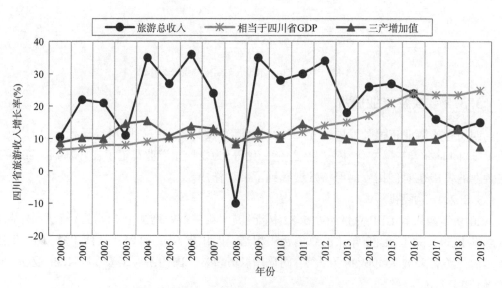

图3-82 2000—2019年四川省旅游总收入增长情况

(2)入境旅游市场发展落后。2019年四川省接待国内游客75081.58万人次,接待入境游客414.80万人次;国内游客消费11454.48亿元,入境游客消费20.24亿美元。2019年四川省国内旅游和入境旅游收入及人数如图3-83所示。

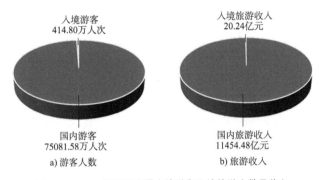

图3-83 2019年四川省国内旅游和入境旅游人数及收入

3.8.2.2 旅游资源

(1)旅游资源丰富。2010—2019年四川省A级旅游景区数量持续增长,由2010年的188家增加至2019年的677家,其中5A级旅游景区11家,4A级旅游景区269家,3A级旅游景区274家,2A级旅游景区120家,1A级旅游景区3家。四川省各地级市/自治州A级旅游景区数量如图3-84所示。

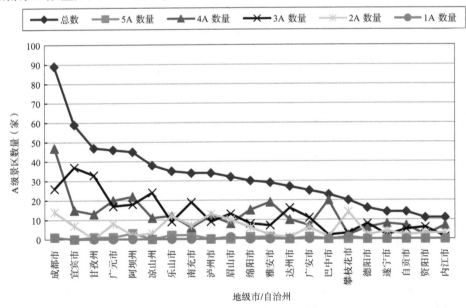

图3-84 四川省18个地级市、3个自治州A级旅游景区分布情况

(2)景区分布广泛但不均,成都市旅游景区数量最多。四川省A级旅游景区全省各地市均有分布,数量最多的是成都市,有89家,其次是宜宾市,有59家;数量最少的是资阳市和内江市,分别有11家。四川省各地市均有4A、3A级旅游景区,全省11家5A级旅游景区分布在四川省8个地级市/自治州。2019年四川省5A级旅游景区名单见表3-44。

2019 年四川省 5A 级旅游景区名单　　　　　　　　　　　　　　　　　　表 3-44

序号	景区名称	所在地市	批准年份
1	青城山——都江堰旅游景区	成都市	2007
2	九寨沟风景名胜区	阿坝州	2007
3	乐山大佛景区	乐山市	2011
4	黄龙国家级风景名胜区	阿坝州	2012
5	汶川特别旅游区	阿坝州	2013
6	北川羌城旅游区	绵阳市	2013
7	邓小平故里旅游区	广安市	2013
8	阆中古城	南充市	2013
9	剑门蜀道剑门关旅游景区	广元市	2015
10	朱德故里景区	南充市	2016
11	泸定海螺沟冰川森林公园	甘孜州	2017

(3)景区质量高,比较受游客欢迎。在 2019 年的 5A 级景区品牌影响力 100 强榜单中,四川省入围 7 家,分别是阿坝州九寨沟风景名胜区、阿坝州黄龙国家级风景名胜区、成都市青城山-都江堰旅游景区、阆中古城旅游区、乐山市乐山大佛景区、乐山市峨眉山景区、广元市剑门蜀道剑门关旅游景区,见表 3-45。

5A 级景区品牌影响力(MBI)100 强榜单(四川省,2019 年)　　　　　表 3-45

序号	景区名称	MBI 指数	排名
1	九寨沟旅游景区	297.81	9
2	黄龙国家级风景名胜区	264.19	27
3	成都市青城山-都江堰旅游景区	251.42	36
4	峨眉山景区	246.72	40
5	阆中古城	242.64	44
6	乐山大佛景区	227.07	62
7	剑门蜀道剑门关旅游景区	208.44	90

(4)旅游度假资源多,主题丰富。四川省拥有 52 家旅游度假区,包括了康养型、休闲型、温泉型、山地型、湖泊型等众多主题的旅游度假区。由于四川省区位影响,四川省的旅游度假区以山地型为主。在四川省的 52 家旅游度假区中,有 2 家度假区分别在 2015 年、2019 年被评为国家级旅游度假区,见表 3-46。

国家级旅游度假区名录(四川省)　　　　　　　　　　　　　　　　　表 3-46

序号	度假区名称	城市	主题	入选时间
1	四川邛海旅游度假区	喜德县	山地型	2015
2	天府青城康养休闲旅游度假区	成都市	山地型	2019

(5)四川省拥有的非物质文化遗产种类繁多,涉及范围广,极具地区特色,许多非物质文化遗产不仅被国人熟知,而且名扬海外。四川省非物质文化遗产不仅拥有浓重的历史气息,还随着当今时代的发展与时俱进,多元化发展,有独特的文化魅力。四川省共153个非物质文化遗产,十大门类齐全,如图3-85所示。其中传统技艺项目数量最多,共有38个;传统医药项目数量最少,仅有3个。

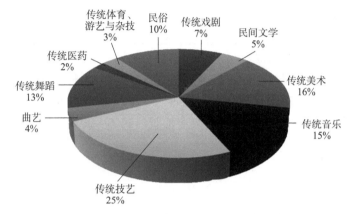

图3-85 四川省非物质文化遗产十大门类占比情况

3.8.2.3 旅游酒店

(1)星级酒店总数较多,五星级数量偏少。截至2019年,四川省有星级酒店370家,其中五星级酒店32家,四星级酒店111家,三星级酒店130家。五星级酒店数量偏少,三星级酒店数量偏多。

(2)星级酒店总数下降,营业收入提升。2015—2019年四川省星级酒店总数呈下降趋势,从395家下降至370家,但营业收入总体增长,由2015年的70.99亿元增长至2019年的171.88亿元。2015—2019年四川省星级酒店营业状况见表3-47。

2015—2019年四川省星级酒店营业状况统计 表3-47

营业状况	年份				
	2015	2016	2017	2018	2019
星级酒店数量(家)	395	298	323	329	370
营业收入(亿元)	70.99	55.74	61.96	70.31	171.88
平均房价(元/间夜)	684.84	311.72	313.15	326.79	347.11
平均出租率(%)	65.8	56.36	57.89	59.69	58.47

(3)平均房价、平均出租率均低于全国平均水平。2019年,四川省星级酒店与全国星级酒店平均水平相比,餐饮收入占比与客房收入占比低于全国平均水平。平均房价低于全国水平,平均出租率、每间可供出租客房收入高于全国平均水平。2019年四川省星级酒店经济指标见表3-48。

2019 年四川省星级酒店经济指标汇总表   表 3-48

序号	项目	全国	四川
1	客房收入占比(%)	42.49	18.3
2	餐饮收入占比(%)	38.19	13.63
3	平均房价(元/间夜)	353.00	341.88
4	平均出租率(%)	55.18	58.47
5	每间客房收入(元/间夜)	194.79	199.88

3.8.2.4 旅行社

(1)旅行社数量逐年增加。随着旅游市场的不断繁荣,旅行社的数量也不断增加,从 2010 年的 730 家增加到 2019 年的 1242 家,增长了 70.1%。旅行社数量呈现动态变化,2014—2016 年数量较少,2017—2019 年快速增长。2010—2019 年四川省旅行社数量如图 3-86 所示。

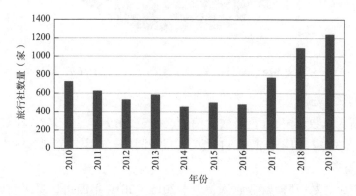

图 3-86 2010—2019 年四川省旅行社数量

(2)四川省输出客源多,接待游客数量较少。2019 年四川省旅行社国内旅游组织 602.1 万人次、1800.6 万人天,国内旅游接待 460.2 万人次、1591.3 万人天。四川省输出客源较多,而作为旅游目的地接待游客数量较少。四川省旅行社在 2021 年度营业收入 40.28 亿元,居全国第 13 位。四川省旅行社国内旅游组织和国内旅游接待业务量对比如图 3-87 所示。

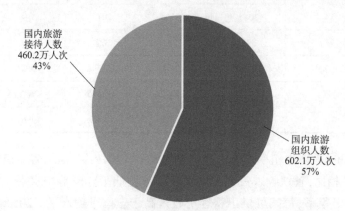

图 3-87 四川省旅行社国内旅游组织和国内旅游接待业务量对比

3.8.2.5 旅游品牌

四川省现有十大旅游品牌,分别是:大峨眉、大熊猫、大九寨、大贡嘎、大香格里拉、大竹海、大蜀道、大灌区、大遗址、茶马古道,见表3-49。四川省十大旅游品牌覆盖了四川省21个市、州,四川省文化和旅游厅以县为单位,大力整合政府、企业等资源,优化要素配置,组建十大品牌联盟提升品牌整体竞争力。

四川省十大文化旅游目的地品牌　　　　　表3-49

序号	旅游品牌	主要目的地	突出特色
1	大峨眉	乐山市	四大佛教名山,风景秀丽
2	大熊猫	成都、绵阳、广元、雅安、阿坝、德阳、眉山等市(州)	我国大熊猫现有最大的种群原生栖息地、最早的大熊猫发现地、大熊猫文化的发源地
3	大九寨	阿坝州	全球世界自然遗产地和生态保护区最多、最集中的自然生态旅游区,是了解华夏民族历史文化的重要民族走廊,是了解青藏高原形成过程以及现代新构造运动与地震活动的最理想地区
4	大贡嘎	康定市	四川省最高的山峰,被称为蜀山之王
5	大香格里拉	稻城县	"中国香格里拉生态旅游区"的核心,"香格里拉之魂"
6	大竹海	宜宾、乐山	集山水、溶洞、湖泊、瀑布等自然风光与历史悠久的人文景观于一体的胜景
7	大蜀道	成都	是承接长江文明与黄河文明、连接南北丝绸之路、过渡中国南北地理生态的重要通道
8	大灌区	都江堰市、乐山市	农耕文明的文化
9	大遗址	成都、达州、雅安、攀枝花、绵阳、德阳、广元、乐山、泸州、眉山、甘孜、阿坝、凉山等市(州)	中国文化遗产中规模较大并且文化价值突出的文化遗址
10	茶马古道	松潘县	深度挖掘茶马古道沿线浓厚的历史文化和浓郁的民族风情

3.8.3 四川省交通运输现状

"十三五"时期是四川省交通运输业发展最快的阶段,交通运输业服务质量和水平上升,铁路、公路运输加速成网,"四向八廊"战略性交通走廊建设不断取得新突破,进出四川省的大通道数量也显著增加。四川省交通运输业的发展为四川省产业聚集和产业链循环提供了保障,为四川省经济发展奠定了基础。

3.8.3.1 交通运输基础设施情况

四川省"十三五"时期,在综合交通领域完成投资1.3万亿元,综合交通线网里程从33万km增至41万km,铁路营运里程从4442km增至5312 km,高速公路通车里程从

6016km 增至 8140km,高等级航道里程从 1321km 增至 1648km,民用运输机场数量从 13 个增至 15 个,城市轨道交通营运里程从 88km 增至 558 km。在"十三五"末,四川省综合交通线网规模排名已名列全国前列。

3.8.3.2 客运量情况

"十三五"时期,四川省客运结构持续优化,2016—2019 年,铁路客运量年均增长 15%,民航客运量年均增长 12%,2019 年双流国际机场旅客吞吐量达 5585.9 万人次,比 2018 年增长 5.5% 居全国第 4 位;成渝高铁完成了提质量改造,成绵乐、成雅、成灌(彭)等铁路实现公交化运营;与相邻省(自治区、直辖市)合作,开辟了 5 条省际公交,现有的 9 条跨城公交线路常态化运行,四川省公路客运量在全国处于领先水平。2010—2019 四川省客运量情况如图 3-88 所示。

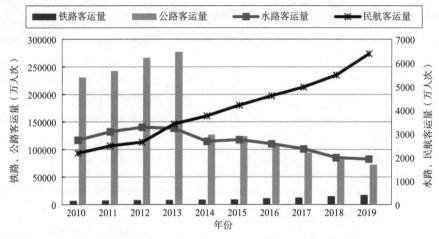

图 3-88 2010—2019 年四川省客运量情况

3.8.3.3 运输结构情况

2019 年,四川省客运总量为 97914 万人次,其中公路客运量最大,占比 74%。旅客周转总量为 1950 亿人公里,其中航空客运周转量最大,占比 56.78%。2019 年四川省客运量构成和客运周转量占比如图 3-89 所示。

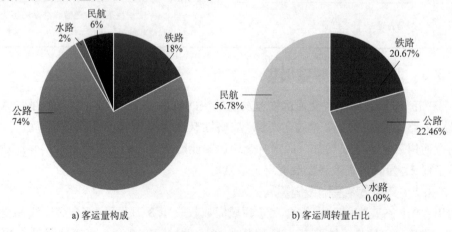

图 3-89 2019 年四川省客运量构成和客运周转量占比

3.9 青海省旅游业与交通运输业发展现状

3.9.1 青海省概况

3.9.1.1 区位概况

青海省简称青,省会西宁市。青海省位于中国西部内陆,北部和东部同甘肃相接,西北部与新疆相邻,南部和西南部与西藏毗连,东南部与四川接壤,位于四大地理区划的青藏地区。青海省总面积78.46万 km²,辖2个地级市、6个自治州。截至2022年,青海省常住人口596.15万。青海省2个地级市6个自治州的面积及人口一览表见表3-50。

青海省2个地级市、6个自治州面积及人口一览表 表3-50

序号	地级市/自治州	面积(km²)	人口(万)	下辖地区	
				市辖区	县/县级市
1	西宁市	7660	247.56	5	2
2	海东市	13200	135.85	2	4
3	海北藏族自治州	34068	29.52	0	4
4	黄南藏族自治州	18200	27.62	0	4
5	海南藏族自治州	44500	44.70	0	5
6	果洛藏族自治州	74200	21.56	0	6
7	玉树藏族自治州	267000	42.52	0	9
8	海西蒙古族藏族自治州	325785	46.82	0	7
	合计	784613	596.15	7	41

3.9.1.2 自然条件与资源概况

青海省深居内陆,远离海洋,地处青藏高原,属于高原大陆性气候。青海省集水面积在500km²以上的河流达380条。全省年径流总量为611.23亿 m³,水资源总量居全国第15位,人均占有量是全国平均水平的5.3倍。地下水资源量为281.6亿 m³。全省面积在1km²以上的湖泊有242个,省内湖水总面积13098.04km²,居全国第2位。青海省境内各地区年平均气温在-5.1~9.0℃之间,1月(最冷月)平均气温-17.4~-4.7℃,7月(最热月)平均气温在5.8~20.2℃之间。

3.9.1.3 经济概况

青海省经济受到极端天气、自然灾害、交通等方面影响,发展较为缓慢。2019年青海省GDP为2965.95亿元,按可比价格计算,比上年增长6.3%。

(1)经济发展缓慢。青海省是沿黄九省(自治区)中经济发展最缓慢的,2000年青海省GDP为263.8亿元,2019年青海省GDP为2965.65亿元,20年间仅增长了10.2倍,如图3-90、图3-91所示。

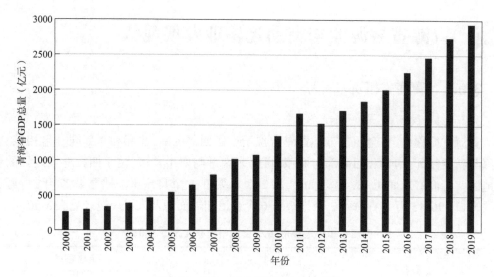

图 3-90 2000—2019 年青海省 GDP 总量

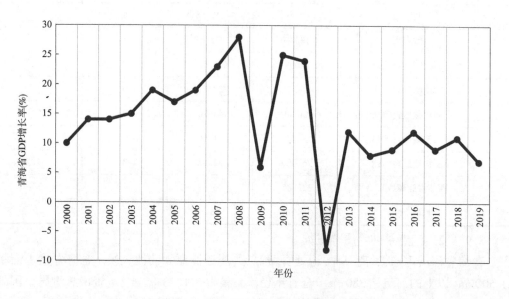

图 3-91 2000—2019 年青海省 GDP 增长情况

(2)青海省经济回稳向上。2019 年,分产业看,第一产业增加值 301.90 亿元,增长 4.6%;第二产业增加值 1159.75 亿元,增长 6.3%;第三产业增加值 1504.30 亿元,增长 6.5%。第一产业增加值占青海省 GDP 的 10.2%,第二产业增加值占青海省 GDP 的 39.1%,第三产业增加值占青海省 GDP 的 50.7%。人均地区生产总值 48981 元,比上年增长 5.4%。近年来,青海省粮食也可以取得丰收,生产性服务业也正在逐步增长,经济作物保持稳定状态,金融业、交通运输业、仓储业、邮政业也保持增长,整体就业形势稳定,生态环境持续向好,清洁能源的发展加快,经济发展总体来说处于回稳向上的状态。

3.9.2 旅游业概况

青海省地广人稀,自然风光优美,有很多风景与人文结合的名胜古迹,更有青海省独特的美食,旅游业一直是青海省的支柱产业之一,且当前青海省已经形成了中部、东部、西部三大旅游区,旅游类基础设施建设愈加完善、服务体系愈加齐全,服务质量也日益提升,可以为国内外游客提供多种、有效、高质量的旅游服务。

3.9.2.1 旅游收入

2019年青海省GDP总量2965.95亿元,其中,第三产业增加值1504.30亿元,旅游消费总额561亿元,全年旅游总消费额相当于青海省GDP的19%。

(1)旅游收入日益攀升。2000—2019年青海省旅游业收入总体呈增长趋势。由于社会经济的蓬勃发展、人民的生活水平提高,以及交通运输类基础设施建设逐渐完善,加之青海省有独特而优美的自然风光,青海省的旅游业呈现出了良好的发展势头。

青海省2019年接待国内外游客人数5080.2万人次,同比增长20.83%。国内游客消费559亿元,同比增长20.47%。近几年青海旅游业发展比较迅猛,如图3-92和图3-93所示。2015年青海旅游收入246亿元,到2019年青海旅游业收入已达559亿元,5年间增长了127%。2000—2007年青海省旅游收入缓慢增长,2008年由于受汶川地震影响,旅游收入出现负增长,2008年后旅游收入增速逐渐加快,相当于青海省GDP的比例也逐年增长。

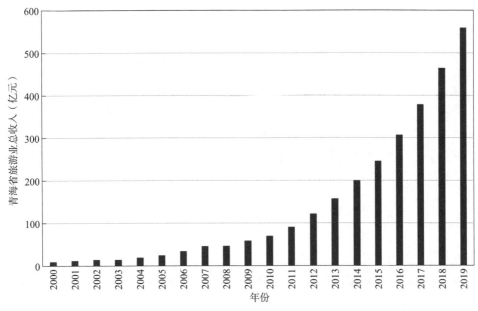

图3-92 2000—2019年青海省旅游总收入

(2)青海省本地旅游以短途旅游为主,旅游具有明显季节性。青海省本地旅游大多为短途旅行,游客的消费相较于长途旅行而言更少,且青海省因气候原因,旅游具有明显季节性,很难带动当地旅游产业发展,对青海省的经济发展帮助甚微。

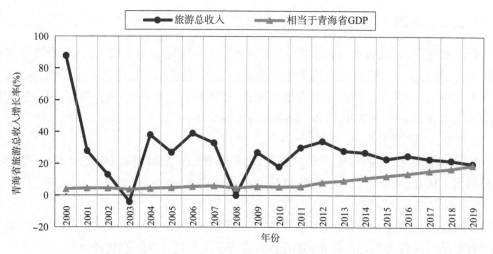

图 3-93　2000—2019 年青海省旅游总收入增长情况

(3) 入境旅游市场发展缓慢,但总体呈上升趋势。2019 年青海省接待国内游客人数为 5072.86 万人次,接待入境游客人数为 7.31 万人次,入境游客仅占游客总人数的 0.14%;国内旅游收入达 559.03 亿元,入境旅游仅为 0.33 亿美元。这说明青海省旅游市场以国内游客为主,入境旅游市场发展缓慢且落后。青海省 2010 年以来入境游呈上升趋势,接待入境游客由 2010 年的 4.67 万人次增加至 2019 年的 7.31 万人次,入境旅游收入由 2010 年的 0.20 亿美元增加至 2019 年的 0.33 亿美元。2019 年青海省国内旅游和入境旅游人数及收入如图 3-94 所示。

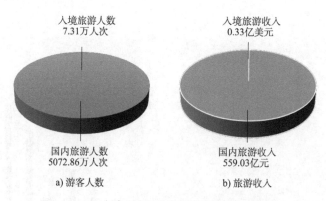

图 3-94　2019 年青海省国内旅游和入境旅游人数及收入

3.9.2.2　旅游资源

(1) A 级旅游景区数量迅速上升,但总数相对较少。2010 年青海仅有 10 家 A 级旅游景区,经过 10 年的发展,到 2019 年青海省已有 136 家 A 级旅游景区,其中 5A 级旅游景区 4 个,4A 级旅游景区 29 个,3A 级旅游景区 84 个,2A 级旅游景区 19 个,无 1A 级旅游景区。相较于其他省(自治区),青海省 A 级旅游景区较少。青海省各地市 A 级旅游景区数如图 3-95 所示。

(2) A 级景区分布不均,其中西宁市数量最多。由图 3-95 可见,青海省 A 级景区旅游分布不均,虽然 8 市(自治州)均有 A 级旅游景区分布,但西宁市 A 级旅游景区数量最多,有 37 家,海北藏族自治州 A 级旅游景区最少,仅有 9 家。青海省仅有 4 家 5A 级旅游景区,分布在 4 个市(自治州),见表 3-51。

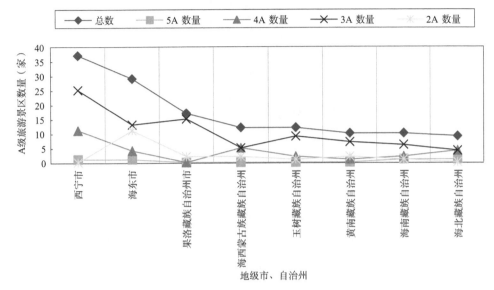

图 3-95　青海省 2 个地级市、6 个自治州 A 级旅游景区分布情况

2019 年青海省 5A 级旅游景区名单　　表 3-51

序号	景区名称	地级市(自治州)	批准年份
1	青海湖景区	海南藏族自治州	2011
2	西宁塔尔寺	西宁市	2012
3	互助土族故土园	海东市	2017

(3)全面推进全域旅游建设。青海省依托当地自然优势,打造生态旅游目的地,推进全域旅游建设,祁连县、刚察县两地成功创建成为国家级全域旅游示范区,加快推进旅游与其他产业的融合发展,让旅游产品更加丰富、旅游元素更加多元,全力打造完善的配套设施,提供优质全面的服务。

(4)非物质文化遗产门类齐全。青海省非物质文化门类齐全,其中民俗类以及传统音乐类非物质文化遗产占比最多,分别占到 19% 和 17%。青海的非遗具有浓郁的高原特色,各种非遗项目可以很好地与文化旅游融合。青海省非物质文化遗产十大门类占比情况如图 3-96 所示。

3.9.2.3　旅游酒店

(1)星级酒店数量整体呈现增长趋势。2010 年,青海省共有 122 家星级酒店。截至 2019 年,青海省共有 207 家星级酒店,比 2018 年增加 45 家,全国排名第 21 位。

(2)三星级酒店占较大市场。2019 年青海省共有五星级酒店 2 家,四星级酒店 41 家,三星级酒店 116 家,二星级酒店 46 家,一星级酒店 2 家。其中三星级酒店数量最多,占星级酒店总数的 56%。三星级酒店增长速度也最快,由 2017 年的 68 家增加至 2019 年的 116 家。2015—2019 年青海省星级酒店营业状况见表 3-52。

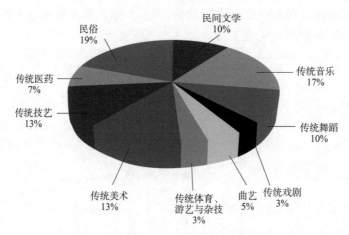

图 3-96 青海省非物质文化遗产十大门类占比情况

(3) 经营状况有待提升。青海省星级酒店在 2019 年实现营收 8.58 亿元,其中客房收入占比 57.54%,餐饮收入占比 35.14%。青海省星级酒店平均房价为 251.73 元/间夜,低于全国平均水平;平均出租率为 47.27%,也低于全国平均水平。2019 年青海省星级酒店经济指标见表 3-53。

2015—2019 年青海省星级酒店营业状况统计 表 3-52

营业状况	年份				
	2015	2016	2017	2018	2019
星级酒店数量(家)	158	76	162	162	207
营业收入(亿元)	9.56	6.69	8.2	9.47	8.58
平均房价(元/间夜)	229.34	276.69	217.01	290.72	251.73
平均出租率(%)	43.05	53.19	40.05	57.59	47.27

2019 年青海省星级酒店经济指标汇总表 表 3-53

序号	项目	全国	青海
1	客房收入占比(%)	42.49	57.54
2	餐饮收入占比(%)	38.19	35.41
3	平均房价(元/间夜)	353.00	251.73
4	平均出租率(%)	55.18	47.27
5	每间客房收入(元/间夜)	194.79	119.00

3.9.2.4 旅行社

(1) 旅行社数量逐年增加。青海省的旅游业处于蓬勃发展阶段,青海省的旅行社数量也逐年增加,从 2010 年的 188 家增加至 2019 年的 515 家,增加了 1.74 倍,如图 3-97 所示。

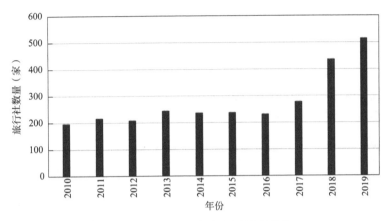

图 3-97　2010—2019 年青海省旅行社数量

(2)输出客源较少,接待游客较多。2019 年青海省旅行社国内旅游组织 53.67 万人次、136.68 万人天,国内旅游接待 111.65 万人次、423.46 万人天。青海作为客源地输出客源较少,作为旅游目的地接待游客数量较多。青海省旅行社国内旅游组织和国内旅游接待业务量对比如图 3-98 所示。

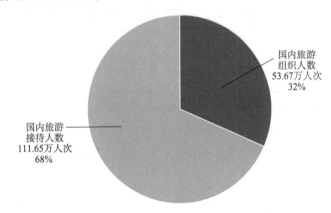

图 3-98　青海省旅行社国内旅游组织和国内旅游接待业务量对比

3.9.3　青海省交通运输现状

"十三五"期间,青海省交通运输业紧抓国家重大区域发展战略机遇,交通基础设施加快建设,网络格局基本形成,公路通达水平提高,机场建设加快,交通枢纽建设取得实效。客货运输量持续增长,交通运输业服务水平不断提升,运输结构不断优化,为全省经济社会健康快速发展奠定了坚实基础。

3.9.3.1　交通运输基础设施情况

"十三五"期间,全省共计完成交通基础设施建设投资 1850 亿元,新增综合交通网 9600km,基本形成了以西宁、格尔木为枢纽的综合交通运输网络格局,"1268"铁路网络格局基本形成,铁路营运里程达 2449km;果洛机场项目、祁连机场项目和格尔木机场改扩建项目已经建成投运,"一主六辅"民用机场运营格局全面形成,青海省已经完成格尔木铁路客运站改扩建、西宁汽车综合客运枢纽等汽车客运站建设项目;公路里程达83761km。

3.9.3.2 客运量情况

随着青海省经济不断发展,青海省客运规模不断增加,运输结构不断优化。"十三五"期间累计完成旅客运输量3.2亿人次,旅客周转量852亿人公里,年均分别增长3.4%和5.1%;民航客运周转量在各类交通方式中占比较"十二五"期间增长8.8%。2010—2019年青海省客运量情况如图3-99所示。

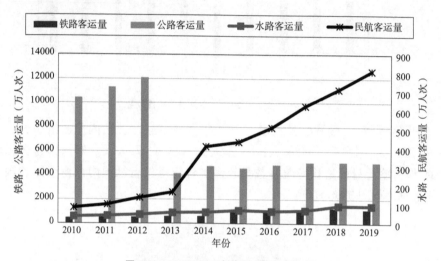

图3-99 2010—2019年青海省客运量情况

3.9.3.3 运输结构情况

因区位及自然环境原因,青海省铁路修建难度大,青海省客运交通以公路交通为主,2019年公路客运量为5071万人次,占全部客运量的71%,铁路、民航、水路次之,分别占全部客运量的16%、12%、1%。2019年青海省客运量构成和客运周转量占比如图3-100所示。

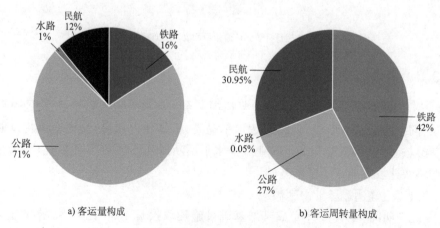

图3-100 2019年青海省客运量构成和客运周转量占比

第4章 旅游业与交通运输业耦合发展机理分析

交通是影响旅游业发展的先决因素,是旅游业发展的重要基础。长期以来,研究者一般把交通因素作为外部变量来研究其对区域旅游业发展的影响。伴随着全域旅游的高质量发展,交通运输业与旅游业不断出现耦合协调的趋势。2017年2月,交通运输部、国家旅游局等六部门联合发布《关于促进交通运输与旅游融合发展的若干意见》,明确提出加快形成两者相互融合发展的新格局。推进旅游业与交通运输业耦合协调发展,不但对旅游业和交通运输业的发展具有显著的带动作用[154],而且能带来"1+1>2"的溢出效应。因此,厘清旅游业与交通运输业耦合发展机理并探寻实现路径是旅游业与交通运输业耦合协调发展进程中极为重要的现实命题。

4.1 旅游业与交通运输业的互动关系

4.1.1 交通对旅游的综合带动效应

4.1.1.1 交通是旅游业产生和发展的先决条件

(1)旅游业的产生和发展离不开交通条件的改善。"驰道""直道""栈道"的修建,构成了秦朝完美的"国道"网,为出游者提供便利,让出游活动变得普及,这一时期外出旅行的人数和出游范围都有较大发展。

(2)近代旅游的开端离不开运输能力的提升。随着蒸汽机技术在交通运输领域的应用,火车和轮船的出现大大改变了人们外出旅行的交通条件,从而使大规模的人员流动在技术上成为可能。1841年7月5日,托马斯·库克组织了包租列车旅行,将570人从英国中部地区的莱斯特城送往拉夫堡参加禁酒大会。这次活动被当时的媒体称为"伟大的创举",被后人看作近代旅游业的开端。

(3)国际旅游迅速发展同现代交通工具的问世和普及分不开。1890年,美国汽车时代开始;1930年,商业航空服务开端;1970年,现代邮轮业形成。汽车、飞机现代邮轮的问世,使得旅游过程中的时空变换更加便捷、舒适,现代旅游活动范围辐射到了世界各地。

4.1.1.2 交通是旅游业重要的收入来源

旅行社、酒店和旅游交通是支撑旅游业的三大支柱产业。交通帮助游客实现从旅游客源地到旅游目的地,其重要性不言而喻。据统计,旅游交通所创收入在整个旅游收入的比例一直在25%以上。对于游客来说,"吃、住、行、游、购、娱"六大支出中交通费用是占比例较大的一项,对于长途游客来说交通费用占比更加明显。2019年山东省国内游客花费构成中交通费用占比 20.69%,居第二位,仅次于购物费用(24.22%),如图 4-1 所示。2019 年山东省入境游客花费构成中交通费用占比 29.42%,居第一位,高于购物费用(24.41%),如图 4-2 所示。

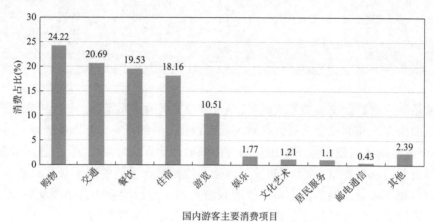

图 4-1 2019 年山东省国内游客花费构成

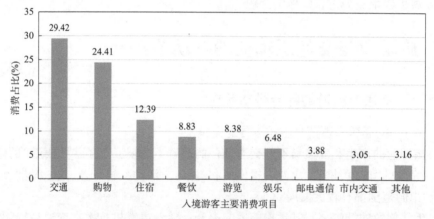

图 4-2 2019 年山东省入境游客花费构成

4.1.1.3 交通基础设施是旅游活动开展的载体与依托,具有"时空压缩"效应

在人类历史上,交通工具从传统的车船不断向新型的火车、飞机、邮轮等发展,而每次交通方式发生革命性变革,对沿线城市和旅游者都带来极大的"时空压缩"效应,空间距离明显拉近,时间成本明显降低,体验感明显提升。同时,城市之间的交通可达性不断得到优化和改善,旅游客源地与旅游目的地之间的旅游发展要素不断得到集聚或沿交通通道向四周扩散,对区域内旅游经济发展起到积极的带动作用,也极大地优化了沿线城市的旅游资源配置,为全域旅游高质量发展提供强有力的支撑。高铁作为新型高速交通方式,在一定程度上形成"时空压缩"效应,旅游客源地与旅游目的地之间的时空被大幅度消减,大大节省时间成本,也大大提高舒适感和体验感,尤其是长途旅游,这也是为什么高铁成为旅游者出游首选的交通工具的主要原因之一。山东省加快城际铁路和高速公路建设,打造半小时省会交通圈,1 小时胶东交通圈和 1 小时鲁南交通圈,并实现三大交通圈联动发展。

4.1.1.4 交通系统互联互通在区域旅游合作中扮演"桥梁与通道"角色

由于人们旅游需求层次的不断提高和科学技术的不断进步,现代旅游服务的一体化特点越来越明显,交通由完成游客的单一运输功能向丰富游客出行体验多元化需求转变。通过旅游交通运输体系的构建,为游客提供一站式、立体化、系列化的全方位服务,包括通道建设升级、集散衔接便利、基础网络完备、配套服务提升,实现干线公路与景区公路连接以及相邻区域景区之间的连接。通过旅游交通的串联,不断推动服务单一"景点旅游"向服务"全域旅游"转变,形成集"吃住行游购娱"于一体的"慢游"交通网建设、满足现代旅游服务的需求。

4.1.1.5 交通保证游客"进得去,散得开,出得来"

完善的交通运输网络,完备的交通基础条件、优质的交通运输服务、独特的交通运输项目能够提升旅游目的地吸引力,促使更多旅游资源不断集聚。"进得去,出得来"主要指交通影响旅游资源的开发和利用。旅游资源吸引力的大小在很大程度上取决于交通的便捷程度,没有顺畅、安全、便利的交通,旅游资源的开发与利用就会碰上最大的瓶颈,也会影响到当地旅游业的发展。有了适当的交通,游客才能顺利进入旅游目的地[155],只有游客"进得去、出得来",才有"大收益、大发展"。因此,交通不仅影响旅游区客流量的大小,还是旅游资源开发的重要因素。

景区内的交通也是吸引游客的重要方面,给游客带来独特的体验。在满足交通运行的基础上,通过植入新功能、新符号、或改造交通工具,形成独特的游览体验形式。合理的交通路线、舒适的交通工具、新奇的乘坐体验,不仅能够引导游客顺利观光休闲,更能提高游客的游览兴致和心情,提高游客满意度,从而带动景区的客流量,提高景区知名度和美誉度。

4.1.1.6 交通质量影响旅游者的满意度

(1)交通质量影响旅游者的出游决策、出游行为。人们外出旅游,要有旅游动机,可支配收入和闲暇时间。在满足基本条件的基础上,到达目的地方便与否也最终会影响其旅游决策。因此,交通方便与否在很大程度上将影响旅游者的最终决策。游客会综合考虑总路程时间,交通方式,交通条件,交通工具的安全性、及时性、舒适性等因素。出游半径即旅游目的地距离客源地的远近对出游决策影响重大,而交通的便捷度、舒适度更是其决定旅游与否的重要因素[155]。

(2)交通质量影响旅游者的出游满意度。游客作出出游决策后,要实现从客源地空间位移到旅游目的地的一系列过程,这一过程是否安全、快捷、舒服、愉悦等都会影响旅游者行程安排和游览心情。不同交通方式的选择和衔接,不仅影响游客的行程安排,更会影响其心情。若选择的交通方式耗时过多、体验感较差,就会使游客还未到达旅游目的地就已经身心疲惫。因此,如何提高游客在空间位移过程中的满意度和景区内游览时的交通体验,是旅游交通的重要发展方向。

4.1.2 旅游对交通的促进作用

交通与旅游相互影响,相辅相成。交通是旅游业发展的基础和支撑,旅游业助推交通运输业发展。旅游业越发达,对交通运输业就会提出更高要求,促使交通运输业不断转型升级和高质量发展。

旅游承载着人们对美好生活的向往。从1999年"国庆黄金周"以来,我国旅游消费持续增长,加快进入大众旅游全面发展新阶段。每年超过60亿人次的国内旅游和1.55亿人次的出境旅游,表明旅游已经进入城乡居民的日常生活。旅游业的发展不仅要有丰富的自然类和人文类旅游资源,还要有先进完善的基础设施和绿色智慧的旅行服务。

4.1.2.1 旅游业助推交通运输业发展

随着旅游业的大力发展,对交通基础设施建设、交通项目设置和交通服务水平提出新的要求,从而促进交通运输行业经济的增长和结构转型升级。在大众旅游时代,不论是连接客源地与目的地、景区与景区之间的外部交通,还是景区内部的交通,都要满足游客的多元化需要。旅游业的发展极大地带动航空业的发展,现在很多旅游目的地城市和高质量的景点都有旅游包机,包机旅游已经成为不可或缺的出行方式,尤其是黄金周期间更是如此。城际快车、旅游专列等特色交通产品的推出以及几次铁路大提速都与旅游业的快速发展分不开。如图4-3所示,2010—2019年,山东省接待游客总人数逐年递增,与之相匹配的是公路通车里程和铁路通车里程也在逐年增加,旅游业的大力发展推动交通基础设施的大力建设。

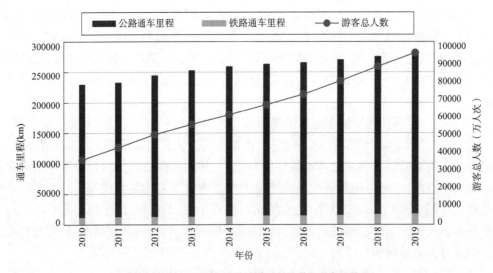

图4-3 2010—2019年山东省旅游总人数与通车里程图

4.1.2.2 旅游促进交通工具的完善

旅游是人们追求美好生活的一种方式,而交通工具可以帮助人们实现从常驻地到旅游目的地的空间位移。交通工具从结构简单到结构复杂,从速度缓慢到高速行驶,从配置简陋到乘坐舒适,不断更新迭代,是人们追求美好生活的体现。在旅游业快速发展的今天,为了适应游客多元化的需求,交通工具安全系数越来越高、速度越来越快,内部设施越来越完善,提供的服务项目越来越人性化。沿途建设风景道和观景台,种植大量花木等观赏类植物,将运输游客的道路发展成为景观路、文化路,"途旅一体化"让游客心情更加舒畅。旅游的快速发展催生了新的交通工具,房车即是最具代表性的例子。为解决房车旅游途中补给、住宿等问题,相应的营地、多主题的高速公路服务区也应运而生。

4.1.2.3 旅游业催生出旅游交通新产品、新业态和新模式

交旅融合不是将旅游业和交通运输业的要素简单相加,而是包括理念、技术、产品、功能、空间、服务等多方面的内容。怎么"融"？主要从交通的角度出发,交通设施、交通媒介、运输服务、交通组织、管理服务等不仅实现与其他旅游要素的融合,还可将自身发展成为旅游吸引物。

旅游业与交通运输业互为重要支撑和发展动力,两者不断打破藩篱、破除壁垒,不断融合,以强大的活力衍生出新产品、新业态、新模式、新格局。创新房车、露营、低空飞行等旅游交通产品,开发多功能、多主题的高速公路服务区和集散中心,建设景观道、休闲绿道,设计人性化标识、标牌体系等,不断满足游客个性化、多元化需求,为交通运输业高质量发展注入强劲动力。

4.1.2.4 旅游业促进各交通部门的合作

(1)开发多式联运旅游线路产品。人们从出发地到目的地,通常需要乘坐多种交通工具才能顺利地到达,需要开发多式联运旅游线路产品。积极寻求与其他交通部门的合作,联合开发"航空+高铁""邮轮+高铁""航空+邮轮"等多种交通方式组合的旅游线路；优化通往重点景区的直达客运快线、车站巴士线路或定制客运、旅游包车,并完善旅游线路交通引导标识,打通直达景区的"最后一公里"。

(2)破除行政壁垒,加强交通部门的合作。不同交通运输方式的整合和密切合作是很有必要的,在对区域交通基础设施建设项目进行决策时,必须考虑到旅游业发展,将旅游需求纳入城市交通规划和决策过程。要按照客源互换、资源互享、信息互通的原则,以高铁为轴线,破除行政壁垒,完善区域合作机制,推动各铁路局集团和相关企业在交通组织、线路产品体系、品牌影响、市场培育等领域加强合作,构建旅游开发合作联盟。全域旅游的发展就会促使旅游部门与交通运输部门之间、各个交通部门之间的交流和合作,建立适合旅游业发展的旅游交通综合运输系统,从而提高运输效率和服务质量,带来更大流量的客源,进一步推动旅游业和交通运输业的高质量发展。

4.2 旅游交通耦合协调的内涵、特点、基础和路径

4.2.1 旅游交通耦合协调的内涵

旅游和交通存在内在协调关系。从交通视角看：交通指的是人的移动(客运)与物的移动(货运)；从旅游视角看,交通是旅游六要素(食住行游购娱)之一；从游客视角看,交通指的是去异地(非惯常环境)的活动与体验；从经济视角看,交通指的是交通要素、交通设施、交通服务等的合理配置与有效利用。交通运输与旅游业之间存在着互相依赖、相辅相成的关系,交通运输为旅游业发展提供了有力支撑和保障,助力旅游业的蓬勃发展；旅游业反过来助推交通运输业发展。

英国地理学家 Leiper 提出"雷铂模型"；国内学者厉新建进一步对雷铂模型进行抽象,提

出了"哑铃模型"。张海认为"雷铂模型"和"哑铃模型"形象地刻画了旅游客源地与旅游目的地之间游客的空间动态过程,清晰地呈现出交通运输与旅游业之间的耦合协调关系[156]。

旅游业与交通运输业的耦合协调指区域内旅游经济系统和交通运输系统相互适应、相互配合、相互促进,耦合协调的良性循环过程,以达到共同协调发展的目的。旅游业与交通运输业的耦合协调发展具备三个特点:交通便利化、交通旅游化和旅游交通智能化。交通旅游耦合协调的基础是资源整合和效用增值。实现高水平耦合协调状态的路径有四个:政策融合、规模融合、服务融合和创新融合。旅游业与交通运输业耦合协调模型如图 4-4 所示。

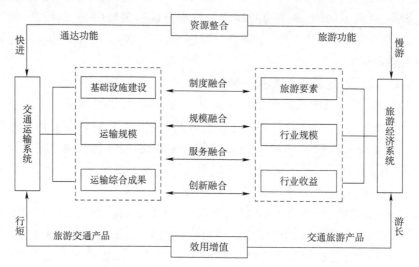

图 4-4　旅游业与交通运输业耦合协调模型

4.2.2　耦合协调的特点

4.2.2.1　交通便利化

旅游交通的耦合协调发展拟形成"航空+高速铁路+高速公路+邮轮+景区道路"立体化综合旅游交通网络,打造"快进慢游/享"综合交通旅游体系,通过高速公路服务区、客运枢纽、客运码头、旅游集散中心等实现交通站点与旅游吸引物之间无缝对接。在美丽中国建设背景下,"风景道""生态公路""绿色公路""美丽公路"不断建成,高速公路+旅游吸引物/旅游特色小镇体系不断形成,与高速自驾游相关的房车营地、帐篷营地、观景台等设施不断完善,游客将更好地实现便利化的交通体验。

4.2.2.2　交通旅游化

交旅融合后,交通不仅局限于运输这一单一功能,而是以交通基础设施(线路、节点)和旅游资源为载体,以满足人民群众个性化出行需求和高品质旅游运输服务为导向,以打造新时代旅游交通特色产品为发力点,以设施、服务、标准、信息和管理全方位融合为路径,从而达到旅游和交通深度融合、实现交通运输和旅游业协同发展、助力交通强国和美丽中国建设的目的。

这就要求保存利用好交通遗迹遗存,如丝绸之路、茶马古道、京杭大运河、古驿站等,这些都是交旅融合的载体。交通设施建设与运营要考虑游客需求和旅游功能,做到好看好玩好用好买好吃,而不仅局限于行。高速公路服务区形成集"吃住行游购娱"于一体的多功能服务区。交通工具管理和服务要升级,将传统运输和接驳工具发展为综合旅游体验空间,如旅游专列、汽车营地、邮轮等。将原来为司乘人员提供加油等单一服务的高速公路服务区打造成为游客服务的交旅融合综合体,将高速服务、观光游览、休闲度假、文化体验、特色商业等多种功能融为一体,主要满足游客接驳集散、旅游咨询、文化展示、休闲娱乐、住宿餐饮、商业购物等需求,既能满足游客的生理和心理需要,又能满足文化感知体验,还能带动当地经济发展。交旅融合的高速公路服务区功能如图4-5所示。

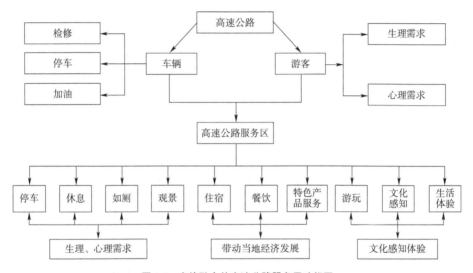

图4-5 交旅融合的高速公路服务区功能图

4.2.2.3 旅游交通智能化

加快智慧交通+旅游智慧服务系统建设,推进智慧交通综合信息服务体系和文旅大数据中心项目建设,将交通和旅游行业的数据端口打通,实现数据共享共用、互通互联,为游客提供定制服务,节省时间、方便出行,如将高速公路沿途交通概况、周边景区景点、衣食住行等旅游相关信息打包传输到手机中。

4.2.3 旅游交通耦合协调的基础

4.2.3.1 资源整合

资源互补是两个系统耦合协调关系的基础。根据国家产业分类标准,旅游业和交通运输业均属于第三产业,是不同的服务行业。交通是旅游的基础保障,顺畅快捷的交通网络为游客出行提供便利;交通也是旅游的组成部分,交通设施创造了新的旅游景观。随着全域旅游时代的到来,创新旅游交通产品、提升旅游交通服务品质,加快形成交旅融合发展新格局,已经成为旅游业和交通运输业转型发展的新趋势。旅游业与交通运输业两者之间天然存在耦合协调的关系,相互促进、耦合互动,实现资源的优化配置,使得耦合系统的整体功能大于各自系统功能之和,最终达到"1+1>2"的溢出效应[154]。交通先行、文旅指导,整合资源优势,调动各方力量,形成政策合力,推动交旅融合发展。

4.2.3.2 效用增值

旅游业和交通运输业耦合协调发展有利于激发需求、扩大消费,促进两产业拓展功能、提升效能、增加动能。一方面,在交通运输领域衍生出新产品和新业态,如铁路旅游、低空飞行旅游、旅游公路、旅游风景道、自驾车房车营地、特色服务区等;另一方面,在旅游发展格局中积极融入交通要素,不断创新旅游客运服务、提升旅游服务保障水平。

旅游业与交通运输业耦合协调发展,既可以满足游客的通达需求和旅游需求,还可以产生更高的经济价值和社会效益。交旅耦合协调发展不仅能提高旅游业和交通运输业的经济效益,创造高于两者产生的经济价值之和,还能创造溢出效应。旅游交通作为新兴的发展业态,在运行模式和未来发展中会有更大的发展潜力,能更好地满足游客追求美好生活的需求。

4.2.4 耦合协调的路径

4.2.4.1 制度融合

旅游业与交通运输业的体制机制协同是指在一定区域内,为了高质量地服务于游客,促进旅游业与交通运输业之间的协同发展,旅游经济系统与交通运输系统之间的政策要相互配合,相互协调,相互衔接,实现高水平协同[156],使各利益主体达成区域内利益一致性和共享性,从而提升两个系统的发展水平。

2014—2022年期间发布的有关旅游业和交通运输业的政策,都提出深化旅游业与交通运输业融合发展的要求。2017年,交通运输部与国家旅游局等六部门联合印发《关于促进交通运输与旅游融合发展的若干意见》,提出建设快进-慢游系统和慢行观景系统,打造特色主题服务区。2019年,国务院办公厅印发的《关于进一步激发文化和旅游消费潜力的意见》中提到"优化旅游交通服务,鼓励发展与自驾游相适应的服务,开发自驾车旅居车旅游产品"等内容。2022年1月,国务院印发的《"十四五"现代综合交通运输体系发展规划》中提到"要积极培育邮轮市场,拓展旅游产品,促进邮轮服务升级,推动游艇、游船、房车旅游发展,优化完善自驾车旅行服务设施,依托汽车客运站发展旅游集散业务,培育交通消费新模式"等交旅融合发展的举措。旅游业与交通运输业融合发展政策目录见表4-1。

旅游业与交通运输业融合发展政策目录 表4-1

序号	时间	印发部门	文件名称
1	2014年08月	国务院	《关于促进旅游业改革发展的若干意见》
2	2016年07月	国家发展和改革委员会	《关于推动积极发挥新消费引领作用加快培育形成新供给新动力重点任务落实的分工方案》
3	2016年08月	国家发展和改革委员会、国家旅游局	《全国生态旅游发展规划(2016—2025年)》
4	2016年12月	国务院	《"十三五"旅游业发展规划》
5	2016年11月	国家旅游局等十一部委	《关于促进自驾车旅居车旅游发展的若干意见》

续上表

序号	时间	印发部门	文件名称
6	2017年02月	国务院	《"十三五"现代综合交通运输体系发展规划》
7	2017年03月	交通运输部、国家旅游局等六部门	《关于促进交通运输与旅游融合发展的若干意见》
8	2018年03月	国务院办公厅	《关于促进全域旅游发展的指导意见》
9	2018年03月	交通运输部、国家旅游局	《关于加快推进交通旅游服务大数据应用试点工作的通知》
10	2019年06月	国务院	《关于促进乡村产业振兴的指导意见》
11	2019年08月	国务院办公厅	《关于进一步激发文化和旅游消费潜力的意见》
12	2019年09月	中共中央、国务院	《交通强国建设纲要》
13	2020年09月	国务院办公厅	《关于以新业态新模式引领新型消费加快发展的意见》
14	2021年02月	中共中央、国务院	《国家综合立体交通网规划纲要》
15	2021年04月	文化和旅游部	《"十四五"文化和旅游发展规划》
16	2021年10月	中共中央、国务院	《黄河流域生态保护和高质量发展规划纲要》
17	2021年11月	交通运输部	《综合运输服务"十四五"发展规划》
18	2021年12月	国家铁路局	《"十四五"铁路发展规划》
19	2022年01月	国务院	《"十四五"旅游业发展规划》
20	2022年01月	国务院	《"十四五"现代综合交通运输体系发展规划》
21	2022年01月	交通运输部	《水运"十四五"发展规划》
22	2022年06月	中国民用航空局	《"十四五"通用航空发展专项规划》
23	2022年07月	国家发展和改革委员会、交通运输部	《国家公路网规划》

4.2.4.2 规模融合

旅游业的发展规模一定程度上反映了交通运输业的发展规模,交通运输业作为旅游业发展的强劲支撑和助力,需要根据旅游业发展规划提前布局和建设区域内的交通设施,并提供相应的交通服务。旅游业越繁荣,旅游客流量越大,意味着需要配置更强的交通运输服务能力;更远的空间位移范围,更大的位移人数规模,交通运输业在巨大的需求引领下就会激发交通基础设施的大力建设、交通结构的升级、交通服务的提升、交旅融合新产品、新业态的出现,从而促进旅游业的发展。相反,如果旅游市场规模较小,区域交通运输业需要服务的人数就少,从而缺乏足够的发展动力;若交通基础设施建设不到位,交通服务令人不满意,又直接制约当地旅游业的发展,两者融合发展不足。只有实现旅游业和交通运输业的规模融合,两个系统的高水平耦合协调才有比较坚实的现实基础。

4.2.4.3 服务融合

旅游业与交通运输的服务融合是指旅游过程中,需要交通运输业提供相应的基础保障和服务支持,帮助游客实现空间位移。旅游业是为游客提供"吃住行游购娱"综合服务体验的产业,要实现旅游目的地的游玩购物等体验,就不能缺少交通运输业提供的空间位移服务。交通运输作为帮助游客实现旅游过程中空间位移必不可少的出行环节,其服务水平直接关系游客的游览体验[156],并且交通运输在满足游客个性化需求的同时不断衍生出新的服务项目,如旅游专列、旅游主题高速公路服务区、自驾车营地、低空飞行等。交通的便利与否,新产品、新业态是否符合游客的需求,直接影响游客的出游半径和景点的客流量。游客中超过半数的人在做出游决策时将交通这一指标放到首位,如果该地的交通状况不满足预期,就会放弃对该地的选择。因此,旅游业与交通运输要实现高水平耦合协调,必须实现服务融合。

4.2.4.4 创新融合

(1)科技创新赋能交通供给增量提质。创新是旅游业与交通运输业耦合协调的主要驱动力,科技创新及其引发的产业升级是交旅耦合协调发展的创新发展驱动因素。2018年3月,交通运输部办公厅、国家旅游局办公室联合发布《关于加快推进交通旅游服务大数据应用试点工作的通知》,提出"依托市场力量,开发特色交通旅游增值服务产品,创新运用北斗、大数据分析等技术,实现精准服务",旨在加快推进交通旅游服务大数据应用试点工作,推动交通运输和旅游业创新耦合协调发展。

(2)数字经济带来发展机遇。数字交通与智慧旅游的结合为旅游业和交通运输业的发展带来新的增长点。打造"交通+旅游"深度融合的数字经济服务平台,建设基础设施感知网络、支付网络、交通运输信息网络、旅游资源信息网络和交通旅游大数据智能分析中心,实现线上线下协同发展的出行生态体系,覆盖交通出行、新型旅游消费和本地化生活领域,为游客提供方便快捷的交通出行服务。

4.3 耦合机理分析

耦合概念源于物理学,是指两个及以上的子系统相互协调促进的动态关联现象。旅游业与交通运输业作为国民经济运行的两个子系统,两者相互联系、相互影响、相辅相成、互相促进。交通运输业对旅游业的发展起到引导作用,旅游业的发展对交通运输业具有反馈作用,两者互动融合的过程就是旅游业与交通运输业耦合协调的过程。交旅耦合协调是通过系统内部的耦合关系促进两者之间产生"化学反应",从而实现效用增值效应。

4.3.1 交通运输业对旅游业的发展起到引导作用

现代的交通运输不仅具备旅游区之间的连接功能,还增加了旅游服务和观光休闲功能,以及旅游产业整合带动功能。

(1)交通运输的通达功能是旅游业发展的重要支撑。旅游业发展的目标是实现旅游目的地消费收益最大化。而交通运输是将游客从客源地位移到旅游目的地的媒介和载体。因此,旅游活动的异地性特点决定了交通运输的通达功能是旅游业发展的重要支撑。

(2)交通质量影响旅游业整体质量评价。交通是旅游业发展的重要组成部分,也是游客外出旅游的主要消费项目。因此,交通系统的通达性、多式联运的便捷性、旅游服务的舒服性、运输工具的体验性都直接影响其对旅游业质量的整体评价,影响游客的下一次消费行为决策。

(3)综合交通助力旅游业辐射带动作用。综合交通运输系统加强了旅游目的地与周边区域的连接和交流合作,尤其是高速交通带来的"时空压缩效应"使旅游核心区域和交通沿线地区有了更加紧密的信息交流和产业合作。交通线路不仅是一条运输路,还是脱贫致富路和产业带动路。信息、资源、人才和技术等要素沿着综合交通网络不断集聚或者向周边区域扩散,带动相关产业不断集聚和发展,从而提高旅游经济发展效率,促进区域全域旅游高质量发展。

4.3.2 旅游业的发展对交通运输业具有反馈作用

(1)旅游业倒逼交通运输业转型升级。旅游经济是流量经济,旅游业的发展是基于旅游目的地游客数量的增加,而旅游流量的大幅增加,就会对区域交通运输系统提出新的要求,将倒逼旅游目的地交通运输系统的优化与升级,促使区域努力打造立体式交通运输网络,即:精专项优服务的旅游航空网络、多层次特色性的市域轨道网络、广覆盖深通达的旅游公路网络、高品质强服务的慢游旅游网络和优生态强特色的水上旅游网络,为旅游业的大力发展提供强有力的支撑作用。

(2)游客多元化需求促使交通服务增加旅游功能。游客对于出行方式、出行时间、交通工具乘坐的舒适度、多式联运的便捷性等方面有着更高的需求和要求,促使区域提高交通运输服务能力和服务水平。随着人们需求的更加多元化,要求交通运输不仅能满足通达功能,还得增加旅游功能,从而衍生出很多旅游交通产品,如风景道、绿道、旅游专列、旅游包机等,它们不仅能实现人的空间位移,还增加了旅游观光功能。

(3)旅游业的发展是交通运输业发展的助推器。旅游业的大力发展,不仅为交通基础设施的建设与改造注入资金流,还能为交通运输业超前规划发展和布局指明方向,推动区域交通运输体系日趋完善。两者的耦合协调发展,促进当地全域旅游的高质量发展。因此,交通不仅是一条运输路,更是景观路、文化路、脱贫致富路、产业带动路,能串起美丽乡村、连通美丽景区、联动美丽产业、促进美丽经济,带动美好生活。

4.3.3 交旅耦合协调实现两者高质量发展

交旅耦合协调发展不是将旅游和交通要素简单地叠加,是系统性多元方式的交融,包括旅游和交通在理念、功能、产品、技术、空间、服务等多方面的融合,在基础设施、运输服务和管理服务三个方面促进交旅深度融合。

交旅融合不断衍生出旅游交通产品和交通旅游产品。旅游交通产品为大众服务,首要的任务还是为了实现位移功能,又增加了旅游观光功能,如风景道、旅游专列、高速公路主题服务区、慢行驿站、观景台等,融入旅游休闲、文化传播、商品展销、高端食宿等功能,能够为大众带来全方位的旅游体验。交通旅游产品首要的功能是旅游,主要为游客服务,交通工具作为空间载体出现,如邮轮、热气球、特种交通工具等,将运输过程变为旅游过程,将旅途和旅游融为一体,为旅游者带来独特的游览体验。

第5章 黄河流域九省(自治区)旅游业与交通运输业耦合协调度分析

5.1 耦合协调度指标体系构建

5.1.1 指标体系构建原则

分析旅游业与交通运输业耦合协调度必须要有一套明确的量化指标,指标体系的建立是旅游业与交通运输业耦合协调度分析的核心部分,是关系到分析结果可信度的关键因素。构建科学合理的旅游业与交通运输业耦合协调度指标体系应遵循科学性、目的性、系统性、综合性、可行性、代表性和指导性以及动态性基本原则。

5.1.1.1 科学性原则

为了使旅游业与交通运输业耦合协调度指标体系能够很好地体现出黄河流域九省(自治区)的实际特征,并且能够很好地诠释黄河九省(自治区)旅游业与交通运输业的实际发展情况,在构建耦合协调度指标体系时应遵循经济规律和区域性规律。同时,耦合协调度指标体系可以采用科学的方法和手段来进行确定,并且该指标体系是能够通过观察、统计、测试等方式得出明确结论的定性或定量指标。因此,构建旅游业与交通运输业耦合协调度指标体系,必须遵循科学严谨的选取态度,把握科学发展规律,注意时效性,并做到有理有据,以便做出最真实有效的耦合协调度分析。

5.1.1.2 目的性原则

从黄河流域九省(自治区)的视角出发,研究旅游业与交通运输业耦合协调度之间的耦合发展机理及路径是最终目的,建立反映旅游业与交通运输业耦合协调度指标体系则是达成目的的基础,所以,指标的选取需紧扣这个研究目的。

5.1.1.3 系统性原则

在构建旅游业与交通运输业耦合协调度指标体系时,需要考虑到其系统性,即全面、系统地考虑区域旅游业与交通运输业中各子系统、各要素之间的相互关系,包括相互作用方式、强度和方向等。这是一个受多种因素相互作用、相互制约的系统的量,因此,必须将旅游业与交通运输业的耦合协调度视为一个系统问题,并基于多因素进行综合评估。在指标体系的构建中,需要坚持全局意识和整体观念,从整体性和系统性的角度出发,综合反映各要素之间的相互作用和影响,以实现旅游业与交通运输业的协调发展和可持续发展。

5.1.1.4 综合性原则

旅游业与交通运输业耦合发展机理及路径研究是一项系统性、综合性极强的工作,是涉及旅游业、交通运输业中多种要素构成的综合体。这些要素具有多种结构联系、领域交叉、跨学科综合的特点,因此,仅仅根据某单一要素进行分析判断,很可能做出不正确甚至错误的判断。在构建旅游业与交通运输业耦合协调度指标体系时,应该综合平衡各要素,考虑周全、统筹兼顾,通过多参数、多标准、多尺度分析和衡量,从整体联系出发,注重多因素的综合性分析,求得一个最佳的综合效果。

5.1.1.5 可行性原则

在紧扣旅游业与交通运输业耦合发展机理及路径研究的这个主题上,评价指标的选择应能够反映两者的发展水平。为此,应根据相关资料、数据和文献选择评价指标。虽然旅游业和交通运输业提供了许多可供研究评价的指标,但有些指标不易获得。因此,在选择指标时,不仅要考虑指标的全面性,还要考虑各指标对应年份数据的可获得性,以确保所选指标数据的准确性、真实性和完整性。其次,应考虑数据获取的可操作性,并根据实际情况甄选指标和所需数据。因此,在选取指标时应遵循可行性原则。

5.1.1.6 代表性和指导性原则

在选取指标时,要确保所选指标具有代表性,但仅有代表性可能会导致指标过少,缺乏说服力。同时,指标也不宜过多,因为过多的指标可能会导致数据冗余,使其失去指导性。因此,在构建指标体系时,应遵循代表性和指导性的原则[157]。

5.1.1.7 动态性原则

旅游业与交通运输业均是一种地域性很强的产业,其受很多因素的影响,是动态发展的变量。由于影响旅游业和交通运输业的因素始终随时间及周围条件的变化而随机变化,所以,在构建旅游业与交通运输业耦合协调度指标体系时应遵循动态性原则。

5.1.2 指标体系构建

关于指标选取,学者们有着不同的看法。在旅游产业评价上,陈蓉等[158]从旅游人数、旅游收入、旅游花费3个方面衡量青藏高原20年来旅游经济发展状况。毕丽芳[159]从国内旅游收入、国内旅游人次、入境旅游收入、入境旅游者人天数、入境旅游人次5个方面展开。李环[160]选了旅游总收入、旅游创汇收入、旅游接待总人数、入境游客、国内游客、年末旅行社数、年末旅行社从业人员、AAA级旅游景点数量8个方面衡量旅游产业综合发展水平的指标。孙剑锋等[161]从旅游发展的规模、效率与支撑3个方面进行展开。王振波等[162]从旅游经济效益、旅游市场规模、旅游产业水平3个方面构建指标。丛小丽等[163]从经济、生态、服务以及社会等5个方面构建了旅游环境评价体系。荣慧芳等[164]从国内旅游人次、国内旅游收入、旅游收入占GDP比例、旅游从业人员比、从旅游景点数以及第三产业固定资产投资5个方面进行展开。陆保一等[165]从产业要素水平和产业绩效水平构建了中国旅游业发展水平指标。戈冬梅等[166]从旅游收入、旅游接待规模、旅游产业效应、游客行为等5个方面进行了构建。杨光明等[167]选取了旅游资源和经济2项二级指标,构建了6项三级指标。杜瑶瑶[168]以旅游总收入占GDP比例、入境和国内游客的人数和收入等作为衡量旅游产业发展的主要指标。史璠[169]从旅游市场规模、旅游市场效益以及旅游支持要素3个方面展开。刘玉娇[170]从旅游业子系统层面选取旅游总收入占GDP

比例(旅游总收入包括国内收入和外汇收入)、旅游外汇收入、国内旅游收入、入境游客人数、国内游客人数 5 项指标构建了旅游业评价指标体系。

在交通评价上,王永明等[171]选取客运量、周转量、运营线路网长度等 9 项指标评价交通发展水平。毕丽芳等[172]从铁路营业里程、公路里程、民用航空航线里程、铁路旅客周转量、公路旅客周转量、航空旅客周转量、铁路客运量、公路客运量、民用航空客运量 9 个方面展开。徐欣等[173]从铁路客运量、公路客运量、民航客运量、旅客运输总量、公路周转量、铁路周转量、民航周转量、公交运营线路长度、公交运营车数、出租车运营车数、城市道路面积、城市道路长度 12 个方面进行展开。吴群琪等[174]从投入、产出的视角构建了各种运输方式的评价指标体系。彭志敏等[175]、陆保一等[165]从产业要素水平和产业绩效水平构建了中国交通运输业发展水平指标。李环[160]选取了铁路客运量、铁路客运周转量、公路客运量、公路客运周转量、航空客运量、航空客运周转量、公共交通客运总量、出租车数、载客汽车拥有量、万人拥有公共交通车辆、人均拥有道路面积、铺装道路网密度、铺装道路长度、铺装道路面积、公共交通运营条数、公共交通线路网运营长度 16 项衡量交通运输业综合发展水平的指标。杜瑶瑶[168]选取以公路里程、铁路里程和多种交通方式下客运量和货运总量为代表的交通指标,并将公共交通车辆运营数纳入其中。史瑶[169]构建的交通发展水平指标体系由交通网络建设、交通运输规模以及城市公共交通 3 个方面构成,代表地区综合交通水平,共包括铁路运输从业人员、铁路营业里程、铁路客运量、公路运输从业人员、航空运输从业人员、每万人拥有公共汽电车、年末实有出租汽车等 11 项指标。刘玉娇[170]在构建航空运输业的评价指标体系时,在航空运输业子系统层面中选取了民航航线里程、民航客运量、民航旅客周转量、运输机场旅客吞吐量、运输机场起降架次、民航货运量和民航运输机场数量这 7 项关键性指标。

梳理发现,针对不同研究区域的实际情况,学者们构建了不同的指标体系。通过对各指标进行综合地筛选、研究,遵循指标获取的科学性、目的性、系统性、综合性、可行性等原则,试图构建各子系统指标体系。

5.1.2.1 旅游业指标构建

旅游业发展水平指标体系由旅游要素、行业规模以及行业效益三个方面构成。

(1)旅游要素。旅游要素包括 A 级旅游景区总数、旅行社总数以及星级酒店总数共 3 项指标,是旅游产业一种软实力的体现,反映地区旅游服务能力和配套设施水平的强弱,也可以间接看出区域旅游市场的活跃水平。

(2)行业规模。行业规模包括国内旅游人数、入境游客人数,体现国内和国外游客旅游需求,分别反映旅游目的地对国内和国外游客的吸引力。游客总人数直接驱动旅游产业发展,是该地区吸引旅客的总体体现,是衡量地区旅游产业发展水平的重要指标。

(3)行业效益。行业效益包含旅游总收入、国内旅游收入、国际旅游外汇收入和旅游总收入占 GDP 比例,直观反映地区旅游经济发展情况,是衡量地区旅游产业发展水平和实力的重要指标。

旅游经济系统评价指标见表 5-1。

旅游经济系统评价指标 表 5-1

系统	一级指标	二级指标	单位	属性
旅游业	旅游要素	A 级旅游景区总数	个	正指标
		旅行社总数	个	正指标
		星级酒店总数	个	正指标
	行业规模	游客总人数	万人次	正指标
		国内旅游人数	万人次	正指标
		入境游客人数	万人次	正指标
	行业收益	旅游总收入	亿元	正指标
		国内旅游收入	亿元	正指标
		国际旅游外汇收入	亿美元	正指标
		旅游总收入占 GDP 比例	%	正指标

5.1.2.2 交通运输业指标构建

交通运输业发展水平指标体系由基础设施建设、运输规模、运输综合成果三个方面构成。

（1）基础设施建设。基础设施建设包含铁路里程、公路里程和内河航道里程 3 项指标，从铁路设施建设、公路设施建设和内河航道设施建设三个方面反映交通运输业基础设施的建设水平。基础设施建设是评价区域交通运输运输能力的重要指标。

（2）运输规模。运输规模包括铁路客运量、公路客运量、水路客运量以及民航客运量 4 项指标。交通运输规模的大小，从一定程度上能够反映地区交通运输中承载能力大小，是体现交通运输业发展水平的重要指标。

（3）运输综合成果。运输综合成果包括铁路客运周转量、公路客运周转量、水路客运周转量和民航客运周转量 4 项指标，反映城市综合交通承载能力。

交通运输系统评价指标见表 5-2。

交通运输系统评价指标 表 5-2

系统	一级指标	二级指标	单位	属性
交通运输业	基础设施建设	铁路里程	km	正指标
		公路里程	km	正指标
		内河航道里程	km	正指标
	运输规模	铁路客运量	亿人次	正指标
		公路客运量	亿人次	正指标
		水路客运量	亿人次	正指标
		民航客运量	亿人次	正指标
	运输综合成果	铁路客运周转量	亿人 km	正指标
		公路客运周转量	亿人 km	正指标
		水路客运周转量	亿人 km	正指标
		民航客运周转量	亿人 km	正指标

5.2 耦合协调度模型构建

5.2.1 指标选择与数据来源

（1）指标选择。由于旅游业与交通运输业两大系统之间呈复杂、非线性的耦合关系，单一指标无法准确地测度二者之间的综合发展水平和作用机理。通过对旅游交通研究进行梳理[176,177]，根据科学化、规范化、系统化原则，考虑到数据的可得性，采用多指标综合评价分析法、理论分析法和专家咨询法，结合黄河流域九省（自治区）的具体情况，对交通运输系统和旅游经济系统的各指标进行设置和筛选。交通运输系统从基础设施建设、运输规模、运输综合成果，旅游经济系统从旅游要素、行业规模、行业收益的3个纬度构建各系统一级评价指标体系，同时选取21个二级指标进行系统具体评价。本文以两大指标体系为基础，综合测算交通运输系统水平和旅游经济系统水平，构建耦合协调的评价指标体系（表5-3）。

黄河流域旅游业与交通运输业耦合协调的评价指标体系　　表5-3

产业系统	产业指标	具体指标
交通运输系统	基础设施建设	铁路里程
		公路里程
		内河航道里程
	运输规模	铁路客运量
		公路客运量
		水路客运量
		民航客运量
	运输综合成果	铁路客运周转量
		公路客运周转量
		水路客运周转量
		民航客运周转量
旅游经济系统	旅游要素	A级旅游景区总数
		旅行社总数
		星级饭店总数
	行业规模	游客总人数
		国内旅游人数
		入境游客人数
	行业收益	旅游总收入
		国内旅游收入
		国际旅游外汇收入
		旅游总收入占GDP比例

（2）数据来源。研究数据主要来源于2010—2019年的《中国统计年鉴》《中国旅游统计年鉴》《中国社会统计年鉴》《中国城市统计年鉴》《中国区域经济统计年鉴》以及黄河流域九省（自治区）国民经济和社会发展的统计年鉴和官方统计公报等，个别数据存在缺失情况，采用插值法补齐。

5.2.2 模型构建

为了科学客观地测度黄河流域九省（自治区）旅游业与交通运输业耦合协调度的时空态势，本研究采用的数学模型与研究方法主要有耦合协调模型和熵权法。

5.2.2.1 耦合协调度模型

耦合是物理学概念，耦合协调度模型用于分析事物的协调发展水平[178]。耦合度指两个或两个以上系统之间通过相互作用而产生相互影响，实现协调发展的动态关联关系，可以反映系统之间的相互依赖相互制约程度。协调度是指两个或两个以上系统或要素间协调状况的程度。耦合协调度是指在系统耦合并彼此依赖的基础上，相互作用关系中良性耦合程度的大小，它可体现出协调状况的优劣程度。总的来说，耦合度主要反映系统或要素之间的相互作用和影响的程度，无利弊优劣之分，而耦合协调度则是表示相互影响中良性耦合程度的大小，有利弊优劣之分[179]。耦合协调度越高，说明系统或要素间匹配得越得当，在相互作用下，系统或要素间的冲突或矛盾越少，越有利于实现正向和谐发展。耦合协调度模型涉及3项指标值的计算，分别是耦合度 C 值，耦合协调指数 T 值，耦合协调度 D 值。具体计算公式如下。

旅游业与交通运输业的耦合度为：

$$C = \left[\frac{F_1 \times F_2}{\left(\frac{F_1 + F_2}{n} \right)^n} \right]^{\frac{1}{n}} \tag{5-1}$$

式中：F_1——交通运输系统综合发展水平评价值；

F_2——旅游经济系统综合发展水平评价值；

n——系统数量。

因为研究的是两个系统之间的耦合度，n 取值为2。

旅游业与交通运输业的耦合协调度指数为：

$$T = \alpha F_1 + \beta F_2 \tag{5-2}$$

式中：α、β——权重系数。

旅游业与交通运输业的耦合协调度为：

$$D = \sqrt{C \times T} \tag{5-3}$$

旅游业是一个产业系统，在有关旅游与交通运输耦合发展的研究中，一般认为交通运输系统不是推动旅游产业发展的唯一动力，而是旅游产业发展的支撑系统，因此，设定的对应系数值 α 和 β 分别为：0.4、0.6。D 的取值范围为[0,1]，当 D 越接近于1时，表明交通运输系统与旅游经济系统的耦合协调度越大，融合度越高；反之，当 D 越接近于0时，表明交通运输系统与旅游经济系统的耦合协调度越小,融合度越低。

为了更直观地分析黄河流域九省(自治区)旅游业与交通运输业的耦合协调发展现状,在借鉴已有文献的基础上[180],给出旅游业与交通运输业耦合协调程度的等级划分标准,见表5-4。

旅游业与交通运输业耦合协调度等级划分标准　　　表5-4

序号	耦合协调程度区间	耦合协调等级
1	[0　0.1)	极度失调
2	[0.1　0.2)	严重失调
3	[0.2　0.3)	中度失调
4	[0.3　0.4)	轻度失调
5	[0.4　0.5)	濒临失调
6	[0.5　0.6)	勉强协调
7	[0.6　0.7)	初级协调
8	[0.7　0.8)	中级协调
9	[0.8　0.9)	良好协调
10	[0.9　1)	优质协调

5.2.2.2　模型评价

采用熵权法对交通运输系统和旅游经济系统各指标的权重以及耦合协调度模型中的交通运输系统综合发展水平评价值 F_1、旅游经济系统综合发展水平评价值 F_2 进行测度,假设 x_{ij} 表示黄河流域九省(自治区)之一的某一省(自治区)第 i 年第 j 个指标($i=1,2,\cdots,m;j=1,2,\cdots,n$)。具体操作如下:

选用极差法对原始数据进行标准化处理:假设某指标的最大值表示为 $x_{\max}$,最小值表示为 $x_{\min}$,在标准化处理过程中,为应对出现数值为0时使得熵值计算过程中对数的取值无意义的情况,将标准化处理后的全部数据加上 0.01[181],最后得到的标准化后的指标用 x'_{ij} 表示,计算公式为:

$$x'_{ij} = \frac{x_{ij} - x_{\min}}{x_{\max} - x_{\min}} + 0.01 \tag{5-4}$$

对指标做比重变换,确定指标的权重。用 S_{ij} 表示第 i 年第 j 个指标的比重,计算公式为:

$$S_{ij} = \frac{x'_{ij}}{\sum_{i=1}^{m} x'_{ij}} \tag{5-5}$$

计算第 j 项指标的熵值,用 H_j 表示,计算公式为:

$$H_j = -\frac{1}{\ln m} \sum_{i=1}^{m} (S_{ij} \times \ln S_{ij}) \tag{5-6}$$

将熵值标准化,计算第 j 项指标的差异系数,用 α_j 表示,计算公式为:

$$\alpha_j = 1 - H_j \tag{5-7}$$

计算第 j 项指标的权重,用 ω_j 表示,计算公式为:

$$\omega_j = \frac{\alpha_j}{\sum_{j=1}^{n} \alpha_j} \tag{5-8}$$

采用加权法,计算综合发展水平评价值 F_i 值

$$F_i = \sum_{j=1}^{n} w_j \times x'_{ij} \tag{5-9}$$

5.3 耦合协调度时间态势分析

5.3.1 旅游业综合发展水平时间态势分析

根据式(5-4)~式(5-9)计算得到 2010—2019 年黄河流域九省(自治区)旅游业综合发展水平评价值 F_1,并据此制作发展趋势图,如图 5-1 所示。2010—2019 年,黄河流域九省(自治区)旅游业迅猛发展,旅游业综合发展水平明显提高,均值从 2010 年的 0.109 上升到 2019 年的 0.262,年均增长率为 10.19%,明显高于交通运输业综合发展水平。主要原因是随着经济社会的整体发展,政府为黄河流域的旅游业投入了更多的资金,并提供了相应旅游发展政策,为该地区旅游业的快速发展提供了物质和制度基础;且城市的发展离不开文化的传承,随着文旅融合概念的提出,以及人们精神需求的日益增多,旅游成为兼顾传扬文化和娱乐消遣的普遍生活方式,旅游业的发展是顺应时代潮流的必然结果。

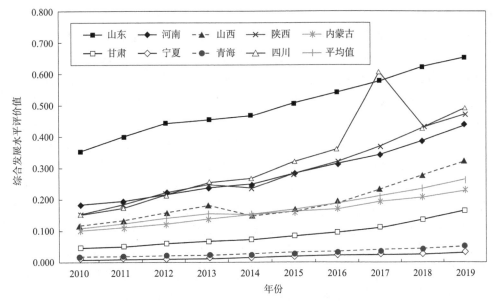

图 5-1 2010—2019 年黄河流域九省(自治区)旅游业综合发展水平趋势图

(1)从各省(自治区)旅游业发展阶段来看。2010—2019 年,除了在 2013—2014 年持平外,黄河流域九省(自治区)旅游业综合发展水平整体呈现出稳步上升的趋势。这是由于经济发展与资源环境的矛盾日趋尖锐,旅游资源开发力度部分转化为旅游生态环境的

保护,由此导致了这一时期内旅游业发展速度的减缓,黄河作为重要的生态廊道,其周边地区会相应受到生态治理的影响,从而使黄河流域整体表现出旅游业发展放缓至持平的现象;山西省和陕西省甚至出现旅游业发展水平略微下降的趋势,这可能是由于生态污染严重、全球经济状况不佳等因素的制约,一定程度上限制了旅游业的发展。而2014年以后,随着环境治理问题得到改善、旅游业策略进行调整,黄河流域各省(自治区)旅游业综合发展又再次被赋能,进入快速提升阶段。在2017年,四川省的旅游业发展出现高峰,发展水平评价值达到了0.606,在2018年降至0.429,随后又稳步上升,这主要是由于2017年随着短视频直播平台的出现,迅速爆火了一批旅游省市,四川省是其中一个热门旅游地,吸引了大量游客,因此在2017年呈现出高峰值。

(2)从各省(自治区)旅游业综合发展水平的增长率来看。2010—2019年,旅游业综合发展水平增长率位于前三位的分别是甘肃、四川和青海,对应的年均增长率分别为14.92%、13.86%和13.75%。这主要是缘于甘肃省和青海省起始的旅游业综合发展水平较低,拥有较大的发展空间,若能抓住发展机遇,积极投入旅游发展,就能实现旅游业综合发展水平的快速增长。四川省的起始发展水平处于中等,一直以来,四川省的城市建设和旅游基础设施建设始终受到重视,且后期四川省借助新媒体平台和网络曝光度的优势迅速吸引了大量客流量,为旅游业的进一步发展提供了消费端动力。增长率位于后三位的分别是河南省、内蒙古自治区和山东省,对应的年均增长率分别为10.20%、9.24%和7.00%。河南省、内蒙古自治区由于经济发展水平优势不明显,且对旅游的开发不完善,旅游宣传工作做得不到位,从而使得旅游业发展受到限制,增长趋势较为缓慢;而山东省则是因为旅游业开发程度自始至终都相对较高,始终处于旅游业发展领先水平,其旅游业综合发展提升空间相对于其余地区较小,因此,山东省的旅游业虽然也在持续增长,但变化趋势相对来说不够明显。

(3)从各省(自治区)旅游业综合发展水平的差异来看。2010—2019年,黄河流域九省(自治区)的旅游业综合发展水平存在显著差异,这主要是缘于黄河流域各省(自治区)的经济水平、设施建设、地理特征等因素存在着一定程度的差距。其中,山东省的旅游业综合发展水平一直远高于其他各省(自治区),除了在2017年被四川省超过外,整体上仍是遥遥领先。这十年以来,山东省一直致力于推动旅游的高质量发展,大力实施全域旅游发展战略,全力打造精品旅游产品,青岛市崂山区等8家单位被评为国家全域旅游示范区;济南长清区等32家单位被评为山东省全域旅游示范区;台儿庄古城、沂蒙山、青州古城、华夏城、黄河口、萤火虫水洞、地下大峡谷、微山湖等成功创建5A级旅游景区;青岛凤凰岛、烟台蓬莱、海阳、日照山海天等成功获批国家级旅游度假区,着力打造出"好客山东"城市旅游品牌。四川省、陕西省和河南省的旅游业综合发展水平在黄河流域内处于第二梯队,早年四川省的发展水平较低,但上升速度较快,且经历了爆火阶段,在2019年上升至第二名。四川省是旅游资源大省,拥有优美的自然风光和悠久的历史文化,具有较大的市场规模和开发潜力。陕西省文化底蕴浓厚,开发了许多知名文化旅游产品,通过深挖古都风情、拓展夜游空间激发了陕西省的旅游市场活力。河南省着力打造"行走河南·读懂中国"的旅游品牌,推动文旅深度整合,通过博物馆引领、数字赋能和研学提速等方式促进了旅游发展。山西省和内蒙古自治区的旅游业综合发展水平在黄河流域内处于平均水平,其中山西省在 2015 年以后发展较好。这是由于山西省的旅游资源分布相对分散,难以将游客扩散到全省,对游业的可持续联动发展有一定的削弱性。内蒙古自治区自然资源丰富,生态风光优美,但未开发出具有营销影响力的旅游产品,且作为欠发达地区,对游客缺乏一定的吸引力。甘肃省、青海省和宁夏回族自治区的旅游业综合发展水平一直较低,未达到平均值,特别是青海省和宁夏回族自治区,旅游业发展水平远落后于其他各省(自治区),且增长趋势平缓,未有很大变化。这些地区均存在经济不发达、地理位置不具优势等问题,对旅游资源开发和旅游市场引流起到了阻碍作用。

5.3.2 交通运输业综合发展水平时间态势分析

根据式(5-4)~式(5-9)计算得到 2010—2019 年黄河流域九省(自治区)交通运输业综合发展水平评价值 F_2,并据此制作发展趋势图,如图 5-2 所示。2010—2019 年,黄河流域九省(自治区)交通运输业综合发展水平整体呈现出接近稳定不变的趋势,中间略有起伏,均值从 2010 年的 0.190 上升到 2019 年的 0.225,年均增长率为 1.87%。这主要是由于政府对黄河流域交通运输业的建设和发展提供了更多的财政投入和政策支持,交通运输部门不断加强科技、人才、资金等要素的投入力度,逢山开路、遇水搭桥,黄河流域交通运输网络更趋完善,枢纽和通道优势得以彰显,群众出行条件得到了较大的改善。但由于黄河流域整体经济基础较为薄弱,其交通运输业发展水平还未进入更高的层次。

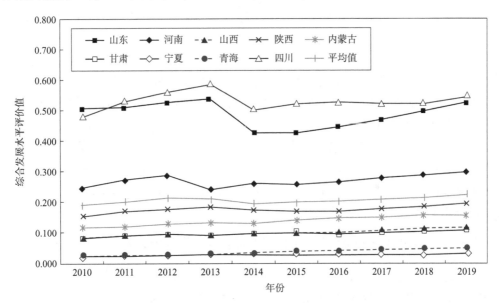

图 5-2 2010—2019 年黄河流域九省(自治区)交通运输业综合发展水平趋势图

(1)从黄河流域九省(自治区)交通运输业发展阶段来看。2010—2012 年,黄河流域九省(自治区)交通运输业综合发展水平增长速度较为缓慢;2012—2014 年,黄河流域九省(自治区)交通运输业综合发展水平整体以及大部分省(自治区)均有所下降;2014—2019 年,黄河流域九省(自治区)交通运输业综合发展水平整体又再一次呈现出缓慢增长的趋势。这主要是由于 2010—2012 年,黄河流域各省(自治区)的经济水平处于较低的层次,且发展政策实施力度较小,因此,这个时期黄河流域交通运输业的发展较为缓慢。2012年,面对复杂严峻的国际经济形势和艰巨繁重的国内改革发展稳定任务,经济发展处于下降期,增速趋缓是主基调,因此,交通运输业的发展也受到了限制。2014年之后,我国产业结构优化、转型升级态势明显,促使黄河流域交通运输业综合发展水平加速上升。

(2)从黄河流域九省(自治区)交通运输业综合发展水平的增长率来看。2010—2019年,黄河流域九省(自治区)交通运输业综合发展水平增长率位于前三位的分别是青海省、宁夏回族自治区和山西省,对应的年均增长率分别为7.93%、5.34%和3.73%。增长率位于后三位的分别是河南省、四川省和山东省,对应的年均增长率分别为2.06%、1.46%和0.41%。这主要是由于随着区位发展战略的确立,我国提出了东部成网、西部便捷的交通运输业发展要求,黄河流域各省(自治区)的交通运输网络不断发展完善;青海省、宁夏回族自治区和山西省的交通运输业基础较差,拥有很大的建设和完善空间,因此,运输服务能力提升效果明显;而河南省、四川省和山东省的交通运输业已有一定的建设基础,虽然增长率不大,但也同样保持着平稳发展的趋势。

(3)从黄河流域九省(自治区)交通运输业综合发展水平的差异来看。2010—2019年,黄河流域九省(自治区)的交通运输业综合发展水平的差异性较大。四川省和山东省的整体发展水平远高于其他各个省(自治区),发展水平评价均值稳定在0.5左右。四川省和山东省在2013年分别达到0.586和0.540的峰值,然后在后一年迅速下降,2014年四川省的发展水平值将降至0.503,山东省下降至0.426;2015年后,四川省的交通运输业综合发展水平呈现出稳定不变、略有增长的趋势,山东省则呈现出稳步增长的趋势,在2019年达到非常接近于四川省的发展水平。其余各省(自治区)的发展水平评价值在2010—2019年期间始终没有超过0.3,且发展水平出现明显分层,交通运输业整体发展水平由高到低的省(自治区)分别为河南、陕西、内蒙古、山西和甘肃、青海和宁夏,略有上升趋势但不明显。这是由于黄河流域各省(自治区)的经济基础、区位条件、人口特征和城市发展等因素的不同,导致交通运输业能力呈现出分层分级的特点,经济发展水平决定了包括交通运输业在内的基础民生设施建设水平的上下限,经济发展的差异造成了交通运输业发展的差距,虽然整体上各省(自治区)的交通运输业都有一定程度的发展,但仍然无法突破层级,始终具有明显的差异。

5.3.3 旅游业与交通运输业耦合协调度时间态势分析

根据式(5-3)计算得到2010—2019年黄河流域九省(自治区)旅游业与交通运输业的耦合协调度,并据此制作发展趋势图,如图5-3所示。2010—2019年,黄河流域九省(自治区)旅游业与交通运输业的耦合协调度整体呈现出曲折上升的趋势,均值从2010年的0.127上升到2019年的0.974,年均增长率为25.45%,耦合协调度整体处于中等水平,超出一半的年份达到了协调水平,但只有少数年份达到了良好的协调。这主要是因为国家对旅游发展和交通设施建设日益重视。自2011年起,国务院将每年的5月19日设为"中国旅游日",中国旅游日的设立表明国家对旅游业的发展更加重视,是对《国务院关于加快发展旅游业的意见》的贯彻落实,也标志着我国旅游业迈入了一个更好地满足人民群众日益增长的旅游需求的新时代。交通运输业的大力建设和完善也为旅游的发展提供了便利,旅游业的发展再次带动了当地经济发展和城市建设,从而助力于推进交通运输业的建设进程。旅游业与交通运输业相辅相成,形成越来越耦合的协同发展关系。但黄河流域半数以上城市为经济发展主要依赖于重工业的资源型城市,第二产业、第三产业的基础相对薄弱,还需经历产业转型阶段。作为第三产业的旅游业起步较晚,旅游资源开发和旅游设施建设不够完善;交通运输业水平整体不高,未能在短期实现大规模的交通网络的建设和交通系统的完善。因此,导致大部分年份旅游业与交通运输业耦合协调度整体水平不高。但截至2019年,黄河流域整体上基本实现了旅游业与交通运输业的高度耦合。

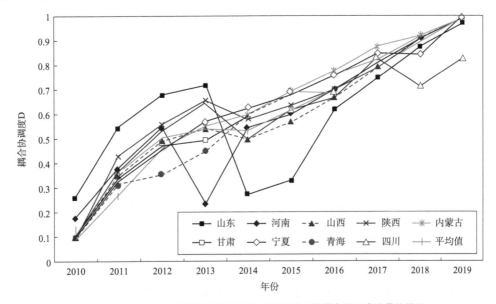

图 5-3 2010—2019 年黄河流域旅游业和交通运输业的耦合协调度发展趋势图

(1)从黄河流域九省(自治区)旅游业与交通运输业的耦合协调度来看。到2019年,耦合协调度最高的是河南省、山西省、陕西省、内蒙古自治区、甘肃省、宁夏回族自治区和青海省,除山东省与四川省以外,此7个省(自治区)的耦合协调度在2019年均达到了0.995。山东紧随其后,但四川省的耦合协调度明显较低。这主要是由于四川省的交通运输发展水平一直较高,虽然旅游业综合发展水平一直在上升,而交通运输业的综合发展水平自2015年开始几乎稳定不变,但四川省的交通运输业发展水平整体上始终大于旅游业发展的需求,因此,最终并未达到优质协调。山东省的耦合协调度在早年处于领先水平,但在2014年陡然下降至失调水平,随后又大幅度提升,在2016年再次达成协调水平。这主要是由于在2014年山东省的交通运输业综合发展水平迅速下降,而旅游业发展始终是稳步提升,相比之下交通运输业较为落后,无法形成耦合。河南省的耦合协调度在2013年猛然出现最低值,仅有0.237,这是由于河南省的旅游业一直在平稳向上发展,而交通运输业的发展情况在2013年表现不佳,因此造成了旅游业和交通运输业的耦合失调。其余各省(自治区)的耦合协调度发展趋势较为相似,虽有曲折的过程,但整体上呈现出协调度逐步上升的趋势。

(2)从黄河流域九省(自治区)旅游业与交通运输业耦合协调度的差异来看。2010—2011年,黄河流域九省(自治区)旅游业与交通运输业耦合协调度差异不显著。这主要是由于当时黄河流域各省(自治区)经济发展还未完全转型,旅游业和交通运输业的开发均处于起步阶段,整体基础薄弱,投入力度不大,差距不明显。2012—2015年,各省(自治区)旅游业与交通运输业耦合协调度差异性增大。主要原因是一部分城市已经率先完成了产业转型和结构优化,加强了资源配置效率,第三产业日益兴起,对旅游业和交通运输业逐渐受到重视和推进,而有的地区产业结构升级相对滞后,经济发展速度较为迟缓,因此,各省(自治区)之间的发展情况和耦合程度出现了较为明显的差距。2016—2019年,各省(自治区)旅游业与交通运输业耦合协调度差异越来越小,并逐步达成良好的协调状态,除四川省外,其余各省(自治区)的耦合协调情况并无明显差异。这主要是由于黄河流域整体上逐步完成了产业结构升级,相关发展政策得到了进一步优化和完善,落实水平也有所提升,全域都向着各行业协同耦合的方向迈进一大步,逐渐达到了适应各地经济基础和经济建设的协调发展状态,并在优良协调的基础上逐步趋于稳定,黄河流域各省(自治区)旅游业与交通运输业耦合协调度趋于一致。

5.3.4 旅游业与交通运输业耦合协调等级分析

根据式(5-1)~式(5-3)对黄河流域九省(自治区)的旅游业与交通运输业耦合协调程度进行测算,结果见表5-5~表5-13。再根据耦合协调度的类型划分标准,得到2010—2019年黄河流域旅游业与交通运输业耦合协调等级(表5-14)。从整体来看,黄河流域九省(自治区)旅游业与交通运输业耦合普遍达到协调程度($D \geq 0.5$),少数年份未达到协调,在达到协调程度的年份中,协调等级大多数偏低,至2018年,多省(自治区)才达到良好协调及以上($D \geq 0.8$)的协调程度,而四川省则从2017年的良好协调下降为2018年的中级协调。这主要是由于前期黄河流域各省(自治区)经济发展基础较弱,城市整体发展水平不高,各行业发展不充分不均衡,难以为旅游业与交通运输业的协同发展提供支持,经过产业转型和资源积累,才逐步形成了互相促进的良性循环发展模式。

2010—2019年山东省旅游业与交通运输业耦合协调程度　　　　表5-5

年份	耦合度C值	协调指数T值	耦合协调度D值	协调等级	耦合协调程度
2010	0.234	0.29	0.26	3	中度失调
2011	0.774	0.388	0.548	6	勉强协调
2012	0.875	0.533	0.683	7	初级协调
2013	0.872	0.599	0.723	8	中级协调
2014	0.314	0.235	0.272	3	中度失调
2015	0.35	0.315	0.332	4	轻度失调
2016	0.84	0.452	0.617	7	初级协调
2017	0.942	0.598	0.75	8	中级协调
2018	0.982	0.776	0.872	9	良好协调
2019	0.998	0.944	0.971	10	优质协调

2010—2019年河南省旅游业与交通运输业耦合协调程度　　　表5-6

年份	耦合度C值	协调指数T值	耦合协调度D值	协调等级	耦合协调程度
2010	0.483	0.066	0.179	2	严重失调
2011	0.573	0.251	0.379	4	轻度失调
2012	0.715	0.418	0.547	6	勉强协调
2013	0.403	0.139	0.237	3	中度失调
2014	0.987	0.302	0.546	6	勉强协调
2015	0.993	0.363	0.601	7	初级协调
2016	0.997	0.493	0.701	8	中级协调
2017	0.999	0.651	0.807	9	良好协调
2018	1	0.816	0.903	10	优质协调
2019	1	0.99	0.995	10	优质协调

2010—2019年山西省旅游业与交通运输业耦合协调程度　　　表5-7

年份	耦合度C值	协调指数T值	耦合协调度D值	协调等级	耦合协调程度
2010	1	0.01	0.1	2	严重失调
2011	0.825	0.152	0.354	4	轻度失调
2012	0.97	0.248	0.49	5	濒临失调
2013	0.999	0.299	0.546	6	勉强协调
2014	0.855	0.288	0.496	5	濒临失调
2015	0.947	0.342	0.569	6	勉强协调
2016	0.982	0.452	0.667	7	初级协调
2017	0.991	0.629	0.79	8	中级协调
2018	0.998	0.823	0.906	10	优质协调
2019	1	0.99	0.995	10	优质协调

2010—2019年陕西省旅游业与交通运输业耦合协调程度　　　表5-8

年份	耦合度C值	协调指数T值	耦合协调度D值	协调等级	耦合协调程度
2010	1	0.01	0.1	2	严重失调
2011	0.804	0.23	0.43	5	濒临失调
2012	0.911	0.341	0.557	6	勉强协调
2013	0.912	0.473	0.657	7	初级协调
2014	0.96	0.351	0.58	6	勉强协调
2015	1	0.408	0.638	7	初级协调
2016	0.996	0.488	0.697	7	初级协调
2017	0.994	0.626	0.789	8	中级协调
2018	0.997	0.813	0.901	10	优质协调
2019	1	0.99	0.995	10	优质协调

2010—2019 年内蒙古自治区旅游业与交通运输业耦合协调程度　　　表 5-9

年份	耦合度 C 值	协调指数 T 值	耦合协调度 D 值	协调等级	耦合协调程度
2010	1	0.01	0.1	2	严重失调
2011	1	0.072	0.268	3	中度失调
2012	0.954	0.225	0.463	5	濒临失调
2013	0.998	0.305	0.551	6	勉强协调
2014	0.998	0.359	0.598	6	勉强协调
2015	0.995	0.488	0.697	7	初级协调
2016	0.993	0.608	0.777	8	中级协调
2017	0.997	0.77	0.876	9	良好协调
2018	0.999	0.85	0.921	10	优质协调
2019	1	0.99	0.995	10	优质协调

2010—2019 年宁夏回族自治区旅游业与交通运输业耦合协调程度　　　表 5-10

年份	耦合度 C 值	协调指数 T 值	耦合协调度 D 值	协调等级	耦合协调程度
2010	1	0.01	0.1	2	严重失调
2011	0.839	0.144	0.348	4	轻度失调
2012	0.826	0.248	0.453	5	濒临失调
2013	0.892	0.365	0.571	6	勉强协调
2014	0.922	0.422	0.623	7	初级协调
2015	0.95	0.483	0.677	7	初级协调
2016	0.988	0.582	0.758	8	中级协调
2017	0.999	0.723	0.85	9	良好协调
2018	0.994	0.719	0.846	9	良好协调
2019	1	0.99	0.995	10	优质协调

2010—2019 年甘肃省旅游业与交通运输业耦合协调程度　　　表 5-11

年份	耦合度 C 值	协调指数 T 值	耦合协调度 D 值	协调等级	耦合协调程度
2010	1	0.01	0.1	2	严重失调
2011	0.692	0.156	0.328	4	轻度失调
2012	0.745	0.301	0.474	5	濒临失调
2013	0.927	0.265	0.496	5	濒临失调
2014	0.888	0.393	0.59	6	勉强协调
2015	0.885	0.54	0.691	7	初级协调
2016	0.991	0.478	0.689	7	初级协调
2017	0.99	0.638	0.795	8	中级协调
2018	0.998	0.792	0.889	9	良好协调
2019	1	0.99	0.995	10	优质协调

2010—2019年四川省旅游业与交通运输业耦合协调程度　　　　表5-12

年份	耦合度C值	协调指数T值	耦合协调度D值	协调等级	耦合协调程度
2010	1	0.01	0.1	2	严重失调
2011	0.616	0.222	0.37	4	轻度失调
2012	0.733	0.39	0.535	6	勉强协调
2013	0.785	0.536	0.649	7	初级协调
2014	1	0.249	0.499	5	濒临失调
2015	0.999	0.385	0.62	7	初级协调
2016	1	0.452	0.672	7	初级协调
2017	0.91	0.758	0.83	9	良好协调
2018	0.979	0.524	0.717	8	中级协调
2019	0.996	0.688	0.828	9	良好协调

2010—2019年青海省旅游业与交通运输业耦合协调程度　　　　表5-13

年份	耦合度C值	协调指数T值	耦合协调度D值	协调等级	耦合协调程度
2010	1	0.01	0.1	2	严重失调
2011	0.995	0.101	0.318	4	轻度失调
2012	0.95	0.134	0.356	4	轻度失调
2013	1	0.201	0.449	5	濒临失调
2014	0.991	0.35	0.589	6	勉强协调
2015	0.989	0.474	0.685	7	初级协调
2016	0.995	0.585	0.763	8	中级协调
2017	0.989	0.681	0.821	9	良好协调
2018	0.995	0.842	0.915	10	优质协调
2019	1	0.99	0.995	10	优质协调

2010—2019年黄河流域九省(自治区)旅游业和交通运输业的耦合协调等级　　表5-14

年份	省(自治区)								
	山东	河南	山西	陕西	内蒙古	宁夏	甘肃	四川	青海
2010	中度失调	严重失调	严重失调	严重失调	严重失调	严重失调	严重失调	严重失调	严重失调
2011	勉强协调	轻度失调	轻度失调	濒临失调	中度失调	轻度失调	轻度失调	轻度失调	轻度失调
2012	初级协调	勉强协调	濒临失调	勉强协调	濒临失调	濒临失调	濒临失调	勉强协调	轻度失调
2013	中级协调	中度失调	勉强协调	初级协调	勉强协调	勉强协调	濒临失调	初级协调	濒临失调
2014	中度失调	勉强协调	濒临失调	勉强协调	勉强协调	初级协调	勉强协调	濒临失调	勉强协调
2015	轻度失调	初级协调	勉强协调	初级协调	初级协调	初级协调	初级协调	初级协调	初级协调

续上表

年份	省（自治区）								
	山东	河南	山西	陕西	内蒙古	宁夏	甘肃	四川	青海
2016	初级协调	中级协调	初级协调	初级协调	中级协调	中级协调	初级协调	初级协调	中级协调
2017	中级协调	良好协调	中级协调	中级协调	良好协调	良好协调	中级协调	良好协调	良好协调
2018	良好协调	优质协调	优质协调	优质协调	优质协调	良好协调	良好协调	中级协调	优质协调
2019	优质协调	优质协调	优质协调	优质协调	优质协调	优质协调	优质协调	良好协调	优质协调

从黄河流域九省（自治区）的差异来看，各省（自治区）旅游业与交通运输业耦合协调等级在整体上不存在明显差异。在2013年以前，大多数省（自治区）处于耦合失调状态，2013年以后开始好转，协调等级逐步上升，从2017年开始，各省（自治区）陆续达成良好协调，在2019年除四川省外的各省（自治区）均达到了优质协调。其中，陕西省的整体耦合协调度相对较高，在2012年就脱离了失调状态，随后协调等级逐步提升，在2018年就达到了优质协调。山东省在早年期间的耦合协调度较高，但在2014—2015期间经历了失调的曲折发展趋势，随后又重回耦合协调度平均水平。山西省、甘肃省和青海省的失调周期相对较长一些，但后续发展良好，与其余各省（自治区）无明显差异。四川省的失调情况不多，大多数时候达到了协调，但协调等级整体不高，多是初级协调，且最终未达成良好协调。这主要是由于黄河流域大部分省（自治区）的经济发展和城市建设起步水平较为一致，均经历了从落后到转型再到完善的阶段；耦合协调度方面表现为从改善失调情况到达成初级协调，最后进一步将初级协调水平提升改善至优质协调水平。但在发展过程中由于各地区的经济发展、政策支持和实施效果的不一致，从而导致部分年份各地区的耦合协调度产生差异。

5.3.5 旅游业与交通运输业耦合协调类型分析

根据旅游业与交通运输业综合发展水平评价值的差异，将耦合协调度划分为3种类型。即当 $F_1 > F_2$ 时，表明交通运输业发展比较滞后；当 $F_1 = F_2$ 时，表明旅游业与交通运输业发展基本同步；当 $F_1 < F_2$ 时，表明旅游业发展比较滞后。据此得到2010—2019年黄河流域九省（自治区）旅游业与交通运输业耦合协调类型（表5-15）。

2010—2019年黄河流域九省（自治区）旅游业和交通运输业的耦合协调类型 表5-15

年份	省（自治区）								
	山东	河南	山西	陕西	内蒙古	宁夏	甘肃	四川	青海
2010	旅游滞后	旅游滞后	交通滞后	旅游滞后	旅游滞后	旅游滞后	旅游滞后	旅游滞后	旅游滞后
2011	旅游滞后	旅游滞后	交通滞后	交通滞后	旅游滞后	旅游滞后	旅游滞后	旅游滞后	旅游滞后
2012	旅游滞后	旅游滞后	交通滞后	交通滞后	旅游滞后	旅游滞后	旅游滞后	旅游滞后	旅游滞后
2013	旅游滞后	旅游滞后	交通滞后	交通滞后	交通滞后	旅游滞后	旅游滞后	旅游滞后	旅游滞后

续上表

年份	省(自治区)								
	山东	河南	山西	陕西	内蒙古	宁夏	甘肃	四川	青海
2014	交通滞后	旅游滞后	交通滞后	交通滞后	交通滞后	旅游滞后	旅游滞后	旅游滞后	旅游滞后
2015	交通滞后	交通滞后	交通滞后	交通滞后	交通滞后	旅游滞后	交通滞后	旅游滞后	旅游滞后
2016	交通滞后	交通滞后	交通滞后	交通滞后	交通滞后	旅游滞后	交通滞后	旅游滞后	旅游滞后
2017	交通滞后	交通滞后	交通滞后	交通滞后	交通滞后	旅游滞后	交通滞后	交通滞后	旅游滞后
2018	交通滞后	交通滞后	交通滞后	交通滞后	交通滞后	旅游滞后	交通滞后	旅游滞后	旅游滞后
2019	交通滞后	交通滞后	交通滞后	交通滞后	交通滞后	旅游滞后	交通滞后	旅游滞后	交通滞后

从整体来看,2010—2019 年,黄河流域九省(自治区)旅游业与交通运输业耦合协调类型只存在"旅游滞后"和"交通滞后"两种情况,且两种情况出现的次数较为平均。前期出现这种情况主要是由于黄河流域各省(自治区)的建设发展不均衡不充分导致的,产业发展缺乏基础,许多新型行业处于只具备雏形的起步建设初期,旅游业仍然处于较低层次;后期各地区的旅游业与交通运输业发展趋于耦合,但仍存在一些滞后的情况,这是由于各地区的地区特征造成的。黄河流域各省(自治区)的协调类型多数情况下表现为交通滞后,这是因为旅游的发展具有广阔的前景,在大力倡导文旅融合、数字赋能旅游的背景下,以及结合群众日益增长的精神文化追求,旅游业的发展势必会非常迅速,因此,各地区的旅游业发展均呈现出增速较大的趋势。而有的地区如宁夏回族自治区,由于地理位置不具优势、经济发展落后、旅游资源开发不充分和旅游推广宣传力度不够等原因,旅游业未能很好地发展起来,一直处于旅游滞后的状态。

从黄河流域九省(自治区)的差异看,黄河流域各省(自治区)旅游业与交通运输业耦合协调类型差异显著。其中,山东省、河南省、陕西省、内蒙古自治区、甘肃省和青海省经历了从旅游滞后到交通滞后的发展过程;陕西省只有 2010 年呈现出旅游滞后的情况,后续年份均为交通滞后;青海省则是以往年份均处于旅游滞后的状态,直到 2019 年转化为交通滞后。山西省在 2010—2019 年期间一直是交通落后,宁夏回族自治区则一直是旅游落后,四川省除在 2017 年经历了交通滞后以外,其余年份均是旅游滞后。这主要是由于黄河流域大部分省(自治区)都经历了产业转型,旅游业在早期未能全面进入发展轨道,因此,相较于交通运输业的发展表现为旅游滞后,而后旅游业作为后起之秀逐渐兴起,协调类型逐步转化为交通滞后,而山西省的旅游业发展相对于交通运输业来说一直较好,宁夏回族自治区的旅游业则是始终没有高质量发展起来,四川省的旅游业得到了发展,但交通运输业一直很发达,因此这几个地区在整个发展期间都表现为交通滞后或旅游滞后。

5.4 耦合协调度空间态势分析

对 2010—2019 年黄河流域九省(自治区)的旅游业综合发展水平、交通运输业综合发展水平以及旅游业和交通运输业的耦合协调度发展水平进行计算,并从中选取了具有代表性的4年数据进行空间可视化处理,得到空间态势图。首先,按照等间距的原则选取了2010年、2013年、2016年和2019年的数据,这四个年份覆盖了发展趋势的全过程,可以很好地反映出期间的变化;然后,借助Arcgis工具,选用自然间断点分级法,在黄河流域九省(自治区)的地图上对数据进行可视化处理,得到具有空间分布特征的分析图。

5.4.1 旅游业综合发展水平空间态势分析

为了直观地诠释黄河流域各省(自治区)间旅游业综合发展水平的差异与空间态势,将旅游业综合发展水平通过自然间断点分级法聚类分为具有明显差异的三个等级,即旅游业发展相对较好、旅游业发展相对一般和旅游业发展相对落后,分别用由深至浅的颜色表示,颜色越深则表示在当前年份中旅游业发展水平越高。如图5-4所示,黄河流域各省(自治区)旅游业综合发展水平呈现出省(自治区)际间明显不均衡的发展态势。

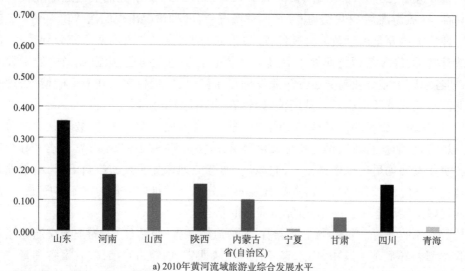

a) 2010年黄河流域旅游业综合发展水平

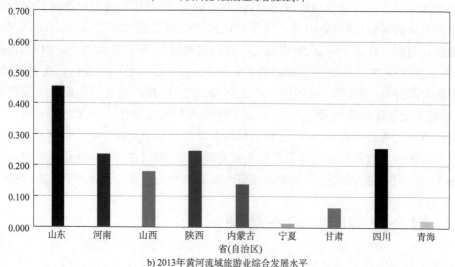

b) 2013年黄河流域旅游业综合发展水平

图 5-4

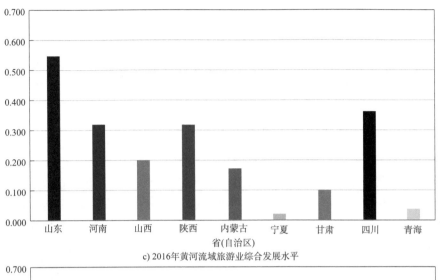

c) 2016年黄河流域旅游业综合发展水平

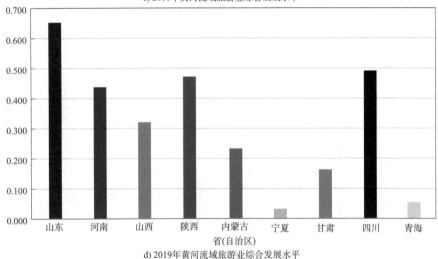

d) 2019年黄河流域旅游业综合发展水平

图 5-4 黄河流域旅游业综合发展水平空间分布图

(1) 从地区上来看。山东省作为黄河流域对外开放门户,是黄河流域唯一河海交汇区,在新旧动能转换、文化传承等领域优势突出,依靠丰富的旅游资源和沿海优势,在黄河流域中优势突出,其旅游业发展程度一直领先,在 2010 年、2013 年、2016 年和 2019 年的横向对比之下是唯一的旅游业发展都较好的地区。黄河流域内地理位置处于东部的省(自治区)旅游业综合发展水平普遍优于西部地区,但四川省作为西南地区的中心城市,其城市发展受到支持,因此,旅游业综合发展水平也较为良好。旅游业发展落后地区包括了青海省、甘肃省和宁夏回族自治区,这些地区受旅游资源、经济基础和区位特征等因素的制约,旅游业发展情况相对较差,只有甘肃省在 2019 年达到了黄河流域内发展一般的水平。

(2) 从数量上来看。旅游业综合发展水平较高地区的数量占黄河流域地区整体的比例由 2010 年的 11.11% 上涨至 2019 年的 44.44%;旅游发展落后地区数量占比由 33.33% 下降至 22.22%。最终有接近一半比例的地区达到了发展相对较好的水平,而发展相对落后地区较少,区域极化态势较为显著,呈现出强者恒强、弱者恒弱的现象。

（3）从空间分布上来看。黄河流域的旅游业综合发展水平在空间上呈现出旅游业发展较好地区由沿海向内陆、由南部向北部扩散的特征。2010年黄河流域旅游业综合发展水平呈由东向西逐级递减的分布模式；随后南部地区发展较为强势，形成"规模效应"，发展布局呈现出南强北弱的特征；到2019年，除西部以外的北部地区再次发展起来，最终呈现出南部地区发展相对较好，北部地区发展相对一般、西部地区发展相对落后的空间结构。

5.4.2 交通运输业综合发展水平空间态势分析

根据黄河流域各省（自治区）的交通运输业发展情况，为呈现出空间上的对比，利用自然间断点分级法将其交通运输业综合发展水平划分为三个等级，即交通运输业发展相对较好、交通运输业发展相对一般和交通运输业发展相对落后，分别用由深至浅的颜色表示。如黄河流域各省（自治区）的交通运输业综合发展水平呈现出显著的不均衡空间态势如图5-5所示。

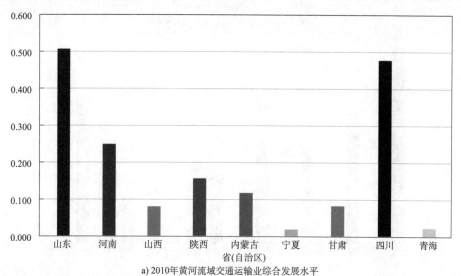

a) 2010年黄河流域交通运输业综合发展水平

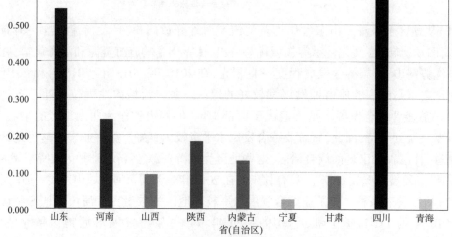

b) 2013年黄河流域交通运输业综合发展水平

图 5-5

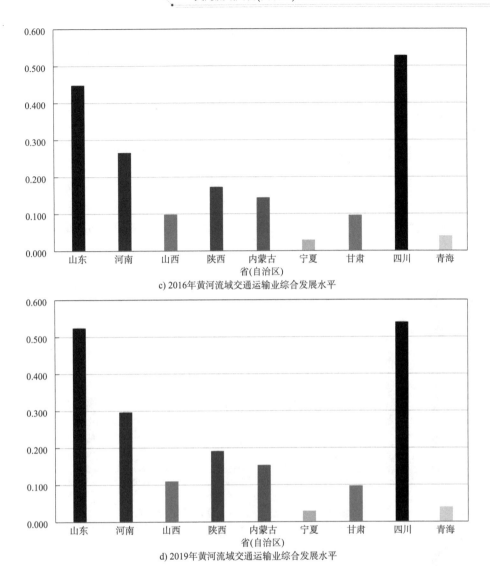

图 5-5 黄河流域交通运输业综合发展水平空间分布图

（1）从地区上来看。山东省处于沿海位置，拥有很多贸易港口，经济实力较强，基建实力强劲，因此交通优势明显。四川省地处平原，是西部地区地理条件最优越的区域之一，加上政策支持和区域发展需要，四川省的交通运输水平在黄河流域内也一直处于领先水平。青海省、甘肃省、宁夏回族自治区、山西省和内蒙古自治区属于交通运输业发展相对落后的地区，这主要是由于受到地区位置、地理环境、经济基础和发展政策的制约。其中只有内蒙古自治区的交通运输业加快了发展，在后来成为黄河流域内交通运输业发展相对一般的地区，这主要是由于政策的支持和"一带一路"的大力建设，开启了内蒙古自治区经济建设的新格局。陕西省和河南省比上不足比下有余，属于交通运输业发展相对一般的地区。

（2）从数量上来看。交通运输业发展相对较好地区的占比并不太高，仅为22.22%；早些年间黄河流域内大部分省（自治区）处于交通运输业发展相对落后的水平，到2019年发展相对落后地区占比不到一半。交通运输业发展水平的极化现象较为明显，山东省和四川省始终占有优势,而除内蒙古自治区以外的北部地区始终处于相对落后的位置。

(3)从空间分布上来看。黄河流域内南部地区的交通运输业发展相对较好,而北部较弱,南北呈现出明显差异,且差异持续存在;交通运输业的发展水平在东西向与地理分布无明显关联,只与发展定位、政策支持经济水平有关。最终在2019年呈现出南强北弱的空间格局。

5.4.3 旅游业与交通运输业耦合协调度空间态势分析

依据耦合协调度计算值和自然间断点分级法,将耦合协调度分为三个等级,即耦合协调度相对较高、耦合协调度相对一般和耦合协调度相对较差。黄河流域各省(自治区)旅游业和交通运输业的耦合协调度呈现出分布无规律、各地区差异明显的空间态势,如图5-6所示。

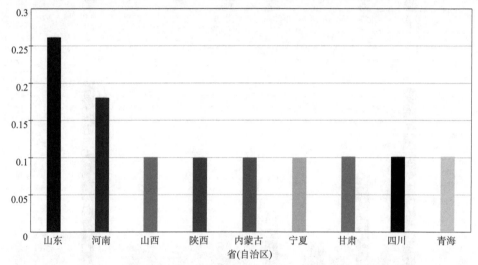

a) 2010年黄河流域旅游业和交通运输业的耦合协调度

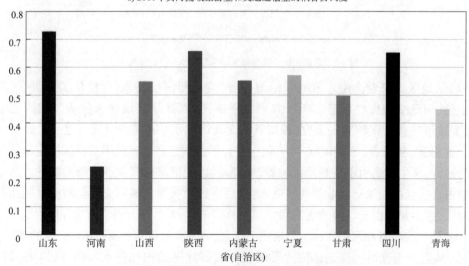

b) 2013年黄河流域旅游业和交通运输业的耦合协调度

图 5-6

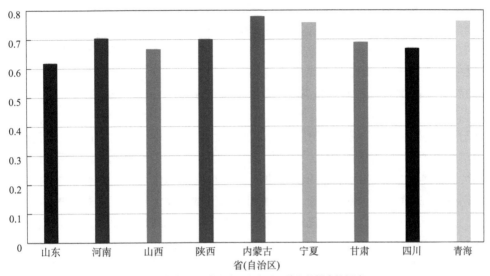

c) 2016年黄河流域旅游业和交通运输业的耦合协调度

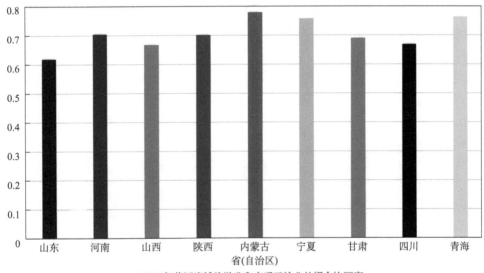

d) 2019年黄河流域旅游业和交通运输业的耦合协调度

图 5-6 黄河流域旅游业和交通运输业的耦合协调度空间分布图

(1)从地区上来看。黄河流域南部地区的耦合协调度相对值波动较大。山东省的耦合协调度在2010年开始阶段处于黄河流域内的领先位置,而后跌至最差,这是由于山东省的旅游业一直在稳步发展,而中间某一阶段交通运输业发展较为缓慢甚至出现下跌,该时期山东省的交通运输业并不能全面满足其旅游业的发展需要。四川省在发展过程中经历了耦合协调度较高的阶段,但最后的耦合协调度却低于黄河流域其余各省(自治区),主要原因是四川省的旅游业发展一直滞后于交通运输业,而在2013年由于交通运输业的进一步发展,带动了旅游业的发展和整体耦合协调度的提升。河南省的耦合协调度在2010年开始阶段相对较好,而在2013年跌至最差,这是由于当年的交通运输业综合发展水平降低,影响了旅游业和交通运输业的耦合协调度。陕西省在

2013年的耦合协调度相对较高,这是由于2013年陕西省的旅游业和交通运输业均发展较好。其余各省(自治区)的耦合协调度相对值呈现出逐步提升的规律。从整体上看,到2019年,除四川省外,其余各省(自治区)均达到优质协调,说明各地区旅游公共基础设施越来越完善,交通越来越发达,形成了网络化、便捷化的交通格局,从而具有了较强的旅游环境承载力和游客接待力,逐渐使得旅游业与交通运输业趋于良性协调地协同发展。

(2)从数量上来看。耦合协调度较高地区占比越来越大。截至2019年,黄河流域九省(自治区)中有7个省份(自治区)达到了极高的协调度,仅有2个地区的耦合协调度相对较低,且整体上九省(自治区)的耦合协调度绝对值都非常可观,黄河流域旅游业与交通运输业耦合协调度的均值达到0.974,说明黄河流域整体上达到了优质协调。

(3)从空间分布上看。黄河流域的耦合协调度相对较高地区呈现出由点到线、由线到面的空间变化趋势,由最开始的单一点状地区耦合协调度领先,发展至最后大面积呈现出高度耦合。耦合协调度较高地区在整体耦合度提升的前提下发生两级扭转,由前期的山东省、四川省变为最后的其余各省(自治区),侧面反映出河南省、山西省、陕西省、内蒙古自治区、甘肃省、宁夏回族自治区和青海省的耦合协调度提升迅速,这些地区的旅游和交通形成了协同互动的良性发展局面。

第6章
黄河流域九省(自治区)旅游业与交通运输业耦合协调度影响因素分析

6.1 灰色关联分析模型构建

为了科学地分析影响黄河流域九个省(自治区)的旅游业与交通运输业耦合协调度的演化规律,进而能够提出与各省(自治区)相契合的更具针对性的对策建议,进一步提升各省(自治区)协调发展水平,运用灰色关联度分析法找到影响黄河流域九省(自治区)旅游业与交通运输业综合发展水平强弱的指标及影响耦合协调程度强弱的指标。

灰色关联度分析法是灰色系统理论的重要内容之一,其原理是通过系统已知信息推断未知信息。相对于传统的数理统计分析方法,该方法不受样本量多少的规律性限制[182],是指对两个系统之间随时间或不同对象而变化的因素之间的关联度的度量[183]。关联度数值大小可以反映协调度的变化受某个因素的影响程度,系统发展过程中若两个因素变化趋势具有一致性,同步变化程度越高,则认为两个因素间的关联度越高;反之,就越小。灰色关联度模型构建的具体操作与计算步骤如下。

6.1.1 确定参考序列和比较序列

根据灰色系统理论,本文将旅游业与交通运输业系统的综合发展水平及耦合协调度分别作为参考序列,记为 $X = \{X_1, X_2, \cdots, X_n\}$ 和 $Y = \{Y_1, Y_2, \cdots, Y_n\}$。旅游业与交通运输业评价指标体系中的各指标作为各系统的比较序列,旅游经济系统的各项指标记为 $A = \{A_1^i, A_2^i, \cdots, A_n^i\}^T$,其中,$i = (1, 2, \cdots, 10)$;交通运输系统的各项指标记为 $B = \{B_1^i, B_2^i, \cdots, B_n^i\}^T$,其中,$i = (1, 2, \cdots, 11)$。以耦合协调度作为参考序列为例进行计算介绍。

6.1.2 对指标数据进行预处理

采用初值法进行标准化处理,可得到标准化矩阵 $\boldsymbol{D}$:

$$\boldsymbol{D} = \begin{bmatrix} Y_1 & Y_2 & \cdots & Y_n \\ A_1^i & A_2^i & \cdots & A_n^i \\ \vdots & \vdots & \ddots & \vdots \\ B_1^i & B_2^i & \cdots & B_n^i \end{bmatrix} \tag{6-1}$$

参考序列与比较序列的灰色关联系数计算。计算公式如下:

$$\xi_i(k) = \frac{\Delta(\min) + \rho \Delta(\max)}{\Delta_i(k) + \rho \Delta(\max)} \tag{6-2}$$

式中：$\xi_i(k)$——灰色关联系数；

$\Delta(\min)$——参考序列和比较序列的最小差；

$\Delta(\max)$——参考序列的最大差；

$\Delta_i(k)$——绝对差值；

ρ——分辨系数。

ρ 的作用是为削弱 $\Delta(\max)$ 过大而导致关联度失真，当 $\rho \leq 0.546$ 时，分辨率最好，本文取 $\rho = 0.5$。因此，得到评判矩阵 E 如下：

$$E = \begin{bmatrix} \xi_1(1) & \xi_1(2) & \cdots & \xi_1(n) \\ \xi_2(1) & \xi_2(2) & \cdots & \xi_2(n) \\ \vdots & \vdots & \ddots & \vdots \\ \xi_i(1) & \xi_i(2) & \cdots & \xi_i(n) \end{bmatrix} \tag{6-3}$$

6.1.3 灰色关联度计算

计算公式如下：

$$R_i = \frac{1}{n}\sum_{k=1}^{N}\xi_i(k) \tag{6-4}$$

式中：R_i——灰色关联度。

R_i 越接近 1，则比较数列与参考数列的紧密程度越高。

为了更清晰地分析黄河流域九省（自治区）旅游业与交通运输业各系统因素之间的紧密程度，在借鉴已有文献的基础上，给出关联度具体类型和等级标准，见表 6-1。

关联度的等级划分标准 表 6-1

序号	关联度区间	关联度等级
1	(0.00, 0.35)	较低关联
2	[0.35, 0.45)	低关联
3	[0.45, 0.65)	中等关联
4	[0.65, 0.85)	高关联
5	[0.85, 1.00]	极高关联

6.2 旅游业各指标的灰色关联分析

6.2.1 综合发展水平影响因素分析

根据式(6-1)~式(6-4)计算得出黄河流域九省（自治区）旅游业各指标与综合发展水平的灰色关联度，见表 6-2。

2010—2019年黄河流域九省(自治区)旅游业各指标与综合发展水平的灰色关联度测度结果及排名　　表6-2

旅游业各指标	山东 关联度	山东 排名	河南 关联度	河南 排名	山西 关联度	山西 排名	陕西 关联度	陕西 排名	内蒙古 关联度	内蒙古 排名	宁夏 关联度	宁夏 排名	甘肃 关联度	甘肃 排名	四川 关联度	四川 排名	青海 关联度	青海 排名
A级旅游景区总数(个)	0.671	7	0.909	1	0.928	1	0.684	8	0.912	3	0.964	1	0.944	1	0.987	1	0.453	10
星级酒店总数(家)	0.637	8	0.565	10	0.749	6	0.718	7	0.800	8	0.891	6	0.821	6	0.941	8	0.868	7
旅行社总数(家)	0.788	4	0.685	6	0.831	2	0.775	6	0.922	2	0.892	5	0.888	2	0.949	6	0.909	5
游客总人数(万人次)	0.738	5	0.691	5	0.692	7	0.780	4	0.851	6	0.941	2	0.713	7	0.987	2	0.948	1
国内旅游人数(万人次)	0.736	6	0.671	7	0.689	8	0.777	5	0.845	7	0.935	3	0.702	8	0.965	3	0.942	2
接待入境游客(万人次)	0.865	3	0.880	2	0.777	5	0.867	3	0.870	5	0.851	7	0.854	5	0.964	4	0.883	6
旅游总收入(亿元)	0.625	9	0.623	9	0.655	9	0.677	9	0.655	9	0.840	8	0.664	9	0.891	10	0.747	8
国内旅游收入(亿元)	0.614	10	0.631	8	0.648	10	0.665	10	0.646	10	0.830	9	0.663	10	0.953	5	0.745	9
入境旅游收入(亿美元)	0.906	2	0.792	4	0.791	4	0.944	1	0.950	1	0.694	10	0.886	3	0.937	9	0.924	3
旅游总收入占地区生产总值比例	0.919	1	0.837	3	0.812	3	0.926	2	0.875	4	0.923	4	0.867	4	0.943	7	0.922	4

整体来看,各指标关联度水平较高,除河南省的星级酒店总数(家)、青海的A级旅游景区总数(个)指标关联度低于0.6之外,其他关联度均大于0.6。除山东省、河南省和青海省三省外,其他黄河流域六省(自治区)的各指标关联度水平都处于[0.65,0.99)之间,为高水平或极高水平关联。对于山东省来说,关联度最高的旅游总收入占GDP比例为0.92,而最低的国内旅游收入(亿元)指标关联度仅为0.61。各指标差距较大,入境旅游对综合发展水平的贡献作用显著。对于河南省来说,关联度最高的A级旅游景区总数(个)为0.91,而最低的星级酒店总数(家)指标关联度仅为0.57。河南省丰富的旅游资源在其综合发展水平中发挥着重要作用,山西省、宁夏回族自治区和甘肃省的特征与河南省的各指标关联度水平相近,且关联特征一致。对于四川省来说,关联度最高的A级旅游景区总

数(个)为0.99,而最低的旅游总收入(亿元)指标关联度仅为0.89。其关联度的均衡性最高,各指标与综合发展水平的关联度都处于极高关联区间,可见旅游业是四川省国民经济发展的重要产业。对于陕西省、内蒙古自治区和青海省来说,关联水平相近,指标的关联度间差距明显,入境旅游的贡献作用较强,星级酒店总数(家)的贡献作用均较差,反映出该指标在一定程度上制约着综合水平的发展。

6.2.2 耦合协调度影响因素分析

根据灰色关联分析模型测算出黄河流域九省(自治区)旅游业各指标对系统耦合协调度的灰色关联度,并将各省(自治区)各指标的灰色关联度进行排序,见表6-3。

2010—2019年黄河流域九省(自治区)旅游业各指标与耦合协调度的灰色关联度测度结果及排名　　　　表6-3

旅游业各指标	省(自治区)																	
	山东		河南		山西		陕西		内蒙古		宁夏		甘肃		四川		青海	
	关联度	排名	关联度	排名	关联度	排名	关联度	排名	关联度	排名	关联度	排名	关联度	排名	关联度	排名	关联度	排名
A级旅游景区总数(个)	0.756	3	0.631	6	0.565	6	0.607	3	0.549	6	0.526	7	0.546	6	0.839	6	0.686	1
星级酒店总数(家)	0.572	10	0.542	10	0.519	10	0.496	10	0.514	10	0.510	10	0.514	10	0.802	10	0.515	10
旅行社总数(家)	0.636	9	0.579	9	0.535	8	0.507	9	0.531	8	0.512	9	0.531	8	0.807	9	0.527	8
游客总人数(万人次)	0.679	5	0.672	4	0.643	4	0.577	5	0.558	4	0.543	5	0.690	4	0.841	4	0.549	6
国内旅游人数(万人次)	0.696	4	0.675	3	0.645	3	0.578	4	0.559	3	0.542	6	0.692	3	0.840	5	0.558	5
接待入境游客(万人次)	0.653	8	0.644	5	0.529	9	0.525	8	0.525	9	0.574	2	0.528	9	0.875	3	0.522	9
旅游总收入(亿元)	0.787	2	0.705	1	0.669	2	0.627	2	0.619	2	0.573	3	0.745	2	0.834	7	0.662	3
国内旅游收入(亿元)	0.794	1	0.702	2	0.675	1	0.636	1	0.625	1	0.572	4	0.746	1	0.886	2	0.665	2
入境旅游收入(亿美元)	0.659	7	0.607	8	0.536	7	0.544	6	0.545	7	0.681	1	0.538	7	0.902	1	0.533	7
旅游总收入占地区生产总值比例	0.663	6	0.610	7	0.590	5	0.530	7	0.552	5	0.516	8	0.588	5	0.814	8	0.566	4

由表6-3可见,黄河流域九省(自治区)的旅游产业各指标与耦合协调度的关联度均

大于0.5,这在一定程度上反映出我们所选用的指标是较为科学合理的,这些指标可以用来衡量和判断影响耦合协调度的关键因素。各省(自治区)旅游经济系统指标与耦合协调度的灰色关联测度值各不相同,差异性明显,下面按照不同省(自治区)进行分析。

(1)对于山东省来说,旅游业各指标与系统耦合协调度的关联度排名依次为:国内旅游收入(亿元) > 旅游总收入(亿元) > A级旅游景区总数(个) > 国内旅游人数(万人次) > 游客总人数(万人次) > 旅游总收入占地区生产总值比例 > 入境旅游收入(亿美元) > 接待入境游客(万人次) > 旅行社总数(家) > 星级酒店总数(家),最大值为0.79,最小值为0.57。除旅行社总数(家)和星级酒店总数(家)处于中等关联的[0.45,0.65)外,属于影响系统耦合协调度的次要指标,剩余八个指标均处于高关联的[0.65,0.85)中,为影响系统耦合协调发展的主要指标。山东省旅游资源丰富,同时位于我国东部沿海地区,吸引了大量国内外游客,因此,国内及入境旅游收入、接待游客数量、A级旅游景区总数与耦合协调度的关联度都较高。

(2)对于河南省来说,旅游业各指标与系统耦合协调度的关联度排名依次为:旅游总收入(亿元) > 国内旅游收入(亿元) > 国内旅游人数(万人次) > 游客总人数(万人次) > 接待入境游客(万人次) > A级旅游景区总数(个) > 旅游总收入占地区生产总值比例 > 入境旅游收入(亿美元) > 旅行社总数(家) > 星级酒店总数(家),最大值为0.71,最小值为0.54。除旅游总人数/收入,国内旅游人数/收入四个指标处于高关联的[0.65,0.85)外,属于影响系统耦合协调度的主要指标,剩余六个指标均处于中等关联的[0.45,0.65)中,为影响系统耦合协调发展的次要指标。河南省属于内陆省份,游客来源主要是国内游客,旅游资源虽较为丰富,但旅游产业发展的提升空间较大,相较于山东省,其与系统耦合协调度的关联水平较低,贡献程度不高。

(3)对于山西省来说,旅游业各指标与系统耦合协调度的关联度排名依次为:国内旅游收入(亿元) > 旅游总收入(亿元) > 国内旅游人数(万人次) > 游客总人数(万人次) > 旅游总收入占地区生产总值比例 > A级旅游景区总数(个) > 入境旅游收入(亿美元) > 旅行社总数(家) > 接待入境游客(万人次) > 星级酒店总数(家),最大值为0.68,最小值为0.52。除国内旅游收入(亿元)、旅游总收入(亿元)两个指标处于高关联的[0.65,0.85)外,属于影响系统耦合协调度的主要指标,剩余八个指标均处于中等关联的[0.45,0.65)中,为影响系统耦合协调发展的次要指标。山西省的旅游业各指标关联度水平较河南更低,同属内陆省份,但山西省的旅游资源禀赋不如河南,且资源特色性不强,经济水平发展较东部地区较差,旅游业发展有较大的提升空间。

(4)对于陕西省来说,旅游业各指标与系统耦合协调度的关联度排名依次为:国内旅游收入(亿元) > 旅游总收入(亿元) > A级旅游景区总数(个) > 国内旅游人数(万人次) > 游客总人数(万人次) > 入境旅游收入(亿美元) > 旅游总收入占地区生产总值比例 > 接待入境游客(万人次) > 旅行社总数(家) > 星级酒店总数(家),最大值为0.64,最小值为0.50。全部十个指标均处于中等关联的[0.45,0.65)中,都为影响系统耦合协调发展的次要指标。陕西省是具有悠久历史文化的古都西安所在省,旅游资源丰富,但陕西省的经济条件、可进入性、旅游基础设施等发展现状较为薄弱,因而其关联水平相较于山西更低。

（5）对于内蒙古自治区来说，旅游业各指标与系统耦合协调度的关联度排名依次为：国内旅游收入（亿元）＞旅游总收入（亿元）＞国内旅游人数（万人次）＞游客总人数（万人次＞旅游总收入占地区生产总值比例）＞A级旅游景区总数（个）＞入境旅游收入（亿美元）＞旅行社总数（家）＞接待入境游客（万人次）＞星级酒店总数（家），最大值为0.63，最小值为0.51。全部十个指标均处于中等关联的[0.45,0.65)中，都为影响系统耦合协调发展的次要指标。内蒙古自治区的关联度水平与陕西省相近，略逊于陕西省，在黄河流域九个省（自治区）中，内蒙古自治区旅游业务指标与耦合协调度的关联度水平最低。内蒙古自治区旅游资源特色鲜明，但是其资源丰富度、基础设施健全度等方面严重制约着其旅游业的发展。

（6）对于宁夏回族自治区来说，旅游业各指标与系统耦合协调度的关联度排名依次为：入境旅游收入（亿美元）＞接待入境游客（万人次）＞旅游总收入（亿元）＞国内旅游收入（亿元）＞游客总人数（万人次）＞国内旅游人数（万人次）＞A级旅游景区总数（个）＞旅游总收入占地区生产总值比例＞旅行社总数（家）＞星级酒店总数（家），最大值为0.68，最小值为0.51。除入境旅游收入（亿美元）处于高关联的[0.65,0.85)外，属于影响系统耦合协调度的主要指标，剩余九个指标均处于中等关联的[0.45,0.65)中，为影响系统耦合协调发展的次要指标。宁夏回族自治区北接内蒙古自治区、东临陕西省，相较于内蒙古自治区旅游资源的特色鲜明，陕西省的旅游资源丰富，历史文化悠久，夹在中间的宁夏回族自治区对游客的吸引力不足。实际上，宁夏回族自治区作为东部地区旅游者去新疆的必经之路，应抓住机会，吸引游客停留，推动宁夏回族自治区旅游业的发展。

（7）对于甘肃省来说，旅游业各指标与系统耦合协调度的关联度排名依次为：国内旅游收入（亿元）＞旅游总收入（亿元）＞国内旅游人数（万人次）＞游客总人数（万人次）＞旅游总收入占地区生产总值比例＞A级旅游景区总数（个）＞旅行社总数（家）＞入境旅游收入（亿美元）＞接待入境游客（万人次）＞星级酒店总数（家），最大值为0.75，最小值为0.51。同河南省一样，除旅游总人数/收入，国内旅游人数/收入四个指标处于高关联的[0.65,0.85)外，属于影响系统耦合协调度的主要指标，剩余六个指标均处于中等关联的[0.45,0.65)中，为影响系统耦合协调发展的次要指标。甘肃省西接新疆维吾尔自治区，又凭借其特色的旅游资源，引得游客在此驻足。甘肃省国内旅游业的发展势头良好，也逐渐成为甘肃省经济发展的重要产业。

（8）对于四川省来说，旅游业各指标与系统耦合协调度的关联度排名依次为：入境旅游收入（亿美元）＞国内旅游收入（亿元）＞接待入境游客（万人次）＞游客总人数（万人次）＞国内旅游人数（万人次）＞A级旅游景区总数（个）＞旅游总收入（亿元）＞旅游总收入占地区生产总值比例＞旅行社总数（家）＞星级酒店总数（家），最大值为0.90，最小值为0.80。入境旅游收入（亿美元）、国内旅游收入（亿元）、接待入境游客（万人次）3个指标处于极高关联的[0.85,1)中，剩余7个指标均处于高关联的[0.65,0.85)中，均属于影响系统耦合协调度的主要指标。与黄河流域其他八个省份相比，四川省旅游业各指标与耦合协调度的关联水平最高，远超其他省份，且断层明显。其中入境旅游收入和接待游客数量的贡献作用较大，四川省虽然是内陆省份，但其凭借特色的旅游吸引物在入境旅游方面的发展较好，四川省入境旅游收入（亿美元）与耦合协调度的关联度高达0.9，贡献作用较大。

(9) 对于青海省来说,旅游业各指标与系统耦合协调度的关联度排名依次为:A 级旅游景区总数(个)>国内旅游收入(亿元)>旅游总收入(亿元)>旅游总收入占地区生产总值比例>国内旅游人数(万人次)>游客总人数(万人次)>入境旅游收入(亿美元)>旅行社总数(家)>接待入境游客(万人次)>星级酒店总数(家),最大值为 0.69,最小值为 0.52。除 A 级旅游景区总数(个)、国内旅游收入(亿元)、旅游总收入(亿元)三个指标处于高关联的[0.65,0.85)外,属于影响系统耦合协调度的主要指标,剩余七个指标均处于中等关联的[0.45,0.65)中,为影响系统耦合协调发展的次要指标。青海省自然环境优美,有众多知名景点,吸引诸多游客慕名前往,但受限于经济发展、旅游基础设施以及星级饭店、旅行社等条件的不足,其对系统的耦合协调度整体偏低,较四川省相比,呈现断崖式差距。

6.3 交通运输业各指标的灰色关联分析

6.3.1 综合发展水平影响因素分析

根据式(6-1)~式(6-4)计算得出黄河流域九省(自治区)交通运输业各指标与综合发展水平的灰色关联度,见表6-4。

2010—2019 年黄河流域九省(自治区)交通运输业各指标与综合发展水平的灰色关联度测度结果及排名 表6-4

交通运输业各指标	省(自治区)																	
	山东		河南		山西		陕西		内蒙古		宁夏		甘肃		四川		青海	
	关联度	排名	关联度	排名	关联度	排名	关联度	排名	关联度	排名	关联度	排名	关联度	排名	关联度	排名	关联度	排名
铁路通车里程(km)	0.778	5	0.893	5	0.883	2	0.876	2	0.962	3	0.801	6	0.939	7	0.944	4	0.947	4
公路通车里程(km)	0.859	4	0.954	1	0.876	4	0.919	1	0.972	2	0.947	1	0.990	1	0.956	2	0.930	6
内河航道里程(km)	0.935	1	0.949	2	0.830	5	0.821	3	0.881	5	0.841	4	0.961	4	0.954	3	0.957	2
铁路客运量(万人次)	0.606	11	0.745	9	0.959	1	0.648	10	0.974	1	0.862	3	0.925	10	0.856	8	0.935	5
公路客运量(万人次)	0.731	7	0.807	8	0.707	7	0.664	9	0.745	7	0.698	10	0.929	9	0.852	9	0.833	9
水路客运量(万人次)	0.891	3	0.937	3	0.566	11	0.797	5	0.000	10	0.808	5	0.950	6	0.939	5	0.951	3
民航客运量(万人次)	0.613	9	0.627	10	0.649	8	0.690	6	0.591	8	0.728	9	0.780	11	0.774	10	0.631	11

续上表

交通运输业各指标	省（自治区）																	
	山东		河南		山西		陕西		内蒙古		宁夏		甘肃		四川		青海	
	关联度	排名	关联度	排名	关联度	排名	关联度	排名	关联度	排名	关联度	排名	关联度	排名	关联度	排名	关联度	排名
铁路客运周转量（亿人公里）	0.679	8	0.877	6	0.877	3	0.816	4	0.961	4	0.930	2	0.972	3	0.893	7	0.977	1
公路客运周转量（亿人公里）	0.769	6	0.815	7	0.747	6	0.641	11	0.771	8	0.780	7	0.972	2	0.894	6	0.891	7
水路客运周转量（亿人公里）	0.910	2	0.897	4	0.605	10	0.653	9	0.000	10	0.776	8	0.933	8	0.958	1	0.875	8
民航客运周转量（亿人公里）	0.613	9	0.627	10	0.649	8	0.685	7	0.591	8	0.685	11	0.953	5	0.557	11	0.797	10

整体来看，各指标关联度水平较高，除内蒙古自治区和四川省的民航客运周转量（亿人公里）、山西省的水路客运量（万人次）指标关联度低于0.6之外，其他关联度均大于0.6。除甘肃省外，黄河流域其他八省份各指标的关联度呈现正态分布，非均衡态势，指标间差距较大。对于山东省来说，关联度最高的内河航道里程（km）为0.94，而最低的铁路客运量（万人次）指标关联度仅为0.61。作为东部沿海地区的山东省，水路运输在整个交通运输产业占有极为重要的比例和地位，对山东省的综合发展水平贡献最大。对于河南省来说，关联度最高公路通车里程（km）为0.95，而最低的民航客运量（万人次）和民航客运周转量（亿人公里）指标关联度仅为0.63。公路运输在整个交通运输产业的重要性凸显，这也是众多内陆省份的共性特点，如陕西省、宁夏回族自治区和四川省。对于山西省来说，关联度最高的铁路客运量（万人次）为0.96，而最低的水路客运量（万人次）指标关联度仅为0.57。山西省作为我国煤炭大省，这种满足生存需求的能源多以铁路运输方式向全国各地运输，铁路线路和设施完备，对综合发展水平的贡献作用最大，其次才是公路运输。对于内蒙古自治区来说，铁路运输和公路运输对综合发展水平的贡献程度相当，而较差的是航空运输，由于内蒙古自治区的水路客运量（万人次）和水路客运周转量（亿人公里）两项数据的缺失，此处在计算内蒙古自治区交通运输业各指标与综合发展水平的关联度测度中剔除了该两项指标，仅用剩余九项指标进行测度并开展排名。对于甘肃省来说，除民航客运量（万人次）指标的关联度为0.78外，其他十个指标的关联度均在0.92~0.99之间。甘肃省的交通运输行业发展是黄河流域九省（自治区）中最为均衡的，各种交通方式对综合发展水平的贡献水平相当，公路运输、铁路运输、水路运输和航空运输齐头并进，发展良好。对于青海省来说，关联度最高的铁路客运周转量（亿人公里）为0.98，而最低的民航客运量（万人次）指标关联度仅为0.63。铁路运输和水路运输占有重要地位，公路运输虽略差，但相差不大，而航空运输贡献最低，且有显著差距。

6.3.2 耦合协调度影响因素分析

根据灰色关联分析模型测算出黄河流域九省(自治区)交通运输业各指标对系统耦合协调度的灰色关联度,具体测算结果见表6-5,并将各省(自治区)各指标的灰色关联度进行排序。

2010—1019 年黄河流域九省(自治区)交通运输业各指标与耦合协调度的
灰色关联度测度结果及排名　　　　　表6-5

交通运输业各指标	省(自治区)																	
	山东		河南		山西		陕西		内蒙古		宁夏		甘肃		四川		青海	
	关联度	排名	关联度	排名	关联度	排名	关联度	排名	关联度	排名	关联度	排名	关联度	排名	关联度	排名	关联度	排名
铁路通车里程(km)	0.670	5	0.597	5	0.546	6	0.508	8	0.535	3	0.523	8	0.538	4	0.496	7	0.549	7
公路通车里程(km)	0.651	6	0.581	8	0.538	8	0.510	7	0.529	6	0.537	4	0.531	6	0.501	5	0.545	8
内河航道里程(km)	0.629	8	0.584	7	0.535	9	0.506	9	0.528	7	0.524	7	0.525	8	0.493	9	0.554	6
铁路客运量(万人次)	0.711	3	0.636	3	0.545	7	0.520	2	0.534	4	0.527	6	0.547	2	0.517	3	0.564	4
公路客运量(万人次)	0.550	11	0.566	11	0.526	11	0.502	11	0.520	9	0.513	11	0.519	10	0.483	11	0.525	11
水路客运量(万人次)	0.600	9	0.588	6	0.587	2	0.511	6	0.000	10	0.556	3	0.523	9	0.494	8	0.567	3
民航客运量(万人次)	0.712	2	0.674	2	0.571	4	0.516	4	0.582	2	0.564	2	0.569	1	0.533	2	0.800	1
铁路客运周转量(亿人公里)	0.674	4	0.600	4	0.551	5	0.514	5	0.531	5	0.535	5	0.536	5	0.511	4	0.557	5
公路客运周转量(亿人公里)	0.568	10	0.566	10	0.529	10	0.504	10	0.523	8	0.522	9	0.527	7	0.491	10	0.538	9
水路客运周转量(亿人公里)	0.637	7	0.567	9	0.593	1	0.522	1	0.000	10	0.521	10	0.519	11	0.498	6	0.533	10
民航客运周转量(亿人公里)	0.719	1	0.680	1	0.573	3	0.518	3	0.584	1	0.572	1	0.541	3	0.624	1	0.612	2

黄河流域九省(自治区)的交通运输业各指标与耦合协调度的整体关联度水平比旅游业较差,但所选用的指标也是科学合理的,这些指标可以用来衡量和判断影响耦合协调

度的关键因素。各省(自治区)交通运输系统指标与耦合协调度的灰色关联测度值各不相同,差异性明显,下面按照不同省(自治区)进行分析。

(1)对于山东省来说,交通运输业各指标与系统耦合协调度的关联度排名依次为:民航客运周转量(亿人公里)>民航客运量(万人次)>铁路客运量(万人次)>铁路客运周转量(亿人公里)>铁路通车里程(km)>公路通车里程(km)>水路客运周转量(亿人公里)>内河航道里程(km)>水路客运量(万人次)>公路客运周转量(亿人公里)>公路客运量(万人次),最大值为0.72,最小值为0.55。除水路客运周转量(亿人公里)、内河航道里程(km)、水路客运量(万人次)、公路客运周转量(亿人公里)和公路客运量(万人次)处于中等关联的[0.45,0.65)外,属于影响系统耦合协调度的次要指标,剩余六个指标均处于高关联的[0.65,0.85)中,为影响系统耦合协调发展的主要指标。随着航空运输业的发展,飞机凭借速度快、节省时间的一大优点,在交通产业一直占有较大份额。山东省作为东部沿海省份,其航空运输发展处于较高水平,国际和国内航班数量在全国都处于领先水平,因而其民航客运量与耦合协调度的关联水平最高。同时,山东省的水路客运周转量(亿人公里)关联度水平为0.64,处于中等关联和高关联的分界线上,是黄河流域九省(自治区)中水路客运与耦合协调度关联度最高的省份。

(2)对于河南省来说,交通运输业各指标与系统耦合协调度的关联度排名依次为:民航客运周转量(亿人公里)>民航客运量(万人次)>铁路客运量(万人次)>铁路客运周转量(亿人公里)>铁路通车里程(km)>水路客运量(万人次)>内河航道里程(km)>公路通车里程(km)>水路客运周转量(亿人公里)>公路客运周转量(亿人公里)>公路客运量(万人次),最大值为0.68,最小值为0.57。除民航客运周转量(亿人公里)和民航客运量(万人次)处于高关联的[0.65,0.85)外,属于影响系统耦合协调度的主要指标,剩余九个指标均处于中等关联的[0.45,0.65)中,为影响系统耦合协调发展的次要指标。河南省交通运输系统各指标与耦合协调度的整体关联水平低于山东,各指标中仅有公路客运量(万人次)的关联度水平高于山东省的此指标关联度。同时,虽然河南省的内河航道里程(km)关联度低于山东省,但该指标关联度的排名在河南省有所提升。

(3)对于山西省来说,交通运输业各指标与系统耦合协调度的关联度排名依次为:水路客运周转量(亿人公里)>水路客运量(万人次)>民航客运周转量(亿人公里)>民航客运量(万人次)>铁路客运周转量(亿人公里)>铁路通车里程(km)>铁路客运量(万人次)>公路通车里程(km)>内河航道里程(km)>公路客运周转量(亿人公里)>公路客运量(万人次),最大值为0.59,最小值为0.53。十一个指标均处于中等关联的[0.45,0.65)中,指标间的灰色关联水平差距较小,全部为影响系统耦合协调发展的次要指标。反映出山西省的航空、铁路、公路、水路四种运输方式对系统耦合协调的贡献作用相当,发展较为均衡,无发展突出,也无发展短板。

(4)对于陕西省来说,交通运输业各指标与系统耦合协调度的关联度排名依次为:水路客运周转量(亿人公里)>铁路客运量(万人次)>民航客运周转量(亿人公里)>民航客运量(万人次)>铁路客运周转量(亿人公里)>水路客运量(万人次)>公路通车里程(km)>铁路通车里程(km)>内河航道里程(km)>公路客运周转量(亿人公里)>公路客运量(万人次),最大值为0.52,最小值为0.50。十一个指标均处于中等关联的[0.45,0.65)中,指标间的灰色关联水平差距更小,几乎可以忽略不计,全部为影响系统耦合协调发展的次要指标。陕西省交通运输业各指标与耦合协调度的关联水平整体略低于山西省,但关联特征一致。这种特征还发生在宁夏回族自治区、甘肃省和内蒙古自治区,四省(自治区)除具体十一个指标的排名顺序稍微变动外,整体关联水平几乎一致,均处于中等关联的[0.45,0.65)中。其中,内蒙古自治区由于数据缺失,未能得到水路客运周转量(亿人公里)和水路客运量(万人次)2010—2019年的相关数据,因此,此处在计算内蒙古自治区交通运输业各指标与耦合协调度的关联度时,剔除了该两个指标,以剩余九个指标为比较序列开展计算,进而得出表6-5中的结果。

(5)对于四川省来说,交通运输业各指标与系统耦合协调度的关联度排名依次为:民航客运周转量(亿人公里)>民航客运量(万人次)>铁路客运量(万人次)>铁路客运周转量(亿人公里)>公路通车里程(km)>水路客运周转量(亿人公里)>铁路通车里程(km)>水路客运量(万人次)>内河航道里程(km)>公路客运周转量(亿人公里)>公路客运量(万人次),最大值为0.62,最小值为0.48。虽然十一个指标均处于中等关联的[0.45,0.65)中,全部为影响系统耦合协调发展的次要指标,但是指标间的灰色关联水平差距较大。四川省公路客运周转量(亿人公里)和公路客运量(万人次)两指标与耦合协调度的关联度是黄河流域九省(自治区)中唯一低于0.5的省,四川省地形较为复杂,公路客运是其严重的耦合短板,而航空运输的发展相较于其他内陆省份有明显优势,远高于陕西省、山西省等省份的民航关联度。四川省可因地制宜地提升公路客运量,进而提高四川省的可进入性和可达性。

(6)对于青海省来说,交通运输业各指标与系统耦合协调度的关联度排名依次为:民航客运量(万人次)>民航客运周转量(亿人公里)>水路客运量(万人次)>铁路客运量(万人次)>铁路客运周转量(亿人公里)>内河航道里程(km)>铁路通车里程(km)>公路通车里程(km)>公路客运周转量(亿人公里)>水路客运周转量(亿人公里)>公路客运量(万人次),最大值为0.80,最小值为0.53。除民航客运量(万人次)处于高关联的[0.65,0.85)外,属于影响系统耦合协调度的主要指标,剩余十个指标均处于中等关联的[0.45,0.65)中,为影响系统耦合协调发展的次要指标。青海省的民航客运量(万人次)的关联度高达0.8,与其他指标的关联度断层明显,优势突出,除航空外,水路运输、公路运输和铁路运输各指标均在0.57~0.52之间,差距不大,较为均衡。青海省可在现有航空运输发展优势的基础上,发挥航空产业的辐射作用,进一步提高其他交通方式的耦合作用。

第 7 章
旅游业与交通运输业耦合发展路径

7.1 研究结论

7.1.1 耦合协调度时间态势分析结论

从耦合协调度时间态势和空间态势两个方面出发,综合分析黄河流域九省(自治区)旅游业与交通运输业耦合协调度。具体地说,从黄河流域旅游业综合发展水平时间态势、黄河流域交通运输业综合发展水平时间态势、黄河流域旅游业与交通运输业耦合协调度时间态势、黄河流域旅游业与交通运输业耦合协调等级、黄河流域旅游业与交通运输业耦合协调类型五个角度出发,分析耦合协调度的时间态势,得到了如下有益的结论。

(1)黄河流域九省(自治区)旅游业综合发展水平时间态势。2010—2019 年,黄河流域九省(自治区)旅游业迅猛发展,旅游业综合发展水平明显提高,均值从 2010 年的 0.109 上升到 2019 年的 0.262,年均增长率为 10.19%,明显高于交通运输业综合发展水平。从黄河流域九省(自治区)旅游业发展阶段来看,2010—2019 年,除了在 2013—2014 年持平外,黄河流域九省(自治区)旅游业综合发展水平整体呈现出稳步上升的趋势。从各省(自治区)旅游业综合发展水平的增长率来看,2010—2019 年,旅游业综合发展水平增长率位于前三位的分别是甘肃省、四川省和青海省,对应的年均增长率分别为 14.92%、13.86% 和 13.75%。从各省(自治区)旅游业综合发展水平的差异来看,2010—2019 年,各省(自治区)的旅游业综合发展水平存在显著差异,这主要是缘于黄河流域各省(自治区)的经济水平、设施建设、地理特征等因素存在着一定程度的差距。其中,山东省的旅游业综合发展水平一直远高于其他各省(自治区),除了在 2017 年被四川省超过,但整体上仍是遥遥领先。

(2)黄河流域九省(自治区)交通运输业综合发展水平时间态势。2010—2019 年,黄河流域九省(自治区)交通运输业综合发展水平整体呈现出接近稳定不变的趋势,中间略有起伏,均值从 2010 年的 0.190 上升到 2019 年的 0.225,年均增长率为 1.87%。从各省(自治区)交通运输业发展阶段来看,2010—2012 年,黄河流域九省(自治区)交通运输业综合发展水平增长速度较为缓慢;2012—2014 年,黄河流域交通运输业综合发展水平整体以及大部分省(自治区)均有所下降;2014—2019 年,黄河流域交通运输业综合发展水平整体又再一次呈现出缓慢增长的趋势。从各省(自治区)交通运输业综合发展水平的增长率来看,2010—2019 年,交通运输业综合发展水平增长率位于前三位的分别是青海省、宁夏回族自治区和山西省,对应的年均增长率分别为 7.93%、5.34% 和 3.73%;增长率位于后三位的分别是河南省、四川省和山东省,对应的年均增长率分别为 2.06%、1.46% 和 0.41%。从各省(自治区)交通运输业综合发展水平的差异来看,2010—2019 年,各省(自治区)的交通运输业综合发展水平的差异性较大。

(3)黄河流域旅游业与交通运输业耦合协调度时间态势。2010—2019 年,黄河流域旅游业与交通运输业的耦合协调度整体呈现出曲折上升的趋势,均值从 2010 年的 0.127 上升到 2019 年的 0.974,年均增长率为 25.45%,但耦合协调度整体处于中等水平,超出一半的年份达到了协调水平,但只有少数年份达到了良好的协调。从各省(自治区)旅游业与交通运输业的耦合协调度来看,到 2019 年,耦合协调度最高的是河南省、山西省、陕西省、内蒙古自治区、甘肃省、宁夏回族自治区和青海省,除山东省与四川省以外,此 7 个省(自治区)的耦合协调度在 2019 年均达到了 0.995,山东紧随其后,但四川的耦合协调度明显较低。从各省(自治区)旅游业与交通运输业耦合协调度的差异来看,2010—2011 年,各省(自治区)旅游业与交通运输业耦合协调度差异不显著。

(4)黄河流域旅游业与交通运输业耦合协调等级。从整体来看,黄河流域各省(自治区)旅游业与交通运输业耦合普遍达到协调程度($D \geqslant 0.5$),少数年份未达到协调,在达到协调程度的年份中,协调等级大多数偏低,至 2018 年,多数省(自治区)才达到良好协调及以上($D \geqslant 0.8$)的协调程度,而四川省则从 2017 年的良好协调下降为 2018 年的中级协调。从各省(自治区)的差异来看,黄河流域各省(自治区)旅游业与交通运输业耦合协调等级在整体上不存在明显差异。

(5)黄河流域旅游业与交通运输业耦合协调类型。从整体来看,2010—2019 年,黄河流域九省(自治区)旅游业与交通运输业耦合协调类型只存在"旅游滞后"和"交通滞后"两种情况,且两种情况出现的次数较为平均。从各省(自治区)的差异来看,黄河流域各省(自治区)旅游业与交通运输业耦合协调类型差异显著。

7.1.2 耦合协调度空间态势分析结论

另外,从黄河流域旅游业综合发展水平空间态势、黄河流域交通运输业综合发展水平空间态势、黄河流域旅游业与交通运输业耦合协调度空间态势三个方面,分析了耦合协调度空间态势,得到了如下有益的结论。

(1)黄河流域旅游业综合发展水平空间态势。从地区上来看,山东省的旅游业发展程度一直领先,在 2010 年、2013 年、2016 年和 2019 年的横向对比之下是唯一的旅游业发展较好的地区;黄河流域内地理位置处于东部的省(自治区)旅游业综合发展水平普遍优于西部地区,但四川省作为西南地区的中心省份,其旅游业综合发展水平也较为良好;旅游业发展落后地区包括了青海省、甘肃省和宁夏回族自治区。从数量上来看,旅游业综合发展水平较高地区的数量占黄河流域地区整体的比例由 2010 年的 11.11% 上涨至 2019 年的 44.44%;旅游发展落后地区数量占比由 33.33% 下降至 22.22%。从空间分布上来看,黄河流域的旅游业综合发展水平在空间上呈现出旅游业发展较好地区由沿海向内陆、由南部向北部扩散的特征。

(2)黄河流域交通运输业综合发展水平空间态势。从地区上来看,山东省的交通优势明显;四川省的交通运输水平在黄河流域内也一直处于领先水平。青海省、甘肃省、宁夏回族自治区、山西省和内蒙古自治区属于交通运输业发展相对落后的地区。从数量上来看,交通运输业发展相对较好地区的占比并不太高,仅为22.22%;交通运输业发展水平的极化现象较为明显,山东省和四川省始终占有优势,而除内蒙古自治区以外的北部地区始终处于相对落后的位置。从空间分布上来看,在2019年呈现出南强北弱的空间格局。

(3)黄河流域旅游业与交通运输业耦合协调度空间态势。从地区上来看,黄河流域南部地区的耦合协调度相对值波动较大。从数量上来看,耦合协调度较高地区占比越来越大,截至2019年,黄河流域九省中有七个省(自治区)达到了极高的协调度,仅有两个地区的耦合协调度相对较低,且整体上九省(自治区)的耦合协调度绝对值都非常可观,黄河流域旅游业与交通运输业耦合协调度的均值达到0.974,说明黄河流域整体上达到了优质协调。从空间分布上看,黄河流域的耦合协调度相对较高地区呈现出由点到线、由线到面的空间变化趋势,由最开始的单一点状地区耦合协调度领先,发展至最后大面积呈现出高度耦合。

7.1.3 旅游业各指标灰色关联分析结论

从旅游业和交通运输业各指标的灰色关联分析两个方面出发,综合分析黄河流域九省(自治区)旅游业与交通运输业耦合协调度的影响因素。具体地说,从综合发展水平影响因素和耦合协调度影响因素分析两个角度出发,进行了旅游业各指标的灰色关联分析,并得到了如下有益的结论。

(1)综合发展水平影响因素。整体来看,各指标关联度水平较高,除河南省的星级酒店总数(个)、青海省的 A 级旅游景区总数(个)指标关联度低于0.6之外,其他关联度均大于0.6。除山东省、河南省和青海省三省外,其他黄河流域六个省(自治区)的各指标关联度水平都处于[0.65,0.99)之间,为高水平或极高水平关联。

(2)耦合协调度影响因素分析。黄河流域九省(自治区)的旅游产业各指标与耦合协调度的关联度均大于0.5,这些指标可以用来衡量和判断影响耦合协调度的关键因素。各省(自治区)旅游经济系统指标与耦合协调度的灰色关联测度值各不相同,差异性明显,本研究从不同省(自治区)进行了分析。

7.1.4 交通运输业各指标灰色关联分析结论

另外,从综合发展水平影响因素和耦合协调度影响因素两个方面,进行交通运输业各指标的灰色关联分析,得到了如下有益的结论。

(1)综合发展水平影响因素。整体来看,各指标关联度水平较高,除内蒙古自治区和四川省的民航客运周转量(亿人公里)、山西省的水路客运量(万人次)指标关联度低于0.6之外,其他关联度均大于0.6。除甘肃省外,黄河流域其他八省(自治区)各指标的关联度呈现正态分布,非均衡态势,指标间差距较大。

(2)耦合协调度影响因素。黄河流域九省(自治区)的交通运输业各指标与耦合协调度的整体关联度水平比旅游业较差,但所选用的指标也是科学合理的,这些指标可以用来衡量和判断影响耦合协调度的关键因素。各省(自治区)交通运输系统指标与耦合协调度的灰色关联测度值各不相同,差异性明显。

7.1.5 主要结论

综上所述,得出如下主要结论。

(1)交通运输业是旅游业发展的基础。黄河流域九省(自治区)的旅游业与交通运输业紧密耦合,加强旅游交通基础设施建设,可以提高旅游目的地进入通达性、便捷性、舒适性,直接促进旅游业快速发展。

(2)旅游业对交通运输业的需求不断增加。随着旅游业的快速发展,对交通运输业的需求也越来越大,尤其是在旅游旺季,需要增加交通运输的运力,提高交通运输的效率。

(3)交通运输业对旅游业的影响很大。交通运输业的发展水平和运输能力直接影响着旅游业的发展,如交通运输的便利程度和舒适度会影响游客的旅游体验,进而影响旅游业的发展。

(4)旅游业和交通运输业的合作是必要的。旅游业和交通运输业之间的合作是必要的,旅游业需要依托交通运输业的发展,而交通运输业也可以通过旅游业的发展来提高自身的盈利能力。

(5)现代化综合立体交通网为旅游业发展提供有力支撑。旅游业与交通运输业都是国民经济的支柱产业,两者相辅相融、协同发展。不断完善集铁路、公路、民航等多种运输方式为一体的现代化综合立体交通网,串联区域精品旅游资源,为旅游业高质量发展提供关键支撑。

(6)旅游业与交通运输业的耦合发展需要政府的支持和引导。旅游业与交通运输业的耦合发展需要政府的支持和引导,政府需要为交通运输业和旅游业的协同发展提供政策、资金等方面的支持。

7.2 研究建议

7.2.1 旅游业发展路径

7.2.1.1 促进文旅融合发展,打造世界级文化旅游目的地

黄河流域拥有雪山、湿地、草原、瀑布等多种地形地貌,同时,其作为中华民族的文化发祥地,蕴含着河湟文化、河套文化、关中文化、河洛文化、齐鲁文化等独特而丰富的历史文化资源[2],与自然资源相辅相成、相得益彰。以文塑旅、以旅彰文,促进文旅深度融合,从而推动黄河流域生态保护和高质量发展。

(1)根据资源禀赋和发展定位,分区域做好规划工作。黄河上中下游核心资源类型不同,发展定位也不同。黄河上游自然景观多样、生态风光原始、民族文化多彩,是黄河水

源主要补给地和重要涵养区,青海省、四川省、甘肃省毗邻地区可以共建国家生态旅游示范区,使生态保护和文旅发展相得益彰。中下游地区拥有古都、古城、古镇、古迹等丰富的人文资源,要充分发挥泰山、孔庙、殷墟、五台山、龙门石窟、云冈石窟、平遥古城、秦始皇陵及兵马俑坑等世界文化遗产的带动和辐射作用,打造世界级历史文化旅游目的地。不断发掘和创造性转化、活化上中下游黄河文化的时代价值,创新文旅融合载体,打造以黄河文旅为核心的新产品、新业态、新模式,促进黄河流域生态保护、文化繁荣、文旅产业融合及经济社会发展。

(2)文旅深度融合,促进黄河流域文化遗产保护与发展。黄河文化是产生发展于黄河流域的一种地域性文化,内容丰富、品种多样、同中有异、各有特色。黄河流域历史悠久,文化积淀深厚,拥有众多高品质、特色鲜明的物质文化遗产和非物质文化遗产,其中世界遗产20处、不可移动文物30余万处、国家级非遗代表性项目649项,这些是黄河文化的重要载体,旅游又是文化传播的重要载体。拥有国家全域旅游示范区47个、国家5A级旅游景区84个、国家级旅游度假区9个、全国乡村旅游重点村329个、全国红色旅游经典景区85个,丰富的文化旅游资源为黄河文化旅游带建设打下了坚实基础。加快文化资源向旅游产品转化,打造具有黄河文化元素的文化遗产寻根、研学等专题文化旅游线路,创新传统技艺、表演艺术等非遗项目展示表演形式,不断走进旅游景区,走进度假区,走近游客,丰富沿黄文化旅游产品供给。只有让文化资源"动"起来,"活"起来,和游客"互动"起来,黄河文化才能更好地加以传承发展。黄河流域九省(自治区)世界遗产名单见表7-1。

黄河流域九省(自治区)世界遗产名单　　　　　表7-1

序号	遗产名称	入选时间	所在黄河流域九省(自治区)	类型
1	长城	1987.12	山东、河南、山西、陕西、甘肃、宁夏、青海	世界文化遗产
2	敦煌莫高窟	1987.12	甘肃	世界文化遗产
3	秦始皇陵及兵马俑坑	1987.12	陕西	世界文化遗产
4	曲阜孔庙、孔林和孔府	1994.12	山东	世界文化遗产
5	平遥古城	1997.12	山西	世界文化遗产
6	龙门石窟	2000.11	河南	世界文化遗产
7	青城山—都江堰	2000.12	四川	世界文化遗产
8	云冈石窟	2001.12	山西	世界文化遗产
9	殷墟	2006.07	河南	世界文化遗产
10	五台山	2009.06	山西	世界文化遗产
11	登封"天地之中"历史古迹	2010.08	河南	世界文化遗产
12	元上都遗址	2012.06	内蒙古	世界文化遗产
13	大运河	2014.06	山东、河南	世界文化遗产
14	丝绸之路:长安-天山廊道的路网	2014.06	河南、陕西、甘肃	世界文化遗产
15	黄龙风景名胜区	1992.12	四川	世界自然遗产
16	九寨沟风景名胜区	1992.12	四川	世界自然遗产

续上表

序号	遗产名称	入选时间	所在黄河流域九省(自治区)	类型
17	四川大熊猫栖息地	2006.07	四川	世界自然遗产
18	青海可可西里	2017.07	青海	世界自然遗产
19	泰山	1987.12	山东	自然与文化双重遗产
20	峨眉山-乐山大佛	1996.12	四川	自然与文化双重遗产

(3)紧扣消费市场导向,强化需求驱动效应。合力打造的黄河文化旅游带、黄河国家文化公园具有极强的地域性,文化性,在协同发展中极易出现资源导向型的合作。在文化旅游消费需求多元化的背景下,应该避免资源导向型合作,而应该以市场需求引领和指导区域合作,优先开发符合游客需求、市场前景看好的文旅合作项目,让区域合作真正与市场需求紧密结合,开展市场导向型合作。深入挖掘和紧扣消费市场的发展变化,逐步强化需求驱动效应。紧扣市场需求展开实际调研,深入了解消费者对文化旅游产品的新需求,找准黄河文化旅游消费的新趋势,深入挖掘全流域的传统文化、民族民俗文化、地域文化等,将黄河文化旅游产品和项目的内容进行创新、创意,进行活化,从而推动黄河流域文化产业与旅游产业的耦合协调发展。

(4)提高市场辨识度,培育世界级的黄河文化旅游品牌。黄河旅游虽然已成为中国十大最具国际影响力的旅游目的地品牌之一,但在黄河旅游资源规划、文化挖掘、旅游产品开发等方面仍然存在以行政区划为单位,分而治之的现象。"中国黄河""黄河文化""黄河旅游"整体品牌形象还未形成,"黄河旅游带"也并未真正形成。应该树立"大黄河"理念,跨区域、跨行业合作,从黄河流域九省(自治区)整体层面编制高质量的区域文旅产业发展规划,进一步凝练黄河文化旅游品牌的文化底蕴、核心资源、表达形式和支撑产品等,资源整合共享,点线面相结合,引导九省(自治区)共同提炼和打造统一的"中国黄河"品牌和鲜明的"黄河文旅"形象,提高黄河文化旅游带、黄河国家文化公园的品牌特色和市场辨识度,打造世界级的中华文明体验之旅。只有提高"中国黄河"市场辨识度,才能真正建设具有国际吸引力的中国黄河景观长廊[184],培育世界级的黄河文化旅游品牌。

7.2.1.2 加强区域旅游合作,构建黄河流域旅游发展共同体

(1)抢抓机遇,优化客源结构。黄河流域的客源以当地和周边省份的中短途旅游市场为主。黄河流域各省(自治区)应该利用黄河流域具有国际影响力的文化符号和旅游吸引物,以及以世界文化遗产和自然遗产为代表的世界级文化体验和优质康养资源,加快布局适应国际旅游市场需求变化的重点产品和重大项目。尤其是在疫情结束后、国际旅游市场格局调整的窗口期,做好黄河流域文化旅游品牌、特色文旅产品和项目的推介。特别是陕西省、甘肃省、宁夏回族自治区要利用丝绸之路经济带重要组成部分的区位优势,面向"一带一路"沿线国家做好海外旅游市场推广工作,积极探索内陆省(自治区)拓展入境旅游的新路径。

(2) 创新驱动,促进区域文化旅游业高质量发展。黄河流域除西安市外,其他八个省(自治区)的省会(首府)旅游业发展水平都处于中低层次,尤其是黄河上游省区,文化旅游业发展不充分、不均衡、不协调现象非常突出。文化和旅游部 2021 年 4 月印发的《"十四五"文化和旅游发展规划》提出,保护传承弘扬黄河文化,打造具有国际影响力的黄河文化旅游带。黄河文化旅游带建设是一项长期复杂的系统性工程,要创新区域协同发展体制机制,创新区域市场监管制度机制,创新长效建设保障机制,推进省部合作、区域协同和精准对接,不断以创新驱动激发黄河文化旅游带建设的内生动力。从技术创新、产品创新、营销创新、模式创新、业态创新等方面,促进旅游产业结构的转型升级;通过大数据、人工智能、虚拟仿真等技术,实现黄河文旅与科技的融合,不断创新文旅体验。只有坚持创新驱动、科技赋能,才能真正实现旅游业的高质量发展。

(3) 区域合作,构建旅游发展共同体。坚持黄河文化和旅游区域联动、黄河文化与旅游城乡联动、黄河文化与旅游要素联动,只有理顺各区域、各领域、各环节之间的关系,才能充分发挥多方的积极性、创造性,逐步形成强大的凝聚力和集聚效应。首先,要由政府搭建区域旅游合作平台,打破行政区划藩篱,消除行业壁垒,构建信息互通、资源共享、市场共建、利益共享的黄河流域旅游共同体。其次,要定期举办黄河流域黄河文化论坛、旅游高峰论坛、文化旅游推介会[185,186]、行业发展年会、重大项目招商洽谈会等[187],沿黄九省(自治区)共建品牌、共探文脉、共保生态,讲好新时代黄河故事,共同打造国内外有影响力的黄河文化旅游带和文化旅游目的地。

(4) 科技赋能,加快黄河流域文旅产业提质升级。黄河流域文旅产业存在基础薄弱,内部发展不平衡,资源依赖倾向明显,特色不鲜明等问题。用科技手段激活文化元素和旅游要素,提高黄河流域文旅科技含量,是黄河流域文旅产业高质量发展的必由之路。因此,数字文旅产业、智慧文旅服务成为激发文旅市场活力、释放文旅消费潜力的新动能,以数字孪生技术赋能文旅行业,开发沉浸式体验类新产品,发展"文化创意 + 数字科技 + 旅游演艺"类新业态,深入实施"文化 + 旅游 + 科技"战略,进行黄河文化挖掘和文旅产品开发,如非遗展示、旅游演艺、研学旅行、动漫影视、文化康养、VR 看房服务等。另外,九省(自治区)还可通过文旅官方网站、智慧旅游平台、微博、微信、抖音、小红书等媒体及时发布相关旅游信息及交通动态[188],根据游客个性化需求推送当地特色旅游产品和路线,吸引更多的国内外游客,促进旅游产业转型升级,把文化旅游产业打造成黄河流域九省(自治区)的支柱产业,让黄河成为人民共同的致富河、幸福河。

7.2.2 交通运输业发展路径

7.2.2.1 加强交通基础设施建设,打造中国内陆综合交通枢纽新高地

(1) 积极对接交通强国战略,实现区域高效联通。黄河流域内部分省(自治区)因为地形特殊造成交通基础设施建设难度大,交通基础设施不足,交通运输业发展水平不高。青海省、甘肃省、宁夏回族自治区、山西省和内蒙古自治区属于交通运输业发展相对落后的地区,形成黄河流域整体旅游业和交通运输业协同发展较差的现状。黄河流域九省(自治区)国土面积约 130 万 km^2,旅游资源分布广泛,因此,要求流域内的交通要具有较好的通

达性,特别是位于中游的山西省、陕西省、河南省三个省份具有重要的地理区位,起着承上启下、连接上下游的作用。流域内九省(自治区)要积极对接国家交通强国战略,在优化既有交通基础设施功能的基础上,不断谋划新建大通道、大枢纽、大网络,加快形成以"一字型""几字型""十字型"为主骨架的黄河流域现代化交通网络,畅通瓶颈路段,弥补缺失路段,打通省际交界"最后一公里",实现区域内高效联通。

(2)构建综合交通运输体系,提升运输服务质量。交通基础设施建设对区域内旅游业与交通运输业协调发展具有重要影响。大力修建高速铁路、高速公路、航空运输、水路运输等交通基础配套设施,不断完善区域交通运输体系,提升客流量承载能力,扩大旅客运输规模;提高重点枢纽运转效率,实现无缝衔接,提高运输服务质量。多措并举,畅通快进系统,促使游客向旅游景区密集地带集聚,不断扩大旅游市场规模,增强区域内旅游经济的发展活力。另外,要强化跨区域大通道建设,加强黄河流域与京津冀地区、长江经济带、成渝地区双城经济圈、长江中游城市群的互联互通,这样为流域内特别是交通基础设施较弱的上游西北省(自治区)带来大量客流量的同时,进一步刺激交通运输业发展。通过交通运输对旅游的引导作用,积极促进旅游业的发展,不断改善交通滞后局面,加深二者耦合协调程度,推进区域发展向协调化演变。

7.2.2.2　创新交通旅游新产品、新业态,为游客提供"快进""慢游"新体验

交通是旅游的基础保障,顺畅快捷的交通网络为游客出行提供便利;交通也是旅游的重要组成部分,交通设施创造了新的旅游景观。随着全域旅游时代的到来,创新旅游交通新产品、新业态、新模式,提升旅游交通服务品质,加快形成交旅融合发展新格局,已经成为交通运输业转型升级的新趋势。

(1)加快构建便捷高效的"快进"交通网络。统筹区域内高速铁路、高速公路和机场的布局,规划形成以沿黄高铁和沿黄两岸双高速为骨干、机场群比较优势充分发挥的沿黄"快进"综合运输通道,衔接黄河流域重要节点城市及沿线文旅资源。山西省打造黄河一号旅游公路、山东省威海市打造滨海旅游公路,把沿黄生态旅游公路打造成"交通 + 旅游"的新样板,推动沿线旅游业由传统的"景点旅游"向"全域旅游"、由"门票经济"向全民参与的"产业经济"转变。

(2)积极打造"慢游"黄河主题风景道。依托黄河得天独厚的自然及人文旅游资源,按照"凸显黄河时代价值、保护黄河生态底色、凝聚两岸文化特色、彰显华夏根和魂"的原则,规划贯穿全域的黄河主题风景道,串起沿途旅游景区,整合黄河流域的自然山水、历史文化、民俗风情等旅游资源,推出交旅 + 研学、交旅 + 节庆、交旅 + 农业等旅游路线。青海省打造大通河、"神奇天路"等5条生态旅游风景道,串珠成环,宜行宜游路景交融。另外,推动交通与景观、游憩和生态保护功能的有机结合,打造集自然观光、湿地公园、民俗风情体验、自驾车旅游、文化遗产旅游、休闲度假于一体的旅游风景道,实现伴行黄河两岸、黄河"时隐时现,时近时远"的体验效果。

7.2.2.3　依托核心资源,打造高速公路服务区"PSBT"发展模式

"PSBT"即 P(Platform),代表运营平台;S(Service)代表服务提供;B(Brand)代表品牌

打造；T(Technology)，代表技术赋能。将服务区打造成高速公路路衍经济的重要载体，特别是高速公路与旅游融合发展的重要载体。

（1）完善产业链条，打造服务区经济廊带。推动服务区向交通、生态、旅游、消费等复合功能型服务区转型升级，对服务区进行产业布局，吸引旅游、金融、保险、商业、物流、饮食、休闲、展示等服务行业的加入，围绕节能环保、新能源汽车、数字创意产业等战略性新兴产业，持续打造高端产业生态，将业务范围由"路内"扩展到"路外"，获取新的市场份额，加快推动互联网、大数据、人工智能与各领域的深度融合，打造高速公路服务区产业集聚廊带，引领服务区向集群化、高端化、特色化、智能化发展。

（2）融合区域特色，打造服务区文旅特色窗口。强化服务区的窗口展示效应，促进服务区与旅游景区景点的聚力合作，借助集团品牌影响力、资金优势和路网资源，加强与地方政府合作，获取优质自然资源与人文资源开发经营权，将高速公路网、服务区分布优势与当地历史文化、旅游景点等资源进行整合，打造服务区文化旅游融合平台，实现服务区与文化旅游产业的充分融合。

（3）优化整合资源，打造服务区优质品牌形象。加强内在建设，针对服务区专营公司的自建品牌，实施品牌形象建设，将博大精深的历史文化融入服务区建设当中，将独有的文化与品牌相结合，打造独具特色的服务区文化和服务区品牌。做到服务区产品丰富多样、交通方便快捷、服务设施标准完善、服务热情规范，不断提升服务品质和服务水平。

7.2.3 旅游业与交通运输业融合发展路径

黄河流域内旅游业和交通运输业具有高度的相关性，融入"交旅+"概念，创新发展理念，拓展服务功能，推动旅游专线、旅游风景道、旅游航道等发展，完善客运枢纽、高速公路服务区等交通设施的旅游服务功能，推动交通和旅游融合发展，促进经济和社会效益双赢。

7.2.3.1 树立"大黄河"共建共享发展理念，加强流域内资源共享与优势互补

（1）推进全域统筹布局，构建跨区域多层次协调制度。青海省、四川省、甘肃省、内蒙古自治区、陕西省、山西省六省（自治区）都将"交通与旅游融合发展"作为交通强国试点任务。若要推进黄河流域九省（自治区）整体旅游业和交通运输业的耦合协调发展，需要构建跨省（自治区）多层次协调制度。

《黄河流域生态保护和高质量发展规划纲要》提出"一轴两区五极"发展动力格局，打造以河湟-藏羌文化区、关中文化区、河洛-三晋文化区、儒家文化区、红色文化区等多个黄河文化彰显区。高效的协调机制能够确保信息互通，加强区域内合作与交流，防止重复建设，增强区域合作的整体性。增进信任，促成共识，形成制度聚合效力，不断提升生态环境治理效率及区域产业协同发展水平。以开放式的"快进""慢游"集散体系、全流域的智慧旅游管理服务平台等为依托，进一步提升黄河文化旅游区域合作的整体性，游客旅游休憩的便捷性。因此，黄河流域内各省（自治区）、各城市要打破行政区划界限，加强区域间、城市间互动与合作，打破资金、人才、技术等要素流动壁垒，协调各省（自治区）、各城市的资源优势，促进合作，避免恶性竞争。

（2）推进核心城市群发展，强化辐射带动效应。为进一步缩小区域内各省（自治区）

发展差异,解决发展不平衡现状,提升黄河流域旅游业与交通运输业之间的耦合协调水平,应合理利用山东省、四川省等综合发展水平较高省(自治区)的溢出效应,加快其与区域内其他省(自治区)的协作,以推进黄河流域核心城市群的发展,从而充分发挥其辐射带动效应,促进交旅产业区域一体化的形成。

山东半岛城市群是黄河流域发展动力格局"五极"之一,地区生产总值、进出口总额等主要经济指标均居沿黄省(自治区)首位,辐射带动作用明显。山东省是黄河流域唯一河海交汇区,是连接京津冀与长江三角洲地区的桥梁纽带,是新亚欧大陆桥桥头堡和东北亚经济圈重要组成部分,在"一带一路"建设等重大国家战略格局中具有重要地位,因此山东省在文化传承、动能转换、对外开放等领域独具优势,生态保护和高质量发展潜力巨大。《山东省黄河流域生态保护和高质量发展规划》明确了山东省在黄河流域生态保护和高质量发展国家战略中的6大定位,以创新驱动、高质量供给引领和创造新需求。山东省要不断放大优势,激发活力,努力打造龙头地位,发挥示范引领作用。

黄河中游地区包括陕西省、内蒙古自治区、山西省和河南省等地,是我国的重工业基地,主要是关中平原城市群、中原城市群、山西中部城市群和呼包鄂榆城市群,但经济基础不是很强大,在区域中支撑作用不足。建议整合关中平原城市群、中原城市群和山西中南部地区,共同打造黄河中游城市群,从而带动黄河中游地区发展,承担起促进黄河流域区域经济协调重任。

兰西城市群、宁夏沿黄城市群、呼包鄂渝城市群和晋中城市群生态环境脆弱、经济发展水平普遍不高,未来以生态涵养、环境保护为主,经济方面主要以生态农业、旅游业和交通运输业发展为主,促进黄河经济带健康可持续发展。

7.2.3.2　大力发展数字技术,让游客体验美好生活

近年来,大数据、云计算、人工智能、卫星遥感、物联网等数字化技术成为各行业数字化转型的新动能,而旅游业和交通运输业首当其冲。数字经济在旅游和交通消费场景蕴藏着巨大潜力,正不断推动旅游和交通运输关键信息和要素的资源整合,推进两者转型升级和耦合协调发展。

从微观层面看,旅游企事业单位应通过VR、AR等数字技术,增强文旅产品的沉浸互动感、虚拟仿真体验感,将黄河流域独有的文化、景观借助小视频、游戏、直播、真人秀等方式和渠道精准推送给潜在的旅游消费者,让黄河文化"活"起来,让"云端旅游"成为现实,满足游客多元化需求。从宏观层面看,黄河流域九省(自治区)相关政府部门应积极探索"数字技术+旅游""数字技术+交通"新发展模式,推进文旅产品和旅游交通产品的生产、展示、传播和互动等环节的技术内涵升级,促进黄河流域的数字演艺、文旅数字体验馆、数字博物馆、主题服务区、数字孪生交通枢纽等新产品、新业态的创新发展,实现黄河文化的创造性转化,以及线上线下相结合的互动交融体验。让游客真正体验"感悟黄河文化,享受美好旅程。"

7.2.3.3　培养多领域交叉复合型人才,推进黄河流域经济高质量发展

旅游跨界深度融合驱动新业态、新场景、新模式,消费需求多元化和行业创新常态化对旅游人才质量提出更高要求。跨界复合型人才严重短缺,严重制约了旅游业增长潜力的实

现。实施黄河流域生态保护和高质量发展国家战略,必须坚持创新驱动、科技赋能、人才支撑。人才是创新和科技的内生动力,黄河流域需要集聚"旅游+文化+交通+金融+产业"等领域人才,共同推进旅游交通高质量发展。

旅游交通人才一体化协同发展是黄河流域交旅耦合协调一体化发展的关键,更是黄河流域高质量发展的核心要素。高校要打造多学科支撑的复合型、创新型、应用型人才培养平台,营造多主体参与的良好培养环境,培养学生多目标的软性可迁移技能。构建多元参与、多主体协同育人机制,实现高校旅游人才培养目标和培养路径与社会和行业需求有效对接,将理论学习与社会实践相结合、学科创新与多学科协同创新相结合、学校导师与企业导师共同指导相结合,将学到的理论知识应用到解决旅游行业具体问题的实践中去。黄河流域九省(自治区)应制订统一的人才政策,推动人才要素在流域内自由流动。完善人才流动相关政策,打破人才跨省(自治区)、跨系统、跨行业自由流动的障碍,鼓励创新人才向一线流动。

7.3 研究展望

在黄河流域生态保护和高质量发展上升为国家重大战略的背景下,本书以黄河流域九省(自治区)为研究对象,采用熵权法和耦合协调度模型,测度2010—2019年黄河流域九省(自治区)旅游业与交通运输业的耦合协调度,并分析其时空演变特征;构建灰色关联分析模型,识别影响黄河流域九省(自治区)旅游业与交通运输业耦合协调程度的关键因素;并提出了交旅融合切实可行的优化路径及发展策略。

本研究存在如下不足与局限之处,对未来研究进行合理展望。

(1)指标体系有待进一步完善。本研究在构建系统指标体系时,虽然基于大量参考文献的基础上,并严格遵循选取指标原则,努力做到科学衡量旅游业和交通运输业两个系统的综合发展水平,但不可避免会存在一定的局限性。因此,黄河流域九省(自治区)旅游业和交通运输业耦合评价指标体系还有待完善。

(2)仅从黄河流域九省(自治区)内部角度来分析旅游业与交通运输业耦合协调度,忽略了省(自治区)之间二者的协同发展情况。在后续的研究中应充分考虑省域间的耦合协调发展,使结论更加客观、具体、有针对性。黄河流域旅游业与交通运输业的发展具有长期性和复杂性,随着黄河国家战略的不断推进和交旅融合实践的快速创新,今后对二者的耦合协调发展研究可以在机理分析、研究方法选择等方面进行更深入的探讨。

(3)《中国统计年鉴》《中国旅游统计年鉴》《中国社会统计年鉴》《中国城市统计年鉴》《中国区域经济统计年鉴》以及黄河流域九省(自治区)国民经济和社会发展的统计年鉴和官方统计公报等是本研究的重要统计数据来源。本书研究对象为黄河流域九省(自治区),研究尺度相对较大,未能从更加微观的视角进行研究,此研究无法确定流域内具体某个市级区域协调度高低的影响因素。考虑到多数西北省(自治区)的市县关于两系统的指标数据并未整理,若研究对象为市域或县域尺度,则研究很难展开。未来可以基于大数据进行本研究,筛选提取有价值的数据,构建数据库,以提高研究的精准性和适用性。

参考文献

[1] 陈云霞. 旅游经济与交通运输耦合协调发展与优化路径[D]. 西安:长安大学,2019.

[2] 李月,吴贵华,冯萍. 黄河流域文化产业与旅游产业耦合度测评及影响因素研究[J]. 福建农林大学学报(哲学社会科学版),2021,24(01):69-80.

[3] RAGURAMAN K. Troubled passage to India[J]. Tourism Management,1998,19(6):533-543.

[4] GUTIÉRREZ J. Location, economic potential and daily accessibility: an analysis of the accessibility impact of the high-speed line Madrid-Barcelona-French border[J]. Joumal of Transport Geography,2001,9(4):229-242.

[5] RAVAZZOLI E, STREIFENEDER T, CAVALLARO F. The effects of the planned high-speed rail system on travel times and spatial development in the European Alps[J]. Mountain Research and Development,2017,37(1):131-140.

[6] FERNÁNDEZ XOSÉ LUIS, COTO-MILLÁN PABLO, BENITO DÍAZ-MEDINA. The impact of tourism on airport efficiency: The Spanish case[J]. Utilities Policy,2018,55(9):52-58.

[7] 蒋海兵,刘建国,蒋金亮. 高速铁路影响下的全国旅游景点可达性研究[J]. 旅游学刊,2014,29(07):58-67.

[8] 邓涛涛,赵磊,马木兰. 长三角高速铁路网对城市旅游业发展的影响研究[J]. 经济管理,2016,38(01):137-146.

[9] 李保超,王朝辉,李龙,等. 高速铁路对区域内部旅游可达性影响——以皖南国际文化旅游示范区为例[J]. 经济地理,2016,36(09):182-191.

[10] 李一曼,修春亮,孔翔. 浙江陆路交通对区域旅游空间结构及发展的影响研究[J]. 地理科学,2018,38(12):2066-2073.

[11] 罗金阁,张博,刘嗣明. 粤港澳大湾区交通可达性与旅游经济联系空间关系[J]. 经济地理,2020,40(10):213-220.

[12] 杨柳,胡志毅. 成渝高铁沿线城市交通可达性与旅游经济耦合关系[J]. 重庆师范大学学报(自然科学版),2022,39(05):134-140+142.

[13] 贾文通,黄震方,鲍佳琪,等. 基于高铁"门到门"旅行的景区可达性时空差异——以沪宁城际旅行为例[J]. 旅游学刊,2023,38(2):148-159.

[14] BRUCE PRIDEAUX. The role of the transport system in destination development[J]. Tourism Management,2000,21(1):53-63.

[15] KHADAROO JAMEEL, SEETANAH BOOPEN. The Role of Transport Infrastructure in FDI: Evidence from Africa using GMM Estimates[J]. 2009 Journal of Transport Economics and Policy,2009,43(3):365-384.

[16] UREÑA J M, MENERAULT P, GARMENDIA M. The high-speed rail challenge for big intermediate cities: a national, regional and local perspective[J]. Cities,2009,26(5):

266-279.

[17] MASSON S, PETIOT R. Can the high speed rail reinforce tourism attractiveness? the case of the high speed rail between perpignan(France) and barcelona(Spain)[J]. Technovation, 2009, 29(9): 611-617.

[18] SMALLWOOD C B, BECKLEY L E, MOORE S A. An analysis of visitor movement patterns using travel networks in a large marine park, north—western Australia[J]. Tourism Management, 2012, 33(3): 517-528.

[19] ZHANG W X, LIU X X, YANG C Z, et al. Study on the impact of high speed railway on urban tourism: taking Nanjing as an example[J]. Economic Geography, 2013, 33(7): 163-168.

[20] LIU Y, SHI J. How inter-city high-speed rail influences tourism arrivals: Evidence from social media check-in data[J]. Current Issues in Tourism, 2017, 22(2): 1-18.

[21] GUTIRREZ A, MIRAVET D, SALADI A, et al. High-speed rail, tourists' destination choice and length of stay: a survival model analysis[J]. Tourism Economics, 2020, 26(4): 578-597.

[22] 林岚, 康志林, 甘萌雨, 等. 基于航空口岸的台胞大陆旅游流空间场效应分析[J]. 地理研究, 2007, 26(2): 403-413.

[23] 陈艳芳. 基于高速公路的山东省旅游空间结构分析[D]. 济南: 山东师范大学, 2009.

[24] 吴晋峰, 任瑞萍, 韩立宁, 等. 中国航空国际网络结构特征及其对入境旅游的影响[J]. 经济地理, 2012, 32(5): 147-152.

[25] 许春晓, 姜漫. 城市居民出游的高铁选乘行为意向的形成机理——以长沙市为例[J]. 人文地理, 2014, 29(1): 122-128.

[26] 汪德根, 陈田, 陆林, 等. 区域旅游流空间结构的高铁效应及机理——以中国京沪高铁为例[J]. 地理学报, 2015, 70(02): 214-233.

[27] 李磊, 陆林, 孙小龙, 等. 高铁沿线旅游流网络结构及其互动关系研究——以合福高铁沿线地区为例[J]. 人文地理, 2020, 35(1): 32-140.

[28] 邵海雁, 靳诚, 薛晨璐, 等. 高铁引起的可达性改善与旅游网络关注度变化耦合协调研究——以沪昆高铁为例[J]. 地理与地理信息科学, 2021, 37(06): 120-128.

[29] 石晓腾, 吴晋峰, 吴宝清, 等. 多元交通视角下异质旅游流分布特征及其空间共轭关系[J]. 地理科学, 2022, 42(9): 1546-1554.

[30] KAUL R N. Dynamics of tourism: A trilogy transportation and marking[M]. New Delhi: Sterling Publishers. 1995.

[31] PAPATHEODOROU A. Tourism, transport geography and industrial economics: a synthesis in the context of Mediterranean islands[J]. Anatolia, 2001, 12(1): 23-34.

[32] PAVLOVICH K. The evolution and transformation of a tourism destination network: the Waitomo Caves, New Zealand[J]. Tourism Management, 2003, 24(2): 203-216.

[33] ZHOU B, LI N. The impact of high-speed trains on regional tourism economies: empirical

evidence from China:empirical evidence from China[J]. Tourism Economics,2018,24(2):187-203.

[34] YIN P,PAGLIARA F,WILSON A. How does high-speed rail affect tourism? a case study of the capital region of China[J]. Sustainability,2019,11(2):472.

[35] 沈惊宏,余兆旺,沈宏婷.区域旅游空间结构演化模式研究——以安徽省为例[J].经济地理,2015,35(01):180-186.

[36] 叶茂,王兆峰,孙姚.高速公路驱动大湘西旅游空间合作格局的演变和优化[J].经济地理,2019,39(5):235-240.

[37] 王绍博,罗小龙,郭建科,等.高铁网络化下东北地区旅游空间结构动态演变分析[J].地理科学,2019,39(04):568-577.

[38] 李磊,陆林,穆成林,等.高铁网络化时代典型旅游城市旅游流空间结构演化——以黄山市为例[J].经济地理,2019,39(05):207-216+225.

[39] 贾文通,黄震方,刘俊,等.高铁对区域旅游"时空压缩"效应的测度与分析——以长江经济带为例[J].地理研究,2021,40(06):1785-1802.

[40] LOHMANN G,ALBERS S,KOCH B,et al. From hub to tourist destination:an explorative study of Singapore and Dubai's aviation-based transformation[J]. Journal of air transport management,2009,15(5):205-211.

[41] WANG X,HUANG S,ZOU T,et al. Effects of the high speed rail network on China's regional tourism development[J]. Tourism management perspectives,2012,(1):34-38.

[42] 黄震方,黄睿.基于人地关系的旅游地理学理论透视与学术创新[J].地理研究,2015,34(01):15-26.

[43] 穆成林,陆林,黄剑锋,等.高铁网络下的长三角旅游交通格局及联系研究[J].经济地理,2015,35(12):193-202.

[44] 胡美娟,沈一忱,郭向阳,等.长三角城市群旅游场强时空异质性及演化机理[J].长江流域资源与环境,2019,28(08):1801-1810.

[45] 靳诚,陆玉麒,张莉,等.基于路网结构的旅游景点可达性分析——以南京市区为例[J].地理学报,2009,28(1):246-258.

[46] 李磊,孙小龙,陆林,等.国内外高铁旅游研究热点、进展及启示[J].世界地理研究,2019,28(01):175-186.

[47] RUDRA,P,PRADHAN. Effect of transportation infrastructure on economic growth in India:the vecm approach[J]. Research in Transportation Economics,2013,38(01):139-148.

[48] AGBELIE,BISMARK R D K. An empirical analysis of three econometric frameworks for evaluating economic impacts of transportation infrastructure expenditures across countries[J]. Transport Policy,2014(35):304-310.

[49] GAO Y Y,SU W,WANG K N. Does high-speed rail boost tourism growth? New evidence from China[J]. Tourism Management,2019,72(6):220-231.

[50] TSIOTAS D,NIAVIS S,POLYZOS S. The dynamics of small and peripheral airports in tourism and regional development:the case of Greece[J]. Strategic Innovative Marketing and Tourism,2019(5):781-789.

[51] YANG Z Z,LI T H. Does high-speed rail boost urban tourism economy in China? [J]. Current Issues in Tourism,2020,23(16):1973-1989.

[52] WANG,Q. ,LU,S. The influence of hybrid accessibility on tourism economy in prefecture-level cities:Evidence from China's high-speed rail network[J]. Journal of Transport Geography,2022,104:103417.

[53] 王欣,邹统钎.高速铁路网对我国区域旅游产业发展与布局的影响[J].经济地理,2010,30(7):1189-1194.

[54] 王缉宪,林辰辉.高速铁路对城市空间演变的影响——基于中国特征的分析思路[J].国际城市规划,2011,26(01):16-23.

[55] 殷平.高速铁路与区域旅游新格局构建——以郑西高铁为例[J].旅游学刊,2012,27(12):47-53.

[56] 王兆峰,李丹.基于交通网络的区域旅游空间合作效率评价与差异变化分析——以湘西地区为例[J].地理科学,2016,36(11):1697-1705.

[57] 李学伟.中国高铁:新时代经济社会发展的重要引擎[J].北京联合大学学报(人文社会科学版),2019(3):1-8.

[58] 戈艺澄,陈方,戢晓峰.旅游业驱动的云南交通运输业时空响应特征及影响因子研究[J].旅游研究,2019,11(04):74-86.

[59] 冯烽,崔琳昊.高铁开通与站点城市旅游业发展:"引擎"还是"过道"？[J].经济管理,2020,42(02):175-191.

[60] 孔令章,李金叶.高铁开通、网络中心性与旅游经济发展[J].产业经济研究,2021(05):113-127.

[61] 杨懿,汪洋周颖,赵子晨.高铁开通对城市旅游经济影响的区域差异研究[J].财经理论与实践,2022,43(02):67-75.

[62] 田坤,行伟波,黄坤.交通基础设施升级与旅游经济高质量发展——基于高铁开通的实证研究[J/OL].经济学报:1-25[2023-03-19].

[63] PEETERS P,SZIMBA E,DUIJNISVELD M. Major environment impacts of European tourist transport [J]. Journal of Transport Geography,2007,15(2):83-93.

[64] STATENS J. Stab Information. Framga ang for taget. Famsteg for miljon[M]. Brochure,1994.

[65] 蒋忙舟.高速铁路对黄河湿地自然保护区的影响及对策研究[D].西安:西北农林科技大学,2011.

[66] 余中元.高铁运营前后海南省生态环境效益及其演变研究[J].生态科学,2015,34(5):187-195.

[67] 麻学锋,谭佳欣.湘西地区交通可达性对旅游环境系统韧性的影响及空间溢出效应

[J/OL].地理科学:1-10[2023-03-19].

[68] ISRAELI Y,MANSFELD Y. Transportation accessibility to and within tourist attractions in the old city of Jerusalem[J]. Tourism Geographies,2003,5(4):461-481.

[69] GRONAU W,KAGERMEIER A. Key factors for successful leisure and tourism public transport provision[J]. Journal of Transport Geography,2007,15(2):127-135.

[70] SEETANAH B,KHADAROO J. An analysis of the relationship between transport capital and tourism development in a dynamic framework[J]. Tourism Economics,2009,15(4):785-802.

[71] ALBALATE D,BEL G. Tourism and urban public transport:Holding demand pressure under supply constraints[J]. Tourism Management,2010,31(3):425-433.

[72] MUSA I J,NDAWAYO B,BUBA,et al. The role of transportation in the development of tourism in Nigeria[J]. Tourismos an international multidiplinary journal of tourism,2011,6(1050):297-305.

[73] IMIKAN A M,EKPO K J. Infrastructure and tourism development in Nigeria:the case study of Rivers State[J]. International Journal of Economic Development Research & Investment,2012,3(2):53-60.

[74] ERGAS Y,FELSENSTEIN D. Airport relocation and expansion and the estimation of derived tourist demand:The case of Eilat,Israel[J]. Journal of Air Transport Management,2012,24(3):54-61.

[75] BAI Y,KOU X,AN S,et al. Integrated planning of tourism investment and transportation network design[J]. Transportation Research Record Journal of the Transportation Research Board,2014,2467(1):91-100.

[76] KANWAL S,RASHEED M I,PITAFI A H,et al. Road and transport infrastructure development and community support for tourism:the role of perceived benefits,and community satisfaction[J]. Tourism Management,2020,77(4):1-10.

[77] BIEGER T,WITTMER A. Air transport and tourism~Perspectives and challenges for destinations,airlines and governments[J]. Journal of Air Transport Management,2006,12(1):40-46.

[78] WARNOCK-SMITH D,MORRELL P. Air transport liberalisation and traffic growth in tourism·dependent economies:A case-history of some US-Caribbean markets[J]. Journal of Air Transport Management,2008,14(2):82-91.

[79] TURTON B J,MUTARNBIRWA C C. Air transport services and the expansion of intemational tourism in Zimbabwe[J]. Tourism Management,1996,17(6):453-462.

[80] COSTA T F G,GUI L,OLIVEIRA A V M. A model to identify airport hubs and their importance to tourism in Brazil[J]. Research in Transportation Economics,2010,26(1):3-11.

[81] HALPERN N. Lapland's Airports:Facilitating the Development of International Tourism

in a Peripheral Regiion[J]. Scandinavian Journal of Hospitality & Tourism,2008,8(1):25-47.

[82] REY B,MYRO R L,GALERA A. Effect of low-cost airlines on tourism in Spain. A dynamic panel data model[J]. Journal of Air Transport Management,2011,17(3):163-167.

[83] WANG D G,QIAN J,CHEN T,et al. Influence of the high-speed rail on the spatial pattern of regional tourism-taken Beijing-Shanghai high-speed rail of China as example[J]. Asia Pacific Journal of Tourism Research,2014,19(8):890-912.

[84] ALKHEDER,SHARAF A. Transportation and tourism sustainability in major Jordanian tourism cities[J]. Tourism Planning & Development,2016:1-21.

[85] REHMAN KHAN S A,QIANLI D,SONGBO W,et al. Travel and tourism competitiveness index:the impact of air transportation,railways transportation,travel and transport services on international inbound and outbound tourism[J]. Journal of Air Transport Management,2017,58:125-134.

[86] ALBALATE D,CAMPOS J,JIMÉNEZ J L. Tourism and High Speed Rail in Spain:does the AVE increase local visitors? [J]. Annals of Tourism Research,2017,65:71-82.

[87] PAPATHEODOROU A,VLASSI E,GAKI D,et al. The Airline-Airport-Destination Authority Relationship:The Case of Greece[J]. Tourism,Hospitality & Event Management,2019,17(5):402-412.

[88] JOU R C,CHEN K H. The relationship between high speed rail and tourism[J]. Sustainability,2020,12(12):5103.

[89] SHI K,WANG J,LIU X,et al. Impact of high-speed rail on tourism in China[J]. PLoS ONE,2022,17(12):1-18.

[90] 叶茂,王兆峰. 武陵山区交通通达性与旅游经济联系的耦合协调分析[J]. 经济地理,2017,37(11):213-219.

[91] 李一曼,陈斌,孙平军,等. 路网演化对旅游空间结构的影响及其耦合关系——以浙江为例[J]. 地域研究与开发,2019,38(04):80-84.

[92] 刘安乐,王成,杨承玥,等. 边疆山区旅游城市的交通与旅游发展耦合关系——以丽江市为实证案例[J]. 经济地理,2018,38(01):196-203.

[93] 李彤. 交通运输与旅游经济的耦合协调度研究[D]. 西安:长安大学,2020.

[94] 李芳. 京津冀区域交通网络与旅游空间结构演变及耦合研究[D]. 石家庄:石家庄铁道大学,2020.

[95] 廉梦柯. 成渝城市群高铁与旅游业的耦合协调及旅游效率研究[D]. 石家庄:石家庄铁道大学,2021.

[96] 冯英杰,吴小根,张宏磊,等. 江苏省高速交通与旅游耦合协调发展时空演化研究[J]. 现代城市研究,2021(01):59-65+108.

[97] 朱向梅,张静. 黄河流域交通业与旅游业协同发展研究[J]. 科技和产业,2022,22

(02):340-347.

[98] 张广海,袁洪英.山东省交通网络与旅游产业耦合协调及其影响因素分析[J].中国石油大学学报(社会科学版),2022,38(05):47-54.

[99] 王兆峰,孙姚.环长株潭城市群陆路交通可达性与旅游流集散耦合协调发展分析[J].湖南财政经济学院学报,2019,35(04):47-55.

[100] 张治意.可达性视角下旅游交通与旅游经济的耦合协调研究[D].重庆:重庆交通大学,2021.

[101] 王兆峰,张青松.公路交通网络与乡村旅游发展的耦合研究——以大湘西为例[J].中南林业科技大学学报(社会科学版),2022,16(03):79-88.

[102] 蒋小荣,董鑫,汪胜兰,等.汉江生态经济带交通网络可达性及其与旅游经济耦合研究[J].湖北文理学院学报,2021,42(08):13-20.

[103] 杨柳,胡志毅.成渝高铁沿线城市交通可达性与旅游经济耦合关系[J].重庆师范大学学报(自然科学版),2022,39(05):134-140+142.

[104] 何芙蓉,胡北明.高铁影响下旅游绩效耦合协调的时空演化研究——以黔桂云3省区为例[J].资源开发与市场,2021,37(11):1354-1362.

[105] 付帼.旅游机场与旅游业的耦合关系研究[D].大连:大连理工大学,2018.

[106] 余欣蕾.海南省航空业与旅游业耦合协调研究[D].海口:海南大学,2019.

[107] 关伟,薛刘艳.高速交通优势度与旅游经济耦合协调空间分析——以辽宁省为例[J].沈阳师范大学学报(自然科学版),2018,36(02):121-128.

[108] 孙婉颖.成渝城市群交通优势度与旅游地空间格局耦合研究[D].南京:南京师范大学,2020.

[109] GUNN C A,TURGUT VAR. Tourism Planning:Basics Concepts Cases(4th ed)[M]. New York:Routledge,2002.

[110] 郭长江,崔晓奇,宋绿叶,等.国内外旅游系统模型研究综述[J].中国人口·资源与环境,2007(04):101-106.

[111] 保继刚.引力模型在游客预测中的应用[J].中山大学学报(自然科学版),1992(04):133-136.

[112] MC KERCHER B. A Chaos Approach to Tourism[J]. Tourism Management,1999(20):425-434.

[113] CHRISTALLER W. Some Considerations of Tourism Location in Europe[J]. Paper of the Regional Science Association,1963(12):95-105.

[114] 吴必虎.旅游系统:对旅游活动与旅游科学的一种解释[J].旅游学刊,1998,14(01):21-25.

[115] 李文亮,翁瑾,杨开忠.旅游系统模型比较研究[J].旅游学刊,2005,20(02):20-24.

[116] 吴晋峰,包浩生.旅游系统的空间结构模式研究[J].地理科学,2002,22(01):96-101.

[117] 王家骏.适用于旅游地理学的一种概念模型[J].地理学报,1994,49(06):561-566.

[118] 王迪云. 旅游耗散结构系统开发理论与实践[M]. 北京:中国市场出版社,2006.

[119] 周佳,薛东前. 基于非线性特征的旅游系统模型研究[J]. 曲阜师范大学学报(自然科学版),2010,36(01):113-116+120.

[120] 许峰,李帅帅,齐雪芹. 大数据背景下旅游系统模型的重构[J]. 旅游科学,2016,30(01):48-59.

[121] GOTTMANN,JEAN. Megalopolis or the urbanization of the northeastern seaboard[J]. Economic Geography,1957,33(3),189-200.

[122] C F J Whebell. Corridors:A Theory of Urban Systems[J]. Annals of the Association of American Geographers,1969,59(1):1-26.

[123] 陆大道. 人文地理学中区域分析的初步探讨[J]. 地理学报,1984(04):397-408.

[124] 费洪平. 区域宏观总体发展战略研究——胶济沿线产业带分析[J]. 地理学与国土研究,1992(04):1-8.

[125] 张国伍,任树芬. 发展中的北京城市交通系统分析[J]. 系统工程理论方法应用,1993(01):63-74+80.

[126] 武伟,宋迎昌,朴寅星. 铁路经济带与点轴开发及其结构系统[J]. 地域研究与开发,1997(02):6-11.

[127] 张文尝. 工业波沿交通经济带扩散模式研究[J]. 地理科学进展,2000(04):335-342.

[128] 杨荫凯,韩增林. 交通经济带的基本理论探讨[J]. 人文地理,1999(02):6-10.

[129] HALL P. The world cities[M]. London:Heinemann,1966.

[130] KING. Anthony D. Urbanism,Colonialism,and the world economy[M]. London:Rutledge,1989.

[131] TAYLOR P J. Hierarchical tendencies amongst world cities:a global research proposal[J]. Cities,1997,14(06):323-332.

[132] TAYLOR P J. specification of the world city network[J]. Geographical Analysis,2001,33(2):181-194.

[133] TAYLOR P J,WALKER D R F,CATALANO G,et al.. Diversity and power in the world city network[J]. Cities,2002,19(4):231-241.

[134] DERUDDER B,TAYLOR P J,WITLOX F,et al. Beyond Friedman's World City Hypothesis:Twenty-two Urban Arenas across the World[J]. Mitteilungen der Osterreichischen Geographischen Gesellschaft,2003(145):35-56.

[135] GOTTMANN JEAN. Megalopolis:The Urbanized Northeastern Seaboard of the United States[M]. Cambridge,MA:The MIT Press New York,1964.

[136] FRIEDMANN JOHN. The World City Hypothesis[J]. Development and Change,1986,17(1):69-83.

[137] THRIFT N J. The fixers:the urban geography of international commercial capital[J]. International Journal of Urban and Regional Research,1987(18):542-567.

[138] SASSEN SASKIA. The Global City:New York,London,Tokyo[M]. Princeton,NJ:Princeton University Press,1991.

[139] M. CASTELLS. The rise of the network society1[M]. Blackwell Publishers Oxford,1996.

[140] 宁越敏. 新的国际分工、世界城市和我国中心城市的发展[J]. 城市问题,1991(03):2-7.

[141] 宁越敏. 世界城市的崛起和上海的发展[J]. 城市问题,1994(06):16-21.

[142] 宁越敏,李健. 上海城市功能的转型:从全球生产系统角度的透视[J]. 世界地理研究,2007,16(04):47-54.

[143] 汪明峰,高丰. 网络的空间逻辑:解释信息时代的世界城市体系变动[J]. 国际城市规划,2007(02):36-41.

[144] 屠启宇,杨亚勤. 经济全球化与塑造世界城市[J]. 世界经济研究,2003(07):4-10.

[145] 屠启宇. 世界城市指标体系研究的路径取向与方法拓展[J]. 上海经济研究,2009(06):77-87.

[146] 周振华. 全球化、全球城市网络与全球城市逻辑关系[J]. 社会科学,2006(10):17-26.

[147] 武前波,宁越敏. 国际城市理论分析与中国的国际城市建设[J]. 南京社会科学,2007(07):18-23.

[148] 孟晨. 山东省旅游景区空间·类型·等级结构研究[D]. 曲阜:曲阜师范大学,2020.

[149] 孙威龙. 山东省旅游特色村空间格局及影响因素研究[D]. 曲阜:曲阜师范大学,2020.

[150] 王杰,杜鹏举. 新时代经济形势下导游员的现存问题与对策研究[J]. 现代商贸工业,2021,42(03):69-71.

[151] 孙泽兴,李汶怡,刘嘉敏,等. 陕西省生态恢复综合效益评估[J]. 生态学报,2022,42(07):2718-2729.

[152] 郭振东,任贺杰,李翔. 基于SCP范式的陕西城市休闲体育产业成长模式研究[J]. 科技经济市场,2023,(01):29-32.

[153] 董龙飞. 陕西交通运输业发展现状及对策研究[J]. 市场周刊.2022,35(07):60-62+93.

[154] 廖鑫. 云南省交通运输业与绿色旅游耦合协调发展研究[D]. 昆明:昆明理工大学,2021.

[155] 刘光辉. 旅游交通对旅游产业的影响研究[D]. 桂林:广西师范大学,2014.

[156] 张海. 陕西省交通运输与旅游业协同发展研究[D]. 西安:长安大学,2021.

[157] 刘军胜,马耀峰. 1995—2014年西北5省旅游流与区域交通的耦合过程与格局[J]. 浙江大学学报(理学版),2017,44(05):606-615.

[158] 陈蓉,马耀峰,罗赟敏. 二十年来青藏高原交通与旅游经济协调发展研究[J]. 青海社会科学,2016(02):109-114.

[159] 毕丽芳. 区域旅游经济与交通业耦合协调发展的时空分异研究——以我国西南地区为例[J]. 资源开发与市场,2017,33(08):1001-1004+1020.

[160] 李环. 西宁市交通与旅游产业发展水平协调关系研究[D]. 西宁:青海师范大

学,2019.

[161] 孙剑锋,李世泰,纪晓萌,等.山东省文化资源与旅游产业协调发展评价与优化[J].经济地理,2019,39(08):207-215.

[162] 王振波,梁龙武,褚昕阳,等.青藏高原旅游经济与生态环境协调效应测度及交互胁迫关系验证[J].地球信息科学学报,2019,21(09):1352-1366.

[163] 丛小丽,黄悦,刘继生.吉林省生态旅游与旅游环境耦合协调度的时空演化研究[J].地理科学,2019,39(03):496-505.

[164] 荣慧芳,陶卓民,刘琪,等.皖南地区旅游产业-城镇化-生态环境耦合协调的时空演变[J].水土保持研究,2019,26(04):280-285.

[165] 陆保一,刘萌萌,明庆忠,等.中国旅游业与交通运输业的耦合协调态势及其动力机制[J].世界地理研究,2020,29(01):148-158.

[166] 戈冬梅,陈群利,赖志柱.中国省域旅游、经济与生态环境的耦合协调分析[J].生态经济,2021,37(04):132-139.

[167] 杨光明,罗垚,陈也,等.川渝地区农业与旅游业耦合协调机理及优化研究——基于灰色系统理论[J].资源开发与市场,2021,37(08):991-997.

[168] 杜瑶瑶.交通-旅游产业-生态环境的耦合协调发展研究[D].长沙:湖南师范大学,2020.

[169] 史璠.西北五省区旅游产业-交通-生态环境系统耦合协调比较研究[D].西安:西北师范大学,2022.

[170] 刘玉娇.基于耦合模型的四川省旅游业与航空运输业协同发展研究[D].桂林:广西师范大学,2022.

[171] 王永明,马耀峰.城市旅游经济与交通发展耦合协调度分析——以西安市为例[J].陕西师范大学学报(自然科学版),2011,39(01):86-90.

[172] 毕丽芳,马耀峰.交通通达性与省域旅游经济的耦合协调度分析——以云南省为例[J].西安财经学院学报,2013,26(01):124-128.

[173] 徐欣,张帅.南昌市旅游经济与交通运输协调发展研究[J].科技和产业,2017,17(08):17-20+46.

[174] 吴群琪,宋京妮,巨佩伦,等.中国省域综合运输效率及其空间分布研究[J].经济地理,2015,35(12):43-49.

[175] 彭志敏,吴群琪.中国交通运输业与旅游业融合态势的区域差异及空间格局演变[J].技术经济,2017,36(12):63-71.

[176] 王新越,赵文丽.我国高铁通达性与区域旅游经济耦合关系及空间特征分析[J].中国海洋大学学报(社会科学版),2017,151(01):77-83.

[177] 陆保一,刘萌萌,明庆忠,等.中国旅游业与交通运输业的耦合协调态势及其动力机制[J].世界地理研究,2020,29(01):148-158.

[178] 范红艳,薛宝琪.河南省旅游产业与文化产业耦合协调度研究[J].地域研究与开发,2016,35(04):104-109.

[179] 余菲菲,胡文海,荣慧芳.中小城市旅游经济与交通耦合协调发展研究——以池州市为例[J].地理科学,2015,35(09):1116-1122.

[180] 吴寒,刘东晋.我国交通运输与旅游业发展的耦合协调程度研究[J].统计与决策,2019,35(17):143-146.

[181] 杨霞,陈显军,梁君.论广西文化产业与旅游业融合发展模式及其效应[J].广西社会科学,2014,(06):28-33.

[182] 王英.基于灰色关联理论的FDI和中国区域经济发展差距研究[J].系统工程理论与实践,2010,30(03):426-430.

[183] 胡振鹏,黄晓杏,傅春,等.环鄱阳湖地区旅游产业—城镇化—生态环境交互耦合的定量比较及演化分析[J].长江流域资源与环境,2015,24(12):2012-2020.

[184] 银元.黄河流域文化旅游区域合作动力机制与路径优化[J].行政管理改革.2022(12):39-46.

[185] 衣莉芹.农业会展经济影响路径、机理与效应研究[M].北京:知识产权出版社,2021.

[186] 衣莉芹.地域发展效应视域下会展活动运营研究[M].北京:知识产权出版社,2021.

[187] 屈小爽.旅游经济与生态环境耦合度及协同发展机制研究——以黄河流域省会城市为例[J].生态经济.2022,38(10):125-130.

[188] 李彤.交通运输与旅游经济的耦合协调度研究[D].西安:长安大学,2020.